Change
Management

実践

チェンジ
マネジメント

変革プログラムを
成功に導き、
変化に俊敏な
組織をつくる

イノベーションマネジメント株式会社

芝尾芳昭／小野弘貴／香川隆／
Shibao Yoshiaki　Ono Hiroki　Kagawa Takashi

高村智／清水雅也
Takamura Satoshi　Shimizu Masaya

日本能率協会マネジメントセンター

はじめに

　企業の競争環境はグローバルレベルで年々激しさを増してきており、企業は競争力を維持・向上するためにさまざまな変革に取り組まなければならなくなった。今日では変革は特別なことではなく、普通のことこととなりつつあるが、その実態はどうであろうか？　下記のようなことは起こっていないであろうか？

● 先進的なシステムは構築できたが、ほとんど活用されないままである
● 組織は大きく変わったが、業務分担がわかりにくくなり、業務が以前
　より混乱している
● 革新的なプロセスは定義されたが、いまだに定着せず、古いプロセス
　が脈々と動いている
● 画期的な新製品が提案できたが、既存の製品を推進する人たちの協力
　を得られない

　これらの原因を掘り下げたとき、変革に関わる人の問題が根底にあることが見えてくる。変革を成功させるためには、変革に関わる人たちの行動も含め変革の方向性に合わせて変えていかなくてはならない。人の行動変容なしに、変革の成功はありえないというのが現実であるが、その人の行動変容に対して読者の皆さんはいったいどのように対峙しているだろうか？
　もし、その行動変容に対して十分な注意を払わず、行動変容を促すための意図的な活動を行っていないとするのであれば、その変革はすでに大きなリスクを抱えて進んでいると思って間違いない。

　欧米では、人の行動変容を含めて変革を成功に導く知識体系を「チェンジマネジメント」と呼び、企業が必要とする重要な知識として位置づけられ、多くのビジネススクールでリーダーが学ぶべき必須の知識として教えられている。チェンジマネジメントという言葉そのものが、すで

に市民権を得て共通理解として存在し、数多くのチェンジマネジメントに関する書籍が世に出回って、至るところでチェンジマネジメントが日々実践されている。

　一方、国内を振り返ってみれば、チェンジマネジメントを変更管理（チェンジコントロール）と混同する人も多く、チェンジマネジメントという言葉の意味を正しく理解している人も限られており、人々の共通理解からほど遠い状況にある。書籍に至っては片手でも十分なくらいしかなく、しっかりした理論をベースにしたものとなると皆無に等しく、チェンジマネジメントは限られた分野で専門家が細々と実践しているにとどまっている。残念だが、欧米に比べこの分野はかなり遅れているというのが現実である。

　日本企業はこれまで「変革」よりも「改善」を得意としてきたが、改善は現状肯定をベースとしたアプローチであり、変革に比べて人に大きな行動変容を強いることは少ないため、チェンジマネジメントへのニーズも限られてしまい、あまり浸透しなかったのかもしれない。だが、長年にわたる改善偏重の取組みのしわ寄せは日本企業の国際競争力に如実に表れ、私たちは今失われた30年の最中にいる。これからは、改善だけで日本企業がグローバル企業と戦っていける状況にはない。日本企業も変革を重要な経営課題と位置づけ、さまざまな領域で変革に積極的に取り組み、それらをことごとく成功させる技術を持たなくてはならない時代となっている。

　国内でのチェンジマネジメントの普及が遅れたため、チェンジマネジメントを効果的に実践できる方法を習得している人は驚くほど少ない。幸い私たちはコンサルタントとして、これまで多くの企業で変革活動に携わり、さまざまなチェンジマネジメントを実践してきた。その経験を通して、変革活動をプログラムとしてとらえ、プログラムのライフサイクルに沿って、適切なチェンジマネジメントのアクションを実施することが効果的であることの確信を得た。本書では、日本プロジェクトマネジメント協会の『プログラム＆プロジェクトマネジメント（P2M）標

準ガイドブック』で定義された、プログラムの構想、構築、運用の3つのステージに対して、実施すべきアクションを定義することにした。また、チェンジマネジメントを体系化するにあたっては、日本プロジェクトマネジメント協会の協力を得て「チェンジマネジメントSIG」を立ち上げ、私たちの得た知見だけでなく、さまざまなチェンジマネジメントの手法も調査し、約1年かけて議論しわかりやすく整理した。それは、チェンジマネジメントの普及が遅れた日本企業が、そのやり方を正しく理解し、これからさらに必要となる変革を自ら実践し成果を出してもらうためである。そのため、単なるコンセプトにとどまらず、変革プログラムのライフサイクルを通して、実施すべきアクションを明確にし、実践において効果的なチェンジマネジメントのツールも併せて準備した。ぜひ、活用していただければと願うばかりである。

　さらに、本書においては、変革を所有する組織のあるべき姿にも言及した。本来はチェンジマネジメントの範疇を超える内容であることは理解しているが、私たちのこれまでの経験を通して組織の変化への対応力は変革の成功とは無縁でないことは実感していたからである。私たちは、この組織の変化への対応力を「チェンジアジリティ」と名付け、組織の変化への俊敏性として表した。組織のチェンジアジリティは5段階の成熟度として表現し、現状の段階を確認するだけでなく、次の段階にはどうあるべきかをも示すことで、組織の変化への対応力を上げる処方箋として使えるようにした。このチェンジアジリティの成熟度モデルをベースに、国内30社以上の協力を得てベンチマーク調査を行い、日本におけるチェンジアジリティの傾向も明らかにした。そこから得られた示唆も含めて本書に示したので、読者の皆さまがその中でいくつかの気づきを得て、組織の変革への対応力向上に活用いただければ幸いである。

　　　　　　　　　　　　　　　　　　2023年10月　芝尾芳昭

CONTENTS

第**2**章

チェンジマネジメント概論

第3章

チェンジマネジメントの実践

第4章

チェンジマネジメントと組織論

第5章
チェンジマネジメント実践事例

変革の時代

外部環境はすべての企業の活動に影響を与える要素であるが、長らく続く日本企業の国際競争力低下の実態や、グローバルで起こっているビジネス環境の変化を読み解くことで、変革の背景となる環境変化の実態を知ることができる。また、変革しなければどうなるかを知ることは、変革に着手すべき理由を見出す重要なきっかけにもなる。1章では、日本の医薬産業で起こった事実をもとに、この現実を振り返って考える。それによって、変革の必然性がより明らかになっていく。

また、変革を成功させるには、それを阻害する要因でもある認知ギャップ、行動ギャップ、スキルギャップという3つのギャップの存在を知ることが重要である。そして、変革活動は通常の組織のルーチン活動ではなく、目的を明確に定めたプロジェクト活動であるということを認識することで、変革を成功に導くための活動がプロジェクト活動の中に組み込まれる必然性を理解する。さらに、変革を成功に導くためには変革への行動だけに目をとらわれず、変革を推進しようとする組織にも目を向け、組織カルチャーをも含めた外部環境に対する対応力の存在とその能力向上の重要性を理解する。

1-1　環境変化の理解（PEST：競争環境がどうなっていくのか）

1-2　変革の必要性（Why：今の環境になぜ変革が必要であるか）

1-3　変革に向けて（What：何を考えておく必要があるのか）

1-4　変革とプロジェクト（How：プロジェクトでどうやるのか）

1-5　チェンジアジリティ（How：組織はどう変えるのか）

1 変革の環境変化の理解

■チェンジマネジメントとの出会い

　筆者が初めて「チェンジマネジメント」という言葉に触れたのは、1990年代の中頃になる。その頃は、プロジェクトマネジメントのソフトウェアを開発・販売する外資系企業に勤めており、国内の大手企業を中心にコンサルティング部門の責任者として、プロジェクトマネジメントシステムの導入を行っていた。とくに研究開発部門でプロジェクトマネジメントシステムの導入ニーズが高まっており、当時グローバルトップシェアを誇っていたソフトウェアを顧客ニーズに合わせてカスタマイズし、導入する仕事を中心に行っていた。

　筆者はもともと、エンジニアリング業界で海外プラント建設プロジェクトに従事しており、プロジェクトマネジメントシステムを活用した大規模プロジェクトのPMOリーダーとして、自社へのプロジェクトマネジメントシステムの導入と整備をリードしていた。システムを活用したプロジェクトマネジメントの運用を通してその効果を目の当たりにした経験もあった。プロジェクトで成果を得るためのプロジェクトマネジメントシステムのイメージも所持しており、成果を出すやり方もある程度理解していたので、ある程度の自信は持っていた。

　しかし、筆者が手掛けた大手製造業R&D部門のプロジェクトマネジメントシステム導入は、自信と裏腹に結果としてことごとく失敗してしまった。システムの導入に失敗したわけでない。システムは顧客ニーズをベースに自分たちの知見も入れて提案し、顧客の合意のもとにカスタマイズして導入し、納期どおりに稼働させることはできた。しかし、稼働後1、2年を経たときには、ほとんど使われていない状態となっていた。当時はその理由がわからず、対応方法も知らずに悩んだものであるが、同様のことが海外でも起こっており、会社として抜本的な対応を

余儀なくされた。そこで、コンサルティング部門を強化するとともに、導入の方法論も整備していった。

　そうした過程で「チェンジマネジメント」という新しい言葉を知り、自分のやっていることが単にシステムを導入する仕事ではないこと、お客様の仕事の仕方を変える仕事であったことを新ためて知り、そのために何が必要なのかも徐々に理解していった。

　筆者が所属していたエンジニアリング会社はプロジェクトがすべてであり、その収益で会社経営が成り立つ業界である。機能組織は存在していたが、プロジェクトの方が強く、プロジェクトの意思決定はすべてプロジェクトマネジャーが持っていた。予算も評価もプロジェクトマネジャーにゆだねられた業態だったのである。プロジェクトマネジャーは花形の職種であり、ライン長よりもプロジェクトマネジャーへのキャリアパスが魅力的な業態である。プロジェクトが決まれば、どのライン長も協力し、プロジェクトの成果を出すための協力は惜しまない企業風土も存在していたし、部門の壁は低く、他の部門の人たちとの交流も頻繁でプロジェクトではお互いが協力することも当たり前の環境を有していた。

　しかし、私が担当した製造業のR＆D部門にはそうした環境は存在していなかった。プロジェクトマネジャーは花形ではなく、ラインが強く、ライン長の意向でプロジェクトの方向性は左右される。プロジェクトメンバーは、プロジェクトマネジャーではなくライン長の指示で動く環境が当たり前であった。

　その環境の違いを理解しないままにシステムを導入したため、システムができてもプロジェクトメンバーの行動が伴わないものになっていた。メンバーはシステムにデータ入力することにメリットを感じられず、入力に時間を割くことを嫌がり、さらにライン長も自身のメリットを感じられず、部下にデータ入力を指示することもなかった。システムには新鮮なデータが入らず、プロジェクトのマネジメントに活用できない状態に陥ることになってしまっていた。

　エンジニアリング企業では、システムさえ導入すれば、関係するメンバーは部門を問わず誰もが協力するという、プロジェクト中心の共通基

盤が存在していた。しかし、製造業のＲ＆Ｄ組織においては、プロジェクト中心で活動するという共通基盤がない。プロジェクト以上に部門が優先され、部門の活動に大きく影響されるという組織環境しか存在していなかったのである。

　顧客の組織環境の理解の重要性を知るとともに、「チェンジマネジメント」の考え方、やり方を徐々に理解し、システムの導入は仕事のやり方を変える仕事と再定義し、そのために必要なやり方に大きく変えていった。今でいえばDXになるのであろうが、自分の仕事を再定義して縦割り組織にプロジェクトマネジメントの仕組みを入れることは、業務変革を行うこととだと認識し、その後のシステム導入の定着率は格段に改善されていった。

■日本の国際競争力の現実

　日本の国際競争力が低迷して久しいが、かつて日本が１位であった事実を知らない人も多いのではなかろうか。**図表 1-1** に、日本の国際競争力の推移を過去 30 年以上にわたって示す。1997 年の金融危機における大きな下落から今日まで、日本の国際競争力は低迷し続けており、ここ数年はさらなる下降傾向を示している。

　国際経営開発研究所（IMD）＊では、総合ランキングに加えて、4 つの大分類でのランキングを毎年報告している。**図表 1-2** に示すように、経済性やインフラについては、雇用環境の健全さやＲ＆Ｄなどの投資環境の積極性などからも日本は低迷しているとはいえ、それほど危機的な状況までには陥ってはいない。しかし、政府の効率性とビジネスの効率性においては、図表 1-1 の総合ランキングをほぼ常に下回っており、日本の国際競争力低下の大きな要因になっている。

　政府の効率性については、様々な議論が行われ規制緩和なども以前に増して積極的になってきており、少しずつではあるが改善の兆しが見られるが、ビジネスの効率性においては 2022 年には 51 位と惨憺たる状況になっており、日本企業のビジネスのやり方がグローバルにおいて競争力を徐々に失っている状況が明らかになってきている。

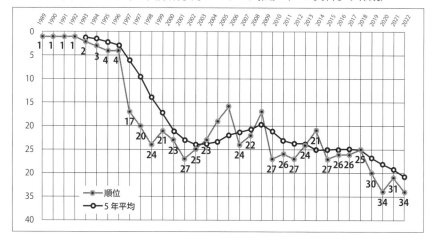

●図表 1-1　日本の国際競争力ランキング推移（IMD 資料より作成）

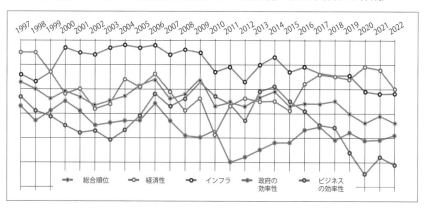

●図表 1-2　日本の国際競争力推移（4 大分類別）（IMD 資料より作成）

　日本企業の国際競争力の低下を裏付ける情報として、企業の時価総額ランキングがある。日本の国際競争力がピークであった 1989 年と 2022 年、時価総額世界トップ 50 社のランキングを比較してみると、1989 年の日本企業は、トップ 50 社中 32 社を占めていた。しかし、2022 年に

＊国際経営開発研究所（IMD）
スイスのローザンヌに拠点を置くビジネススクール。2012 年と 2013 年には、IMD の MBA プログラムはフィナンシャル・タイムズによる公開プログラムに関する評価で世界第 1 位にランクインし、フォーブスの MBA ランキングでは（米国外で）2013 年度および 2011 年度に世界第 1 位、英エコノミストのグローバル MBA ランキングに 2011 年に世界第 3 位、2008 年に世界第 1 位と評価されるなど世界最高峰のプログラムと評価されている。

は 50 社中わずか 1 社（トヨタ自動車）しか入っていない。しかも、そのランキングも 31 位と下位に甘んじているのが現状である。これだけでも、日本企業の停滞が実感としてわかるのではないだろうか。いったい、日本企業はどうなってしまったのだろうか。

　筆者は長年コンサルタントとして多くの企業を見てきた。日本の国際競争力がピークだった 1989 年以前からさまざまな企業でお手伝いさせていただいている。その中で、その当時と変わらないことといえば、どの企業も常に忙しく、余裕のない中で多くの人々が頑張っていることである。つまり、国際競争力の高低とは無関係に、忙しさに大差はないということだ。人々は仕事に追われるように働いており、そこに大きな差は見られない。にもかかわらず、高い競争力を保持できていた時代があり、今では苦戦を強いられている。この差はいったいどこから来るのであろうか。

　競争力を高める場合には、必ず 2 つの要素を確認する必要がある。それは、外部環境と内部環境である。外部環境は時代とともに変化していくので、企業が容易に変えることはできない。人々のニーズ、規制、技術革新、国レベルでの関係性、環境問題、人口トレンド、都市化、人々のライフスタイルなど、マクロ的な要素で変わっていくものである。企業はそれを与条件として理解して、ビジネスを行っていかなくてはならない。

　一方、内部環境は経営ポリシー、ビジネスモデル、組織構造、権限構造、技術、人材、企業文化、知的資産など企業が会社を運営するために用意する環境であり、この環境は企業が自らの意思で意図的に変えてゆくことが可能な領域である。

　この外部環境と内部環境がどのようにうまくマッチしているかは企業経営の重要なテーマである。マッチしていなければ、企業は衰退する一途をたどるし、両者がマッチしていれば、企業は高いビジネスパフォーマンスを示し、高い競争力で戦っていけることになる。国際ランキングの低迷、世界トップ 50 社のランキングの変遷は、外部環境と内部環境のギャップを示している。そのように考えると、日本企業の変遷は、端的にその結果を示していることに他ならない。ここから言えることは、

日本企業はグローバルでのトレンドを読み切れず、また読めても自らを変えきれず、結果として低いビジネスパフォーマンスに甘んじているということである。

　この状態から脱するには、自らリスクをとって自分たちの内部環境をパフォーマンスの出る形に変える必要がある。それこそが変革であり、本著書の存在理由であり、変革を通して新たな競争力を得ることを願ってやまない。

■ビジネス環境変化の現実

　ビジネス環境の厳しさは、多くのビジネスパーソンが肌感として感じているだろう。米国S＆P500社*の平均寿命のトレンドを通してのその実態を把握してみる。グローバル経済の経済動向の大きな波とともに、寿命の変化の波が15〜20年で見られるが、全体的に平均寿命は年々減りつつあり、2025年には15年程度と1970年代の半分程度の寿命となることが予測されている。企業の競争環境がますます厳しくなり、たとえ優良大手の大企業といえども安泰ではなく、20年もするとほとんどの大企業の業績は低迷し衰退していくことがデータとして示されている。

　国内において別な側面から環境変化に焦点を当ててみると、このトレンドがグローバルな動きであることがよくわかる。**図表 1-3** に示す国内ヒット商品のライフサイクルの変化では、製品寿命が年々短くなっていることが明らかである。商品がヒットしても新たな競合商品が既存商品のシェアを奪い、製品のライフサイクルの短命化が顕著である。ヒット商品を守って長期的な収益を獲得するというビジネスモデルは、一部の例外的な商品を除いて、もはや成り立たなくなっている。それよりもむしろ、短期間で新たな商品を世の中に出す能力の方が、以前にも増して

＊ S&P500（S&P500種指数）とは、S&P ダウ・ジョーンズ・インデックス LLC が公表している株価指数のこと。市場規模、流動性、業種等を勘案して選ばれたニューヨーク証券取引所や NASDAQ に上場および登録されている約 500 銘柄を時価総額で加重平均し指数化したものである。

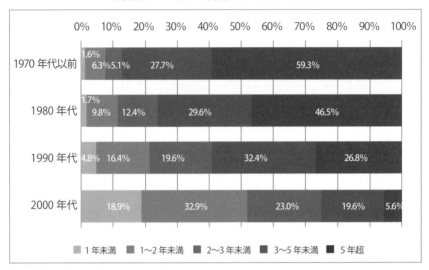

●図表 1-3　ヒット商品のライフサイクル

	1 年未満	1〜2 年未満	2〜3 年未満	3〜5 年未満	5 年超
1970 年代以前	1.6%	6.3% 5.1%	27.7%	59.3%	
1980 年代	1.7%	9.8%	12.4%	29.6%	46.5%
1990 年代	4.8%	16.4%	19.6%	32.4%	26.8%
2000 年代		18.9%	32.9%	23.0%	19.6% 5.6%

（出典）中小企業白書 2005 年度版を参照

重要である。これは守りのビジネスの限界を意味しており、攻めのビジネスを推し進める必要性が暗示されている。

　この環境変化は、新たな商品を世に出す活動を活性化させることとなり、その結果商品化プロジェクトの数は以前にも増して増加している。また同時に、商品化プロジェクトを成功させるプロジェクトマネジメントの必要性も高まってきている。これはプロジェクトエコノミーと呼ばれるプロジェクト活動の高まりにも符合し、世の中のビジネスの動きがこれまでの安定収益を稼ぎ出すオペレーションを中心とした活動から、新たな価値を創り出すプロジェクトを中心とした活動にシフトしてきていることを意味している。

■さらなる環境変化

　ここ数年、グローバル環境は大きな変化を見せている。その発端の原因は COVID19（新型コロナウイルス）に始まったパンデミックであり、6 億人以上が感染し 600 万人以上の死者を出している。1918 年に発生

したスペイン風邪は 4,000 万人以上の死者を出した過去最悪のパンデミックであったが、それに続く猛威であり、人類の生活に大きな影響を与えた。

このパンデミックは新たな副作用をもたらした。通勤するという業務スタイルは、自宅で仕事をするという新たなビジネススタイルに変化し、この新しい業務スタイルは仕事のありかたの概念を変えようとしている。

また、2022 年 2 月に始まったロシアによるウクライナ侵攻は、さまざまな国・地域に対して食糧危機や資源問題を誘発し、さらには民主国家と強権主義国家の対立を加速させグローバルレベルでのサプライチェーンの見直しを再考させようとしている。

それに加え、デジタル技術はさらに進化を遂げ、さまざまな業界でデジタル技術を活用した業務変革が行われるようになり、デジタルを通して業界間の垣根は低くなり業界をまたいだ競争環境が構築されるようになった。

このように、マクロレベルで従来経験したことがない地殻変動が起きている。その変化に対応して自分たちのやり方を適合させ、競争力を磨き勝ち残っていくには、これまでにない新たな変革に自ら踏み込んでいくことが求められている。この数年で始まった変化のうねりは、これまで以上に大きな波であり、これに対応できなければ企業の存続も危うくなる。この変化の時代を逆にチャンスととらえ、新しいビジネスを切り開くことがすべての企業に求められている時代の要請だと感じる。

2 変革の意味

■生き抜く企業と死にゆく企業

　企業の寿命は 30 年といわれるが、100 年以上続く企業もあれば、5年と持たず倒産する企業もある。**図表 1-4** に示すように、製品と同様に企業にはライフサイクルが存在し、創業期、成長期、成熟期、衰退期と推移していく。これは、その企業の中核となるビジネスモデルがそのビジネス環境下でどのような競争力を相対的に確保しているかでおおよそ決まってくる。自社の持つビジネスモデルの優位性が高ければ業績も伸び安定もするが、他社より劣化してくると一挙に競争力を失い、何もしなければ企業は衰退期を迎える。この企業のライフサイクルのカーブに例外はなく、企業はいかに衰退期を迎えずに継続していくかを常に意識して経営していかなくてはならない。

　ビジネスモデルの優位性は、大きく 2 つの要因で決まる。それは、先に述べた企業の置かれた外部環境の状況と企業のビジネスモデルを支える企業の持つ内部環境の状況である。前者は企業や組織が容易にコントロールできるものではなく、受け入れざるをえない環境要因であるが、内部環境は企業自ら構築・選択できるものであり、自らの手で変えることができる。

　内部環境には、企業の組織モデル、意思決定モデル、マネジメントモデル、リソース、プロセス、コンピテンシー、技術、知的資産、顧客ネットワーク、組織カルチャーなど、企業を運営するためのさまざまな要素が含まれる。外部環境は内部環境に大きな影響を与えるが、外部環境と内部環境の適合度によって、企業のビジネスモデルの優位性は変わってくる。外部環境は変化し続けており、その変化のスピードは年々増している。その変化する外部環境に適合して優位性を担保するには、同時に内部環境を常に見直し変えていくことが求められる。外部環境の変化に

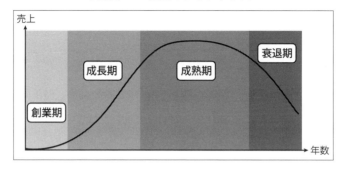

●図表1-4　企業のライフサイクル

(図中ラベル)
売上
成長期
成熟期
衰退期
創業期
年数

内部環境が追いつけなくなると、企業の衰退がはじまる。このスピード
が増してきているというのが現状の正しい理解である。

　しかし、残念ながら、多くの日本企業は内部環境を外部環境に適合さ
せる努力を怠ってきたといわざるを得ない。筆者が見る限り、多くの企
業は30年前も今も忙しいことには変わりない。しかし、問わなくては
ならないのは「忙しいことで企業としてビジネスの成果が出せているの
か」ということである。忙しいがゆえに、ある意味満足して仕事に注力
しているのである。

　成果が出ていなければ何かがおかしいと思わなくてはならない。逆に、
さほど忙しくなくてもビジネスの成果が出ているのであれば、それは健
全であり他社よりも優位のビジネスモデルで戦えているということにな
る。つまり、もし成果が出ていなければ、見直すべきは内部環境にある
ことを常に心得ておく必要がある。

　内部環境で何を変えるのかは、外部環境の変化に照らし合わせて確認
する。たとえ現在が好調であっても、変えるべきは思い切って変えてい
かなくてはならない。外部環境と内部環境のギャップは企業の体力を奪
い、そのギャップに気が付いたときには手遅れになってしまうことも多
い。忙しいことは悪くはないが、忙しさには成果が出る、成果が出ない
忙しさがあり、両者には大きな違いがあることを認識しなければならな
い。求められるのは、現時点の状況に対してどうかだけでなく、さらに
これからの変化に対して何を変えるべきかを常に自問自答することであ
る。そして、必要があれば大胆に変えていく勇気を持つことである。外

●図表 1-5　時代環境の変化

1990 年代の環境	2020 年代の環境

市場は安定し、市場ニーズもある程度読め、後から良いものを出しても結果が出た時代	市場は変化し続けニーズも読めず、変化に追従できない企業は退場を迫られる時代

「すべからく強い者が生き残ったわけではない。すべからく賢い者が生き残ったわけでもない。すべからく変化に対応した者が生き残ったのだ。——チャールズ・ダーウィン

部環境の変化を先取りし、先手を打って変革を行える企業こそが強い企業であり、競争に勝ち抜く企業となる。

　チャールズ・ダーウィンは生存のための本質を見抜いており、環境変化に対応できるものだけが生き残れることを『種の起源』の中で示したが、企業も生き物として考えれば、同じ原則があてはまり環境変化に対応し変革できる企業しか生き残れないということになる（**図表 1-5**）。さらに、外部環境の変化は激しくなってきており、変化への対応スピードも重要性を増してきている。この環境変化に対応できる企業の能力こそが企業存続の重要な要件になっていくことは間違いないと思われる。企業の生存の法則と生物の生存の法則は極めて類似している。

■医薬品業界における業務変革

　筆者は長期にわたり医薬品業界を見てきた。1990 年代初期から今日まで約 30 年間コンサルタントして医薬品業界の変遷を目の当たりにし、多くの医薬品企業の業務変革をお手伝いした。とくに 2000 ～ 2010 年の間は、大手国内製薬企業を中心に研究開発組織のグローバル化に伴う組織変革を含めたプロジェクト制の導入を手掛けて、さまざまな変革に携わった。この中で医薬品企業がなぜ積極的に業務変革に取り組んだのかを紹介しよう。

　医薬品業界はハイリスク・ハイリターンの業界であり、サイエンスを核としたイノベーションを求める業界でもある。人の命に直接かかわる製品を世に出して、その効果が高ければ圧倒的な売上げが期待でき、企業も大きく成長する事業モデルを持つ。**図表 1-6** に医薬品の売上ランキングを示す。アッヴィ社のヒュムラ（関節リウマチなどの適応症に効果）はトップの医薬品であり、2021 年には年間 4.3 兆円もの売上げを記録している。その一方、医薬品開発の成功確率は驚くほど低い。**図表 1-7** のように薬が動物実験を経て人に投与できる段階まで進み、人への検証となる臨床試験に入ってから薬が承認され世に出てくる確率はわずか 11 ～ 12% である。多くの医薬品プロジェクトは陽の目を見ることもなく死んでいく。

　医薬品は、1 つの製品を世に出すために約 1000 億円以上の投資が必要（失敗した製品の費用も含めて）といわれる。うまくいけば膨大な利益を稼ぐことができる。と同時に、医薬品は人の命に直結するビジネスであるがために規制も厳しく、さまざまな要件をクリアしなければならない。効果も既存薬に比べて効能や安全性などが高くなければ承認されない。また、多くの国で医薬品は保険適用となっており、国や民間が医療保険制度を整備し病気になった場合、保険適用が認められれば大部分の医療費は国や民間保険団体が支払う仕組みとなっている。日本や欧州では国民皆保険が適用され、安心して医療を受けられる制度が充実しているが、一方で医療費は高騰し国の財政を圧迫している。こうした現状

●図表 1-6　2021 年医薬品売上ランキング

前年比は %

順位	前年	製品名	社名	国・地域	2021 年世界売上高		
					億ドル	前年比	億円
1	1	ヒュミラ	アッヴィ	アメリカ	320.55	10.4	43,274
2	2	エリキュース	ブリストル ファイザー	アメリカ	212.89	21.9	28,740
3	3	キイトルーダ	メルク	アメリカ	195.71	24.3	26,421
4	5	ステラーラ	J&J	アメリカ	144.02	27.6	19,443
5	7	トルリシティ	イーライリリー	アメリカ	136.93	38.7	18,486
6	4	イグザレルト	バイエル	ドイツ	127.68	8.6	17,237
7	16	オゼンピック	ノボノルディスク	デンマーク	119.45	87.6	16,126
8	8	ビクタルビ	ギリアド	アメリカ	112.67	20.8	15,210
9	6	ランタス	サノフィ	フランス	107.64	4.2	14,531
10	13	ジャディアンス	BI イーライリリー	ドイツ アメリカ	97.54	37.8	13,168
11	9	エンブレル	ファイザー	アメリカ	93.46	0.9	12,617
12	10	オプジーボ	ブリストル 小野薬品工業	アメリカ 日本	93.09	6.9	12,567
13	11	ジャヌビア	メルク	アメリカ	80.85	2.8	10,915
14	14	イムブルビカ	J&J	アメリカ	74.68	10.7	10,082
15	－	デュピクセント	サノフィ リジェネロン	フランス アメリカ	71.66	60.9	9,674
16	12	ノボラビット	ノボノルディスク	デンマーク	71.42	▲ 0.2	9,642
17	15	レブラミド	ブリストル	アメリカ	69.31	4.7	9,357
18	19	コセンティクス	ノバルティス	スイス	65.33	7.5	8,820
19	18	イブランス	ファイザー	アメリカ	61.53	▲ 0.5	8,307
20	－	オクレバス	ロッシュ	スイス	58.42	24.0	7,887

J&J ＝ジョンソン・エンド・ジョンソン、BI ＝ベーリンガーインゲルハイム。
前年比は為替変動の影響を除く。1 ドル＝ 135 円換算。米 IQVIA 調べ

●図表 1-7　　臨床試験以降における医薬品の成功確率

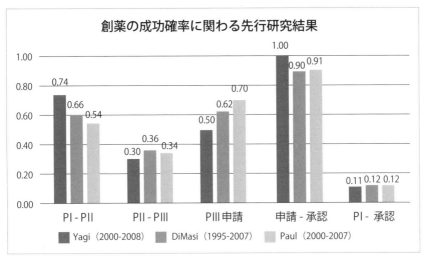

創薬の成功確率に関わる先行研究結果

（出典：" 創薬の成功確率分析 ", 高橋洋介 , 政策研ニュース No.66,
2022 年 7 月 , 医薬産業政策研究所）

から、簡単に保険適用の医薬品を出すことは保険支払機関の財政を危う
くするために、医薬品の承認審査は厳しく行われることになる。
　類似した薬効を持つ医薬品であれば、早く市場に薬を投入できた方が
市場への浸透が先行でき、シェアも高くなる。よほど大きな効能や安全
性に差がなければ、市場への投入が早い薬ほどシェアも大きくなり、大
きな売上げが期待できるので、医薬品の開発スピードは競争力の大きな
要因となっている。画期的な薬を世に出した企業は大きく成長し、新薬
を出せない企業は徐々に衰退するという、イノベーションの成否が事業
業績に直結する競争の世界となっている。**図表 1-8** に医薬品企業グロー
バルトップ 15 社のランキングの推移を示す。この表からわかるように、
ランキングは大きく変動しており、画期的な製品を送り出せるかによっ
て、業績が大きく乱高下する厳しい競争環境となっている。これまで医
薬品企業は医薬品プロジェクト群（医薬品ポートフォリオ）の価値最大
化を目指し、医薬品プロジェクトの成功確率の向上や、医薬品プロジェ
クトの開発期間の短縮などさまざまな変革を今日まで行ってきた。
　しかし、国内の医薬品企業では、2000 年以前は業務変革に消極的で

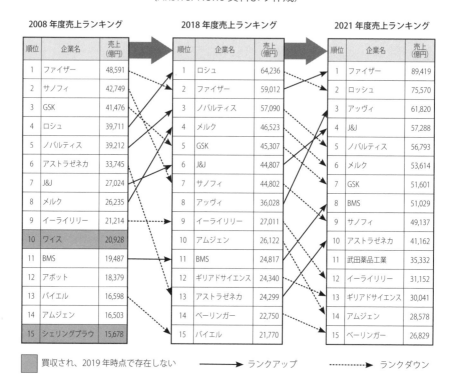

●図表 1-8　医薬品企業売上ランキング推移
（Answer News 資料より作成）

2008 年度売上ランキング			2018 年度売上ランキング			2021 年度売上ランキング		
順位	企業名	売上（億円）	順位	企業名	売上（億円）	順位	企業名	売上（億円）
1	ファイザー	48,591	1	ロシュ	64,236	1	ファイザー	89,419
2	サノフィ	42,749	2	ファイザー	59,012	2	ロッシュ	75,570
3	GSK	41,476	3	ノバルティス	57,090	3	アッヴィ	61,820
4	ロシュ	39,711	4	メルク	46,523	4	J&J	57,288
5	ノバルティス	39,212	5	GSK	45,307	5	ノバルティス	56,793
6	アストラゼネカ	33,745	6	J&J	44,807	6	メルク	53,614
7	J&J	27,024	7	サノフィ	44,802	7	GSK	51,601
8	メルク	26,235	8	アッヴィ	36,028	8	BMS	51,029
9	イーライリリー	21,214	9	イーライリリー	27,011	9	サノフィ	49,137
10	ワイス	20,928	10	アムジェン	26,122	10	アストラゼネカ	41,162
11	BMS	19,487	11	BMS	24,817	11	武田薬品工業	35,332
12	アボット	18,379	12	ギリアドサイエンス	24,340	12	イーライリリー	31,152
13	バイエル	16,598	13	アストラゼネカ	24,299	13	ギリアドサイエンス	30,041
14	アムジェン	16,503	14	ベーリンガー	22,750	14	アムジェン	28,578
15	シェリングプラウ	15,678	15	バイエル	21,770	15	ベーリンガー	26,829

▨ 買収され、2019 年時点で存在しない　　→ ランクアップ　　┄┄> ランクダウン

あった。なぜなら、日本の市場は規制という参入障壁を持ち、欧米での画期的新薬の参入を阻む仕組みが存在していたからである。図表 1-12 に示すように、2000 年以前は日米欧がそれぞれ異なる規制を持ち、人に投与する臨床試験も国ごとに行わなくてはならなかった。グローバルで先行していた欧米の製薬企業にとって、欧米で検証されていた臨床試験を日本でも実施することは費用負担が大きすぎて、日本での販売を行わないケースも多々あった。

　その規制が参入障壁となり、日本は海外医薬品の導入をかなり阻止することができた。日本だけの緩い競争環境を維持する国内医薬品メーカーは、その緩い競争環境下では企業間競争も緩やかであり、グローバルとかけ離れた日本独自の市場論理でビジネスを行うことができたのである。

●図表 1-9　グローバルでの規制緩和

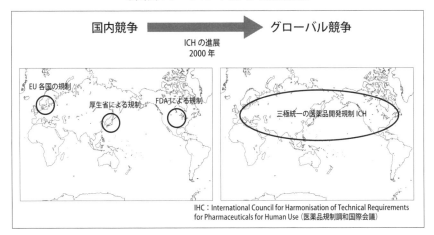

国内競争　　　　　　　グローバル競争

ICH の進展
2000 年

EU 各国の規制

厚生省による規制　　FDA による規制

三極統一の医薬品開発規制 ICH

IHC：International Council for Harmonisation of Technical Requirements
for Pharmaceuticals for Human Use（医薬品規制調和国際会議）

　しかし、2000 年になり ICH（International Council for Harmonisation of Technical Requirements for Pharmaceuticals for Human Use：医薬品規制調和国際会議）のガイドライン変更により、海外で実施された臨床試験データが日本でも活用できるようになると、欧米で開発された医薬品は簡単な臨床試験を日本で実施するだけで承認取得が可能となり、欧米企業は日本での医薬品の販売が容易にできるようになった。こうなると、これまでのビジネス環境は一変し、欧米の先行した医薬品が雪崩を切って日本市場に入るようになり、日本の医薬品企業は窮地に追い込まれることとなった。日本は急速にグローバルでの激しい競争環境に放り込まれ、生き残りをかけた競争に突入せざるを得なくなったのである。

　この急変は国内の医薬品企業にとっては晴天の霹靂であり、この変化にじっくり対応していこうという余裕はもはやなくなった。改革などというレベルでは対応できず、大手・中堅の製薬企業は買収や合併による資本集約をもって対抗する程度しか効果的な打ち手はなかった。

　今日、医薬品企業の名前を見ると、その様子がうかがえる。第一三共（第一製薬＋三共製薬の合弁）、アステラス製薬（山之内製薬＋藤沢薬品の合弁）、大日本住友製薬（現、住友ファーマ：大日本製薬＋住友製薬の合弁）、田辺三菱（田辺製薬＋三菱ウエルファーマの合弁）、協和キリン（協和発酵＋キリン医薬品）、中外製薬（ロッシュへの資本売却によるロッシュグ

第1章

変革の時代

ループへの参加）など、大きな再編は 2002 〜 2008 年の間で起こっている。

　グローバルでの競争を経ずに急にグローバル競争に巻き込まれた結果が、業界再編の引き金となったのである。これにより、医薬品企業に勤める人々の企業人としての将来が大きく変わったケースも数多く見てきた。当然、この再編によって新しいチャンスを掴んだ人もいれば、これまで約束されていた会社人としての将来が吹き飛んだ人もいる。変革が良い悪いの問題ではなく、外部環境に自らを最適に導こうとしないと内

Column

変革の功罪

　変革は、変革を受ける側からすると突然やってくる厄介なものとして映るが、その厄介なものをどのように受け止めるかによって次の世界も変わってくるのはないかと、筆者は常々思っている。例えば、COVID19 は見方からすると、ある意味大変革であり世界の人々に様々な行動変容を促している。罪は間違いなく、多くの人々の命を奪ったことであり、多くの人々の移動の自由を奪い、多くの人々の仕事を奪い、その罪は膨大なものであることは明らかである。しかし功はとみると、COVID19 は世界中の人々の意識を大きく変えてしまった。それまで、仕事は会社でするものという常識は大きく変わってしまった。オンラインでしか仕事ができない期間を世界の人々は 2 年以上も同時に体験してしまったのである。これは稀有な出来事であり、世界中でオンラインでの仕事のやり方を半ば強制的に学ばされたのである。これにより、仕事は会社でやるものというこれまでの概念は崩れ、仕事はどこでもできるものという新常識が生まれた。COVID19 は人々を仕事による移動の強制から解放し、好きなところで自由に仕事がきる機会を作ってくれたのである。しかし、この新常識をどのように活用するかは、これからの人々の考え方に依存している。これまでになかった、誰もが体験した新常識を生かして何らかの価値を得るのかどうかはこれからであるが、変革が作ってくれた機会を是非積極的に生かしていきたいものである。

　自分個人として振り返った場合、変革に相当する出来事は過去 2 つほどある。1 つは大学を卒業して海洋プラントエンジニアリング会社に勤めていたが、円高不況によって倒産し会社を辞めざるを得ない事態に追い込まれたときである。業界そのものが不況で他社に移りようがなく、多くの人たちが金融や製造業などの異業界に移っていった。私はエンジニアの道を断念しプラント建設で学んだプロジェクトマネジ

部環境と外部環境の差はマグマのように溜まっていき、何かの異変によってマグマが吹き出して、手が付けられなくなる。企業が勝ち残っていくには、競争環境を常に意識し、外部環境変化に対して勇気をもって対応していくことだと常々思うのも、長年医薬品業界の変遷を肌身で感じてきたことも無縁ではない。環境変化に対応できたものだけが生き残れるという、ビジネスにおける原則を常に意識して活動していくことを企業は求められるのである。

メントに興味を持ち、当時まだプロジェクトマネジメントの理解さえなかった黎明期であったが、その将来性に賭けプロジェクトマネジメントのコンサルタントの道を踏み出した。今のコンサルタントとしてベースは、会社の倒産とういう思いがけない変革がきっかけとなっている。

もう1つは、今の会社の設立に関係する。コンサルタントとしてのキャリアを磨き、大手外資系コンサルティング会社のパートナーとなりライフサイエンス事業部の責任者として活動したのち、新しいコンサルティング会社を以前勤めていたプロジェクトマネジメントソフウェアを販売する外資企業と共同出資して立上げビジネスを展開していた。しかし、設立2年後、その外資企業の親会社が米国IT企業に買収され、ビジネス方針も大きく転換し社長としての苦闘が始まる。外資企業が株式の約80％を持っており米国IT親会社の決定には逆らえない状態でもあった。米国IT企業は利益率最優先の経営で高い利益率を要求するがコンサルティング会社の利益率は業態上ソフトウェア会社に比べて低く苦しい経営が続いていた。設立5年目に米国IT親会社は利益率の低いビジネスは切るつもりであったのであろうか、達成不可能な利益率を期中に突然要求してきたため、さすがにこれではとても経営できないと判断し会社を辞めることを決断した。幸い、社員全員が自分について来てくれることとなり、自らの出資で今の会社を立ち上げたのである。社長を辞めざるを得ないところまで親会社から追い込まれたのは苦しい状況であったが、きっぱりと諦めて新しい会社を立ち上げることができたのは、その事件があったからである。今の会社では、誰にも制約を受けず自分たちで判断できる自由な会社運営ができており、社員のおかげで前の会社以上に経営状況も健全な運営ができている。今の会社があるのは、私自らの判断ではなく親会社が私を追い込んでくれたおかげであると思っている。変革には功罪があり、変わるということは両面が出てくるということだと思うが、その節目をどのように受け止めるかがとても重要な気がしている。

3 変革に向けて

■変革のとらえ方

　自動車業界は 100 年に 1 度という大変革の波が来ている。自動車業界の中核技術はエンジンという爆発によるエネルギーを推進力に変える技術であり、このエンジン制御の技術がなければ自動車を動かし制御することも難しい。この技術が他産業からの参入障壁となっていた。

　しかし、電気自動車はエンジンそのものがなく、電池から電流を流しモーターによって駆動する機構であり、爆発エネルギーを制御する必要がなくなった。モーターは古くから存在しさまざまな分野で利用される確立された技術であり、エンジンに比べれば機構も簡単で、制御も容易である。これにより、エンジンの製造・制御技術がなくてもモーターを使った車で自動車業界への参入が可能となった。さらに、CASE（Connected, Autonomous, Share & Service, Electric）に代表されるように、「Electric：電気自動車」のほかに「Connected：つながる車」「Autonomous：自動運転」「Share & Service：シェアカー」という、これまでにない大きな変化も同時に出てきており、これをどう乗り切るかによって、その後の自動車産業における企業の位置づけも大きく変わってくることになる。シェアカーはこれまで自動車を所有するという概念から、自動車は持たずに必要なときに、必要な分だけ利用し、他の人とシェアする利用形態となり、自動車への価値観を大きく変えることとなった。また、自動運転技術は人が車を運転するというこれまでの利用概念を根底から変えた。自動車は運転せず移動だけを可能にするものとして、再定義されることになる。

　これは価値観の大きな転換である。すべては車自体が制御することになり、とくに商用の利用はドライバーを不要にすることで、もっともコストを要していた人件費が削減できる道筋を示した。つながる車は、自

動車の情報が外部と連携が取れることになり、さまざまな車が得る情報が外部に集約することが可能となり、交通状況や、路面情報などの情報が車を通して集約できるようになり、車から得られるデータが新たな価値の源泉となる可能性を示した。

このように、さまざまな変化が同時に起こっているのが今の自動車業界であり、各社は総力を挙げて対応しようとしているが、客観的に見て残念ながら日本のメーカーの対応は欧米・中国の企業に遅れをとっている。今起こっている変化は脅威でもあり機会でもあるが、日本企業はどちらかといえば脅威の側面が強く出ているように見える。総じて経営は慎重であり、それはそれで間違っているとはいえないが、慎重すぎることは今の変化のスピード見ると、リスクの側面が大きいように思えてならない。

この変化は、自動車業界以外にとっては、まさに機会と映る。これまで参入障壁となっていたエンジンが不要となり、これにより自動車の部品点数は飛躍的に減り、他業界でも自動車をつくることが可能となった。さらに CASE の他のニーズに対してうまく訴求できれば、既存の自動車メーカーとの差別化も可能となる。自動車メーカーに運転に関する技術的な優位性があっても、これまでとは異なるアプローチでユーザーに対して訴求できるようになり、戦える土壌が整ってきたように思える。

このように、新たなビジネス環境の変化はこれまでの競争環境を大きく変え、企業には新たな戦い方を求めることになる。この変化をうまくとらえ、これまでにない競争優位性を高めることも可能であるし、逆に競争優位性を劣化させることにもなりかねない。

変化を脅威、機会としてどうとらえるかによって、企業の取組み姿勢が変わっていくだろうが、もっともまずいのは、この変化に対して何もせずこれまでのやり方を踏襲することである。「外部環境が変われば、内部環境を変える」という原則を守れなくなったとき、企業は衰退を始めるといっても過言ではない。

■変革への準備

　企業は常に外部環境の変化に目を凝らし、自ら何をなすべきかを自問自答しなければならないが、自ら積極的に外部環境に合ったやり方に変えていこうとする企業は少ない。多くの企業は日々の忙しさに紛れて、新たな変革への取組みはなおざりになっていく。頭ではわかっていても、体がついてこないものである。人も、組織も大きく次の3つのギャップに悩まされる。変化を起こすにおいては、この3つのギャップを乗り越えていかなくてはならない（**図表1-10**）。

① 認知ギャップ
② 行動ギャップ
③ スキルギャップ

① 認知ギャップ

　認知ギャップとは、知らないがゆえに問題を問題とも思えない状態であり、企業の課題への認知能力の問題でもある。変革するもなにも、今の状態が変革すべき状態かがわからなければ、変革への行動は起こりえない。

　現状の問題を正しくとらえるには、客観的に自らを省みて成果が出せない原因を認識することが第一歩である。また、現状はよくても、将来的に問題となる可能性を知ることは、認知能力の中でも高度な予測能力である。その能力を持つには、自らだけでなく、他業界の動きや、国内・海外における企業のさまざまな取組みなど、常に新たな知見を積極的に収集し分析することが必要である。その活動を通して将来の問題を徐々に推察できる能力が備わってくる。企業は常に認知能力に磨きをかけることで、変革のきっかけをつかむことができる。

② 行動ギャップ

　行動ギャップとは、わかっていてもそれが行動に移せない状態であり、多くの企業では、この行動ギャップが変革の最大の障害となっている。

　行動ギャップが存在する理由はさまざまであるが、よく見かける原因は業務の優先度からくるものである。変革の多くは、今すぐにやらなけ

●図表 1-10　変革への 3 つのギャップ

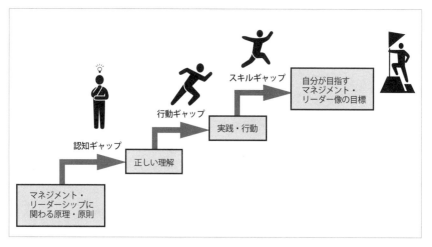

ればすぐに問題が発生するというたぐいのものではない。どちらかというと、将来的に大きな問題になる可能性があるので、今やっておくというものが圧倒的に多い。一方で、企業はさまざまな緊急の業務を抱えており、それは急を要するものばかりである。重要かどうかよりも、緊急度が高いものが多い。

　この緊急と重要の問題は組織のマネジメントが常に突きつけられる問題であるが、おおよそ、重要よりも緊急の方が勝つ。とくに遠い重要なものを今やる必要性を説明することが容易ではなく、それをやらないインパクトも容易に説明できないものばかりである。一方、緊急の案件は誰もが理解できるので、対応の優先順位は上がってくる。言い換えれば、多くの企業は緊急の活動が支配的であり、それが企業の体力を削いでいるといっても過言でない。重要なことは防火的なものばかりであり、それをやることで確かに緊急的なものを大きく減らすことはできるが、それがわかっていても、なかなか企業はそこに資源を割かないのである。緊急と重要の問題が大きな原因として、企業ではさまざまな行動ギャップが発生するのである。

③ スキルギャップ

　スキルギャップとは、行動に移してもそのスキルがないためにうまく

いかず、成果が出せないという状態である。自分たちの本来業務であれば、いつもやっていることなので日々研鑽してスキルを取得しているだろうが、変革という業務は常に経験しているものではなく、初めて携わる人たちも多い。

本書は、その人たちのための書籍であるが、変革プロジェクトはプロジェクトの中でも難易度が高い。

技術面の問題もさることながら、変革にどのように関わらせて、成果を生むように変えていくかは、それだけでも高いスキルを必要とするものである。また、変革の技術を組織として蓄積している企業は驚くほど少ない。総じて、過去実体験した人に蓄積しており、ほとんどシェアされていないのが実態である。外部コンサルを活用するのも1つの解決策であるし、組織として変革のミッションを持った組織をつくり、そこに知識と人材を集約することも必要のやり方である。どちらにしても、スキルギャップを埋めるには、組織として何らかの投資を行うことを覚悟する必要がある。

■ダイナミック・ケイパビリティ

近年DX（デジタルトランスフォーメーション）というキーワードが至るところで叫ばれるようになり、デジタル技術を駆使して企業のやり方を大きく変え、競争力を高めていくことがより重要になってきた。DXという言葉のもとに多くの企業でさまざまな業務変革が進められているが、まだまだ欧米に比べて遅れているというのが実態である。このDXという言葉は、「従来のやり方に甘んじていては、いつの間にか競争力を失い、企業は衰退する」ことを示唆しており、これまでのアナログ的な業務のやり方をデジタル的な視点で見つめ直すことで、飛躍的に業務を改善させていこうと意図している。

このDXのキーワードとともに、最近はダイナミック・ケイパビリティという言葉も徐々に広がってきた。これは、カリフォルニア大学バークレー校のデイヴィッド・J・ティース氏によって提唱された新しい戦略経営論であり、企業が外部環境の変化に対応して自己を変革する能力を

意味している。これまでの経営戦略論は、マイケル・E・ポーター氏のポジショニング理論（業界内でいかに有利なポジションを得るか）とジェイ・B・バーニー氏の資源ベース論（自社の経営資源の競争優位性をいかに高めるか）が大きく2分してきたが、後者の目指す方向性はオーディナリー・ケイパビリティ（通常能力：経営資源をより効率的に利用して、利益を最大化しようとする能力）を高め、他社と比較して優れた能力であるコア・コンピタンスを洗練させることであった。

　しかし、研究が進むにしたがって、オーディナリー・ケイパビリティのみに注力し過ぎると、現状への過剰最適となり、競争力を維持できなくなるという現象が強くなることがわかってきた。この問題を解決する概念として考案されたのがダイナミック・ケイパビリティ（企業変革力：環境や状況の変化に応じて、企業内外の資源を再構成して、自己を変革する能力）であり、以下の3つの能力に分類できるとしている。

① 感知（センシング）：脅威や危機を感知する能力
② 捕捉（シージング）：機会を捉え、既存の産・知識・技術を再構成して競争力を獲得する能力
③ 変容（トランスフォーミング）：競争力を持続的なものにするために、組織全体を刷新し、変容する能力

　図表1-11にオーディナリー・ケイパビリティとダイナミック・ケイパビリティの違いを示す。ダイナミック・ケイパビリティが高い企業には、以下のような傾向があることが「ものづくり白書2020」において示されている。

　組織構造に置いてダイナミック・ケイパビリティが高い組織は柔軟に、オーディナリー・ケイパビリティが高い企業は堅固になりやすいというトレードオフの関係もあるが、ダイナミック・ケイパビリティを重視する企業はオーディナリー・ケイパビリティも重視しているという関係性もあり、今の時代においてはダイナミック・ケイパビリティに目を向けて組織のあり方を考えることが適切である可能性が高い。この、ダイナミック・ケイパビリティと近しい言葉に「アジリティ（俊敏さ）」とい

●図表 1-11　オーディナリー・ケイパビリティとダイナミック・ケイパビリティの違い
（出典：ものづくり白書 2020（経済産業省））

	オーディナリー・ケイパビリティ	ダイナミック・ケイパビリティ
目　的	技能的効率性	顧客ニーズとの一致 技術的機会やビジネス機会との一致
獲得方法	買う、あるいは構築（学習）する	構築（学習）する
構成要素	オペレーション、管理、 ガバナンス	感知、捕捉、変容
ルーティン	ベスト・プラクティス	企業固有の文化・遺産
経営上の重点	コストコントロール	企業家的な資産の再構成と リーダーシップ
優先事項	ものごとを正しく行う	正しいことを行う
模倣可能性	比較的模倣できる	模倣できない
結果	効率性	イノベーション

う言葉もあり、本書においては組織の変革への対応能力でもある「チェ
ンジアジリティ」についても触れていくことにする。

4 変革とプロジェクト

■オペレーションとプロジェクト

　これまで、変革の必要性と重要性について述べてきたが、ここでは変革をどのようにして行うかという点について触れていきたい。

　企業には、大きく分けて2つの業務が存在する。1つは、企業が価値を刈り取る活動であり、その活動によって企業は運営され、収益を稼ぎ出す。通常この活動をオペレーション活動と呼ぶ。もう1つは、企業が価値を創り出す活動であり、これによって企業は新たな価値を得るための土台を築き上げ、新たな価値の獲得が可能となる。その活動の多くは、目的意識を明確に持った活動であるプロジェクト活動によって行われている。

　従来の戦略はほとんどがオペレーションに焦点が当てられ、オペレーション戦略としてのポジショニングやリソースが議論されてきた。しかし、先に述べたダイナミック・ケイパビリティは変革に焦点を当て、変

●図表1-12　オペレーションとプロジェクトの関係性

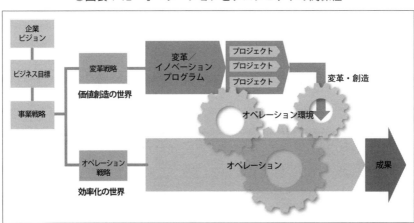

革を推進し、自社としての能力を高めるための戦略論であり、この変革活動の重要性にスポットライトを当てた。

変革戦略は、現在のビジネスモデルの優位性を客観的に認識し、それを変えること、新たなものを創りあげることで、企業としての競争優位性を高め、新たな価値を生み出すことを最重要の目的としている。この変革戦略はいい換えれば価値創造戦略でもあり、その活動はプログラムやプロジェクトにより推進されているのが多くの企業での実態である。

この変革戦略をプログラム、プロジェクトと有機的に結び付け、組織として限られた予算とリソースの中で最大限の成果を獲得しようとする試みが、これからのビジネスにおいてはより脚光を浴びていくことになろう。

■変革プロジェクトとは

変革プロジェクトとは、現状を変えることで新たな価値を生み出すプロジェクトを指す。変える対象は組織、プロセス、IT システムにとどまらず、さまざまな企業における制度や価値観または企業文化さえも対象となることもある。変革プロジェクトの中には、近年叫ばれている DX プロジェクト、IT システム導入プロジェクト、業務変革プロジェクトなどに加え、イノベーションを求める製品開発プロジェクト、事業開発プロジェクトなどさまざまなプロジェクトが含まれる。近年ではこれらの変革プロジェクトの数は増え、全プロジェクトの中で 3 番目に多いともいわれている。

どの変革プロジェクトにも共通していえるのは、「プロジェクトに関わる人たちの行動変容を求める」ことである。変容の大きさには大小あるが、これまでと異なる行動を求め、その行動変容がうまくいくかによって、プロジェクトの結果が大きく左右されることになる。変革プロジェクトにおける成果は、プロジェクトの完了時点でわかるものではなく、見えてくるのはプロジェクトが完了しその成果が組織として運用された段階となる。いい換えれば、変革プロジェクトの成果はプロジェクトが完了してしばらくしなければわからないという特徴がある。

●図表 1-13　ISO21500 における 10 のマネジメント知識エリア（プロセス群）

---

① スコープ・マネジメント　　⑥ リスク・マネジメント

② スケジュール・マネジメント　⑦ 調達マネジメント

③ コスト・マネジメント　　　⑧ コミュニケーション・マネジメント

④ 品質マネジメント　　　　⑨ ステークホルダー・マネジメント

⑤ 資源マネジメント　　　　⑩ 統合マネジメント

　2012 年に制定された ISO 21500 や、2017 年に出版された PMI [*] の『PBMOK ガイドブック第 6 版』において、プロジェクトマネジメントの 10 のマネジメント知識エリア（プロセス群）として下記で示されているが、この中にはチェンジマネジメントという知識エリアは存在していない。ISO や PMI で取り上げられている知識エリアは、プロジェクトの完了までをスコープとしたマネジメントにフォーカスされており、プロジェクトの完了後に成果がどうなるのかということはあまり意識されていないためである。

　これまでのプロジェクトマネジメントはプロジェクトの QCD を中心としており、「プロジェクトが目標を達成できれば確実に成果が出る」という暗黙の了解のもとに成り立っていた。しかし、変革プロジェクトは、プロジェクトが完了した時点では準備ができただけにしかすぎず、プロジェクトの成果はその運用に依存している。変革プロジェクトの成果までをイメージするにはプロジェクトは短すぎ、プロジェクトの後の運用も含めたスコープも意識する必要があるが、従来のプロジェクトマネジメントの範疇を超えていた。

　そのスコープという観点から考えると、P2M（Program & Project Management for Enterprise Innovation）のプログラムマネジメントはチェンジマネジメントのスコープとして適切である。スキームモデル・プロジェクト、システムモデル・プロジェクトそしてサービスモデル・

---

　[*] 世界最大のプロジェクトマネジメント協会（PMI）、日本支部は 1998 年に発足した。

プロジェクトという運用も含めたプロジェクトを意識することができ、プログラムマネジメントの文脈の中でチェンジマネジメントを語ることができるので、親和性も高い。P2M のプログラムマネジメントは価値創造を目的としており、価値が獲得できるとこまでをスコープとしているため、運用によって成果が変わってくるような変革プロジェクトとの相性が非常に良い。さらにいえば、変革プロジェクトはプロジェクトと位置付けず、変革プログラムと認識して取り組む方が扱いやすいことにもつながってくる。変革系の活動は変革プログラムとしてとらえ、成果を出すためにはチェンジマネジメントも含めた活動が重要であることを理解する必要がある。

　この考え方はグローバルでも認知されつつあり、PMI の『PMBOK ガイドブック』の第 7 版（2021 年発刊）では、これまでのプロジェクトマネジメントにおいて主流であったプロセス中心の考え方から、価値中心の考え方へと大きく舵を切った。その中で 12 の原理原則が示されていたが、その中の 1 つとして「チェンジマネジメント」が明確に定義された。プロジェクトが最終的に価値を獲得するには必要な要素として認識されたことを示唆しており、プロジェクトの実施中においてチェンジマネジメントの活動を組み込むことを推奨するようになっている。

●図表 1-14　『PMBOK ガイドブック』第 7 版 12 の原理原則

①スチュワードシップ　　⑦テーラリング
②チーム　　　　　　　　⑧品質
③ステークホルダー　　　⑨複雑性
④バリュー（価値）　　　⑩リスク
⑤システム思考　　　　　⑪順応性と柔軟性
⑥リーダーシップ　　　　⑫チェンジマネジメント

■変革プロジェクトを成功に導く重要な視点

　ここに、2つほど興味ある資料がある。それを紹介することで変革プロジェクトを成功に導くために重要な視点を提示したい。

　図1-15に米国Standish GroupがまとめたITプロジェクトの失敗（対象は途中で中止されたプロジェクトの失敗要因を示す。ITプロジェクトは、他のプロジェクトに比べて失敗の確率が比較的高い。近年プロジェクトの実施方法は、これまで行われてきたウォーターフォール的な手順をしっかり守って実施するやり方から、アジャイルと呼ばれるプロジェクトのスコープを分解し、小さなチームを軸に小さく開発しながら確認検証していくやり方に変わってきた。これにより成功の確率も3倍ほど大きく改善されてきたが、扱うプロジェクトは見えにくいプロジェクトであることものあり、比較的難しいプロジェクトの分類に入っている。

　この図表を見ると、失敗の原因の多くは技術的なものではなく、ほとんどがプロジェクトに関わる人に起因していることがわかる。この図表はITプロジェクトの要因分析の結果であるが、これは特別な技術のブレークスルーなどを必須とするプロジェクトを除いて、ほとんどのプロ

●図表1-15　プロジェクト失敗の要因

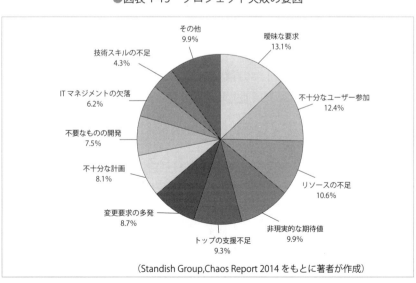

（Standish Group,Chaos Report 2014をもとに著者が作成）

ジェクトに当てはまる分析結果である。

　筆者は数多くのプロジェクトの失敗を見てきたが、これまでの経験を通して感じるのは、失敗原因の多くが人に起因していることであり、このレポートの結果は感覚的にも一致する。プロジェクトに直接的・間接的に関わる人たちが正しく動いてくれるかどうかは、プロジェクトの成功にとって大きな要因であり、そして変革プロジェクトにおいては、とくにその重要性が増す。なぜならば、変革プロジェクトの目標はあくまでも仮定の目標であって、それを達成できたから成果が出せるとは限らないからである。それ以上に、そのプロジェクト終わった後の運用がうまくいくかが重要であり、その運用において不具合は修正され、改善され成果につながっていく。このことを考えると、プロジェクト終了時の完了目標以上に、プロジェクト完了時の運用体制や関係者のやる気の方が重要性を増してくる。

　図表1-16 は少し古いデータではあるが、変革の取組みによる成果の違いを示している。ここでは、2つの軸で変革プロジェクトに関わるアプローチの違いとその結果が示されている。取組みの違いは「縦軸：トップダウン的（T）なアプローチかボトムアップ的（B）なアプローチか」、そして「横軸：システマティック（S）なアプローチか場当たり的（アドホック：A）なアプローチか」の4象限で整理され、それぞれの象限でのアプローチがどういう結果に至ったか、とても興味深い内容が示されている。

　図表1-16 から、次の3つの重要なフィードバックが得られる。
① 場当たり的なアプローチは成果を出せずに終わる
② システマティックでボトムアップ的なアプローチはある程度の成果は出るが、部分最適に陥りやすい
③ 変革プロジェクトで最も成果が期待できるやり方は、トップダウンでシステマティックアプローチである

　変革プロジェクトを実践するにおいて、どのような体制やアプローチが必要かを考えるときに、この図表が1つの重要な視点を提供してくれる。「変革は、やみくもにプロジェクトを推進してはならず、成果を出すためにさまざまなことを考慮し、やるべきことを検討して組み立て、

●図表 1-16　変革の取組み方による違い

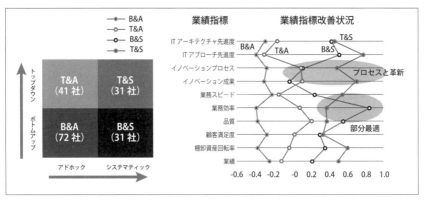

（出典：「第 11 回情報システムに関する調査報告書」（日本 CIO 連絡協議会、2001）
の資料をもとに修正）

計画的に実施すること」の重要性を明らかにしてくれている。

　また、本当に成果を出したければ、トップを巻き込んでトップダウン
で実施する重要性も示唆している。これは、トップの変革への関わりの
重要性を示すだけでなく、トップの存在が変革において重要な意味を持
つことを示唆している。ボトムアップのアプローチでは、変革遂行の関
係者がさまざまな制約条件を受け、変革プロジェクトを推進しなければ
ならない状況に陥る可能性が高くなる。そのため、自分たちが触れる部
分を中心に変革を進めようとする傾向が強くなり、結果として、部分最
適な成果が顕著に現れることになる。一方、トップが変革プロジェクト
に関与することで、トップの責任範囲はそのまま変革可能なエリアとな
り、変革チームが変革において触れる領域が広がり、成果を出しやすく
なる。この結果が**図表 1-16** で明らかに示されている。

　ここでの示唆は、3 章のチェンジマネジメント推進手法、4 章の組織
チェンジアジリティにも深く関わるもので、3 章の計画的なチェンジマ
ネジメントの進め方を理解することで、プロジェクトの推進と成果を高
めることが可能となる。さらに変革プロジェクトへのトップの関与の重
要性を理解し、そのような変革にトップ自ら関わろうとする組織となる
ことで、同様に変革プロジェクトの成果を高めることにつながってくる
のである。

5 チェンジアジリティ

■変革への組織成熟度

　これまで多くの変革プログラムを実践して感じたことは、「変革を受け入れ、変わることに寛容な企業」と「変革の必要性を理解していても、変わることに大きな抵抗を示す企業」に分かれることである。同じ変革であっても、企業によって難易度が大きく異なるというのが偽らざる感想である。

　世の中のチェンジマネジメントに関する手法や取組みのほとんどは、変革プログラムそのものに焦点をあて、その変革プログラムをどうやったら成功に導けるのかが議論の中核のテーマとなっている。そのため、方法論などは変革プログラムの円滑な推進を行うためのさまざまな手法やナレッジが紹介され、その適用の方法が議論されることが一般である。

　しかし、変革の母体となる組織で不適格なカルチャーや考え方が支配的であるとしたら、どれだけチェンジマネジメントの手法をうまく駆使しても成功が危うくなるのは当然である。プロジェクトマネジメントには組織成熟モデルという概念が存在し、組織成熟度の高い、低いによって成功確率が変わることが知られている。そのため、組織成熟度を高めるためにさまざまな改善施策を実施し、レベルを上げていこうとする取組みがなされている。つまり、プロジェクトが実施される組織環境を改善することによって、その中で行われるプロジェクトの成功の確率を組織として押し上げようとしているのである。

　これは、カーレースに例えるとわかりやすい。カーレースそのものがプロジェクトとすると、デコボコの多い道や水たまりが頻繁にある整備されていない道路（組織成熟度の低い環境）を走る自動車と、コンクリートなどでしっかり整備されている道路（組織成熟度の高い環境）を走る自動車では、どちらがゴールまでたどり着きやすいかをイ

メージすると、その意味合いがよくわかる。組織環境とはカーレースでは道路に相当するものであり、その整備の良し悪しは結果に直結することは明らかである。

　チェンジアジリティもまた同様である。変革という行為に対して、組織がどのような環境となって存在しているのかは、変革プログラムを行うにおいて十分認識すべきである。変革に対して受容性が低い組織であるとしたら、変革プログラムそのもの難易度は跳ね上がり、やるべきことも多くなり、チェンジマネジメントに対して想定以上の労力を割く覚悟が必要となるであろう。

■変わりにくい組織

　組織カルチャーは目に見えないが、組織に所属する人々の行動に大きな影響を与える重要な要素でもある。組織カルチャーは一朝一夕で出来あがるものではく、先人たちから徐々に受け継がれていく。しかし、組織のライフサイクルから変革への受容性がどう変わっていくのかを見ていくと、安定した事業を営む大企業ほど必然的に組織は変わりにくい要素を持つことが見えてくる。

　どの企業も創業期においては業績も安定せず、その日をどうやって生き残るかという日々の活動そのものが変革と隣り合わせのものであり、必要なことがあればすぐに変えることも容易な状態にある。したがって、変革への受容性は高く、さらに言えば変革しなければ生き残れないので変革が日常茶飯事であるというのが創業期の企業の状況であろう。

　しかし、業績も拡大し企業が安定期に入ってくると、組織や体制もしっかりした部門ができ、組織のルールも整備される。人は安定した組織基盤とルールの中に組み込まれ、その基盤の中で仕事をすれば成果が出せるようになってくる。その安定した組織基盤とルールは、自然と人々の価値観を醸成し、行動規範を育み、組織カルチャーが徐々に形づくられていく。この安定的な組織基盤は堅牢で複数の部門で支えられ、その部門には権限を持った責任者である組織長が与えられた自分の組織基盤を守っている。この時点では企業は組織基盤を改善することには受容性は

高いが、組織基盤を大きく変えたり、崩したりすることには抵抗を示す。

　さらに付け加えると、その組織基盤の環境の中で失敗せずうまくいったものが出世するという構造を持ち、環境になじめない者や変えようとするものは組織基盤をベースに権力を得た者たちから抵抗を受けることになる。このような安定期においては、変革に対する受容性は格段に低くなってくる。

　どの企業も外部環境の変化を常に受ける立場にあり、内部環境を変えずして安定を永続的に保つことは不可能に近い。変革の受容性の低さは結果として、相対的な企業競争力の低下を招くことになり、知らず知らずのうちに多くの大企業は競争力の低下とともに衰退期に向かうことになる。この状況は、失われた30年ともいえる日本企業の現在の状況に映し出されているように思える。この時期になると、今の状況では企業の存続も危うくなると気付くようになり、外部環境に対応できる内部環境への変換の必要性への理解も高まり、企業の変革への受容性は上がってくる。しかし、危機感と変革への受容度は上がってくるが、長い間安定期に培われた組織カルチャーや行動規範は容易に変わることを拒み、わかっているもののなかなか変われないというジレンマに陥る。

　この企業のライフサイクルは必然であり、何もしなければほとんどの企業はこのライフサイクルに陥ってしまう。ここから抜け出すには、企業としての存在意義や価値観を明確に定義し、常に変革を求め受容する組織カルチャーを醸成し、そして変革を積極的に実践し続けていかなければならない。IBMはガースナーの大改革により、30万人にもおよぶ人材の入替えも含め「物売り企業からサービス企業へ」と変貌を遂げたが、ガースナー自身がそのような危機的な変革はもう二度とすべきでないと言っている。そのために、IBMとして通常では達成できない高い目標達成を置き、小さな変革が常に発生するような事業運営を行っている。それにより、変革が特別でなく普通のこととなり、組織として変革を受容するカルチャーも醸成されるようになり、組織としてのチェンジアジリティが高まっていくことになる。IBMのやり方は、組織としての変革の受容性を高める1つのやり方ではあるが、これはあくまで1つのやり方に過ぎない。どのようなやり方でもよいが、通常の事業運営に組み

込めるような何らかの仕組みがあると、企業は安定期においても変革の受容性を高めることが可能となるであろう。

■リーダーシップの重要性

　変革のメカニズムを考えれば考えるほど、リーダーシップの重要性が浮かびあがる。変革が難しい行為であることだけに限らず、変革プログラムの持つ特性を鑑みてもリーダーシップの必要性が明かになる。変革を成功に導くには、その変革の方向に沿って関係する人たちを動かしていかなくてはならない。人々が変革の方向性に動かなければ変革そのものが失敗の危機に瀕す。

　また、人を動かす行為には大きく2つのやり方がある。1つは強制的に人を動かすことであり、もう1つは自発的に人に動いてもらうことである。どちらも動くことには変わりないが、作用の仕方は大きく違う。前者の動かし方は、ハードパワーと呼ばれる人を強制的に動かせる権限を駆使して動かすやり方であり、「マネジメント」における作用の仕方でもある。一方後者は、ソフトパワーと呼ばれる人に影響を与えることで、人を自発的に動かすやり方であり「リーダーシップ」における作用の仕方でもある。変革の特徴を鑑みると、変革はさまざまなルール、常識、価値観さえも変えようとする行為でもあり、既存の権限構造を超えた議論と権限構造さえも変える必要性を持つ。既存の組織基盤を安定化させようとするマネジメントで変革を進めることは難しく、既存の組織基盤を変えたり、再構成させたりすることに向いているリーダーシップの重要性はますます増してくることになる。

Column

ハードパワーとソフトパワー

　変革にリーダーシップが必要なことは誰もが認めるところであるが、リーダーシップに何を求めるのかについて少しお話しておきたい。

　変革を推進し成果を収めるためには人の行動変容が不可欠となるが、人が行動を変えるには、対象となる人に何らかの行動を起こさせるためのきっかけとなる作用が必要となる。その作用を起こさせるものを、私たちは"パワー"と呼んでいる。その"パワー"が人に作用することで、人はリーダーの望む方向に動き始め、行動変容が始まることになる。

　では、"パワー"にはどのようなものが存在するのであろうか？　"パワー"は大きく分けて2つ存在する。1つは"ハードパワー"と呼ばれるもので、フォーマルの世界で存在するものであり、企業や組織には必ず存在している。たとえば、「評価権限」「予算権限」「人事権」などフォーマルな組織を動かすために必要となるさまざまな"権限"がそれに該当する。役職そのものもパワーであり、ポジションパワーといわれる。「権力」といえばわかりやすいかもしれない。

　ハードパワーを使うことで人を動かすことは可能であり、強制的に人に行動変容を求めることも可能である。しかし、ハードパワーの使い方は気をつけなくてはならない。なぜなら、多くの場合副作用を発生する可能性が高いからである。人を動かす側から見れば便利な武器であろうが、動かされる側から見れば、必ずしも心地よいものではない。自分自身がハードパワーを使われて（ある意味脅されて）動かされた状況をイメージするとよい。どのような感情が湧き出るであろうか。

　もう1つは"ソフトパワー"と呼ばれるもので、フォーマルの世界を超えても存在するもので「専門性」「情報」「人的ネットワーク」などの知的パワーや、「説得力」「信頼」「人間性」「徳」などその人そのものに備わる人的パワーなどが含まれる。これ

らのパワーの特徴として、いくら駆使してもほとんど副作用は発生しない。その点はハードパワーとまったく違う。ソフトパワーは強制して相手を動かすような作用を持つものではなく、相手がそれを感じて相手が自らの判断で動いてくれるという性質を持つ。パワーとしては作用しているが、主体性はパワーを持つ側に無くパワーを感じる側にあるため、副作用は起きないのである。

　前者の"ハードパワー"はマネジメントの源泉であり、マネジメントはこのハードパワーをうまく使って成果を出そうとする。一方で、"ソフトパワー"はリーダーシップの源泉であり、リーダーシップで成果を出そうとするとこのソフトパワーは不可欠の要素となる。変革の多くは既存の権限構造を超えて成果を出すケースが多いことを考えると、変革にはマネジメント以上にリーダーシップが重要となることはお判りいただけよう。

　それと、もう1つ、それらのパワーの獲得について大きな違いがあることもお話ししておきたい。ハードパワーは与えることができるパワーであるが、ソフトパワーは与えることができず、自ら獲得するしかないパワーである。これはぜひ知っておいてもらいたい。

　フォーマルの世界で、権力は移動が簡単である。ある日突然、平社員を取締役に引き上げれば取締役としての権力を駆使することが可能となる。しかし、それは借り物のパワーであり、そのフォーマルの世界から出ればすべて失うものである。

　ハードパワーはいわば借り物のパワーなのである。一方ソフトパワーは自ら獲得して得たものであり、与えることは困難であるが、組織や会社を離れてもその人にずっと残るパワーでもある。

　リーダーシップの源泉たるソフトパワーは永続性の高いパワーであり、そのパワーは簡単に得ることは難しく、その人の生き方にリンクするパワーである。変革にリーダーシップが必要なことは述べたが、成果を出すにはリーダーシップの源泉となるソフトパワーを常に磨く努力を忘れないようにしたいものである。

チェンジマネジメント概論

変革活動には大きく、組織、プロセス、IT などのハード的な部分を変える活動と、人の行動変容を求めるソフト的な部分があるが、チェンジマネジメントはソフト的な部分へのアプローチであることを理解する。ソフト的な部分は人間の心理的・行動的な特性に対するアプローチでもあり、求むべく結果を達成するには人に対する理解が重要となる。それとともに、変革を遂行するとどういうことが起こるのか、変革のメカニズムを頭に入れた遂行が成否に大きくかかわることになる。それ故、チェンジマネジメントを上手く活用すればその成果は思いのほか大きく、プロジェクトの成功確率は高くなり活動に見合った以上の成果も期待できる。そのためにも、変革の促進要因や阻害要因が存在することを正しく理解し、それらの要因への対応を活動に取り組むことが成果を出すためには不可欠となってくる。ここでは、1 章で述べた変革で注意すべき 3 つのギャップへの対処の仕方も説明し変革への準備を整える。その上で、プログラム活動として取り組まれるチェンジマネジメントの取組みと、組織全体の変革の対応能力を向上させるチェンジアジリティの基本的なアプローチを説明する。

2-1　チェンジマネジメント概論

2-2　チェンジマネジメントの価値

2-3　変革活動成否の影響因子

2-4　プログラムベースのチェンジマネジメント

2-5　チェンジアジリティ向上への取組み

1 チェンジマネジメント概論

チェンジマネジメントにはさまざまな方法論が存在するが、その多くは「変革」を成功させるために必要な手段としてとらえられており、内容も変革活動のライフサイクルをベースに必要な活動が示されていることが多い。一方で、私たちが新たに定義したチェンジマネジメントは、一般のチェンジマネジメントととらえ方が少し異なる。私たちのねらいは事業レベルで価値創造による競争力の向上にあり、価値創造の活動をプログラムとしてとらえ、そのプログラムの成果を出せるためのチェンジマネジメントとして何が必要なのかが起点にある。

図表 2-1 にチェンジマネジメントのスコープに関わる全体像のイメージを示す。事業レベルの成果をゴールとして考えると、事業において価値創造を担うプログラム活動のライフサイクルを考慮したチェンジマネジメントが第一に考えられるが、それだけでは十分ではない。そのプログラムを推進する組織・人・カルチャーなどの事業におけるインフラが「変革」に対して順応度が高いかどうかは、プログラム活動の成果に対して大きな影響を与えることになる。

組織としての変革の対応能力を「チェンジアジリティ」と定義し、その能力を向上させていくこともチェンジマネジメントのスコープに入れた。

この考え方をベースに、3章では変革プログラムのライフサイクルを考慮した実践的な手法を示し、4章では変革プログラムを有する組織の変化への対応能力「チェンジアジリティ」についての考え方を示す。

●図表 2-1　チェンジマネジメント全体像（各章の位置付け）

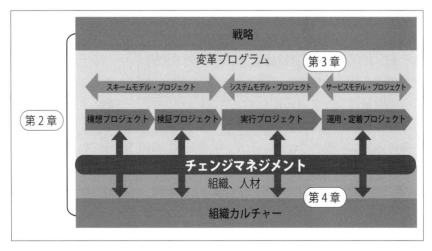

■チェンジマネジメントとは？

　チェンジマネジメントを日本語に直訳すると「変更管理」となる。変更管理は、製品やシステムへの変更要求が、管理・調整された上で導入されることを保証する方法として、製品開発や IT システム開発のプロジェクトを有する日本の業界や企業で広く知れわたっている。しかし、この変更管理は、グローバルでは「チェンジコントロール（Change Control）」として認知されており、チェンジマネジメントとは呼ばない。グローバルでは「チェンジマネジメントとチェンジコントロールはまったく別のもの」という認識が浸透しており、混同することはまずない。しかし日本では、チェンジマネジメントに関する書籍も少なく認知度が低いため、チェンジコントロールを思い浮かべる人の方が多い。

　ここでは、変革活動におけるチェンジマネジメントの位置付け、スコープを示す。また、チェンジマネジメントを実践するにあたり、人や組織は変化を望まないことを前提に、チェンジマネジメント必要性と原理原則を述べる。

■変革活動におけるチェンジマネジメントの位置付け

　今日、多くの企業で組織変革、プロセス変革、デジタル変革（DX）などのさまざまな種類の変革活動が実施されており、それぞれの変革が異なる変革のように思えるかもしれない。しかし、変革活動の構造そのものに大きな差はない。

　図表2-2に変革の全体像を示す。左側には、体制、プロセス、情報、知識、評価のハード面の変革要素を示す。これは、新しい製品や技術を生み出したり、生産性を大幅に向上させたりするために、従業員が活用する「型」になるものである。一方、右側はソフト面の変革要素を示しており、人の意識や行動が、新しい型に適合する状態に変化していく構造を示す。個人が新しい「型」を使ってみようと意識を変え、具体的に行動をとる、その行動した結果によって得られる成果からフィードバックを得ることで、個人が新しい「型」を活用することへの不安の払拭、自信の醸成につながり、さらに活用を促進させていく（上のフィードバックループ）。

　なお、個人の行動によって成果が自覚されると、それが身近のチーム、チームが属する組織へと順次広がっていくことになる。このフィー

●図表 2-2　変革におけるハード要素とソフト要素

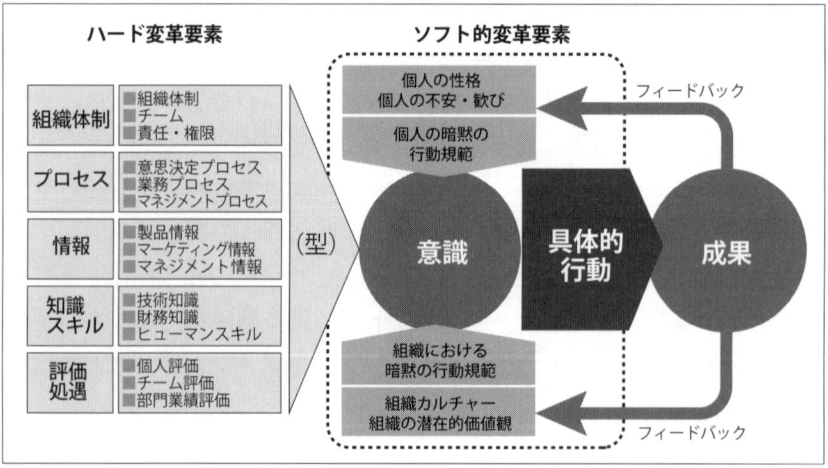

ドバックを繰り返していくことで、新しい「型」を活用した行動様式が組織全体に浸透し、新たな組織カルチャーの醸成や新たな行動規範の定着へとつながっていく。変革活動においては、新しい「型」を組織全体に浸透させ、当たり前に活用できる状態にすることが重要であり、ソフト要素へのアプローチは必要不可欠である。チェンジマネジメントはこのソフト要素へアプローチするためのマネジメント手法でもある。

　多くの変革活動では、ハード面の変革要素を中心とした取組みが行われるが、変革の核心部分であるソフトの変革要素へのアプローチが不十分である。よく見られるケースだが、変革活動は「変えた」ことがわかりやすいハード面を中心に行われ、新しい「型」を一部のチームで試行し、その効果が見込めれば「現場で適用するように」と、トップマネジメントは号令を発するだけにとどまっていることが多い。

　筆者から見れば、このケースは変革の全体像から見ると左側のハード要素のみの変革にとどまっており、フィードバックループが回っていないため、個人も組織も意識や行動が変わり切れずに終わるように見えて仕方がない。この状態は変革活動として道半ばの状態である。残念ながらトップの「現場に適用するように」という号令だけで現場が積極的に適用し、成果が出たというケースはまず見たことがない。よく見る光景は、現場での適用が進まず、しばらくして成果が出ないと「なぜ成果が出ないのか」とトップマネジメントが現場を叱咤する場面である。これは変革の本質を理解してないために見られる結果であり、本来プログラム活動中にやるべきことをやらなかったために発生した事象である。

　どのような成果にも因果関係がある。変革を成功させて成果を享受するためには、成功する結果の因果関係を理解し、期待すべき結果が出るような活動をプログラムの中で行っていなくてはならない。終わった後にやってもすでに時は遅く、容易に期待する成果を取り戻せないのである。

　変革活動の目指すべきゴールは価値の獲得にあり、その価値は新しい「型」が組織の中で定着し成果を出し続ける状態に達して初めて実現できるものである。そして新しい「型」を使いこなすためには、現場だけではなく、トップマネジメントから従業員と組織に所属する全員が意識を

変え、新しい行動を習得し常態化できなくてはならない。そのためには、現場は徹底して活用して成果が得られるよう改善・工夫していく必要があり、トップマネジメントは根気強く現場を支援していくことが求められる。変革の成果を享受するには、関係する人々が協力して成果を出せるように行動変容することが肝であり、チェンジマネジメントはとくにソフト要素にアプローチする方法としての重要な役割を担っている。

■チェンジマネジメントの適用スコープ

　変革活動におけるチェンジマネジメントの適用スコープには大きく2つの見方がある。1つは「広義」の見方、もう1つは「狭義」の見方である。
　「広義」のチェンジマネジメントとは変革活動そのものであり、変革活動を成功に導くためのマネジメントである。変革の種類はさまざまで、組織変革、プロセス変革、IT変革、企業統合変革、リストラクチャ変革と、その種類はバラエティに富む。**図表2-2**においては、ハード変革要素とソフト変革要素を含めたものすべてがチェンジマネジメントのスコープとみなされる。
　一方で「狭義」のチェンジマネジメントはソフト変革要素にフォーカスされる。ソフト変革要素の対象は人であり、変革に関わるさまざまなステークホルダーがチェンジマネジメントの対象となる。ハード変革要素は取り組むべき内容によって変わってくるが、ソフト変革要素は内容が違ってもやるべきことはさほど大きく変わることはない。本書で述べるチェンジマネジメントは「狭義」の見方をしており、普遍的なアプローチが適用できる取組みである。変革における人の行動変容を促し、その行動変容を通して変革の成果を享受するマネジメントが本書の目指すチェンジマネジメントのスコープである。

●図表 2-3　人は変化を望まない

変化を望まない！

どうして仕事のやり方を変えなければいけないのか？

今までよりさらに忙しくなるのか？

うまくいっているのになぜ変わる必要があるのか？

自分はちゃんとできているのに、あの部署のせいで…

不安

本心 / 狙い

恐怖

損失

わからないことは誰に聞けばいいのか？

私の新しい役割は？ちゃんとやれるだろうか？

自分の仕事がなくなるんじゃないだろうか？

自分にメリットはあるのか？

この変更をどうやって他の人に説明すればいいんだろうか？

わかったけど、好きじゃないしやりたくない

■なぜ、人は変われないのか？

　変革を成功させ成果を享受するためには、関係者が変化を受け入れ、新しい様式を誰もが当たり前に行えるように変わっていかなくてはならない。しかし、人は変化することが自分にとって不利益になると感じた場合、変化に対して抵抗を感じるものである。不利益になりそうなリスクを回避し、自分を守りたい心理はごく自然なことであり、誰もが取る普通の行動である。つまり、人は変化を望まないことが行動様式の原点にあることを理解したうえで、チェンジマネジメントのさまざまな取組みを行うこと求められる。

　人に生じる変化の中には、受け入れられる変化と受け入れがたい変化がある。たとえば、オフィスを改築する、給与が倍増するといったイメージできる変化、自分にメリットがある変化、マイナスの影響がない変化は受け入れやすい。一方、先が読めない変化、未知なるものへの対応、失敗への恐怖や不安を感じるような変化もある。人はこの変化に直面すると、「変わりたくない」「変われない」という心理が働く。これは生理学や行動経済学など多くの研究を通して認知されている（**図表 2-3**）。

　生理学では、フランス医師・生理学者のクロード・ベルナールやアメリカの生理学者のウォルター・B・キャノンが、外部環境の変化に応じ

て内部環境を一定に保とうとする生体機能、ホメオスタシス（恒常性）が人間には機能として備わっていることを提唱した。ホメオスタシスは、自律神経系、内分泌系、免疫系の働きにより、外部変化が生じても血液や体液などの生体機能を一定に保つ性質を指す。ダイエットの際、急激に体重を減らそうとすると、逆に急に減らなくなる現象が生じる。これは身体の中でホルモンを分泌して失った栄養素を補充しようとし、代謝を抑制したり、減らした脂肪を元に戻そうとしたりし、内部環境を維持しようとする機能が働くためである。つまり、人は急激な変化に対して内部を守ろうとする生理的な防衛本能を持っている生き物である。

　このホメオスタシスは認知科学に拡大され、人は現在の環境やライフスタイルを維持しようという防衛本能を脳が有していることを示されている。始めたランニングが三日坊主に終わってしまったり、勉強する習慣がなかなか身につかなかったりすることも代表的な例であり、従来の習慣を維持しようとするよう脳が作用してしまうことが原因とされている。

　心理学においては、1988年にリチャード・ゼックハウザーとウィリアム・サミュエルソンによって、現状維持バイアス（status quo bias）の理論が提唱された。現状維持のバイアスとは、「未知のものや変化を受け入れず、現状維持を望む心理作用」のことである。

　行動経済学においては、心理学者のダニエル・カーネマンとエイモス・トベルスキーによって1979年に行動経済学のプロスペクト理論が提唱された。人は経済活動において損失を回避する傾向があり、状況によってその判断が変わるという意思決定理論であるが、この理論の中で「損失回避の法則」という、「手に入れる」ことよりも「損をする」ことを回避する方を選ぶ心理作用の法則が提唱されている。行動経済学から見ても、人が経済活動においてリスクを回避する生き物であることがさまざまなところで述べられている。

　人は未知なる変化に直面した際、損失を回避する心理が働き、現状維持バイアスが強くかかる。現状維持のバイアスがかかることは生理的機能として致し方なく、現状を変えることによって明らかに状態が改善されるという状況下にあっても、個人の内面としては現状を選んでしまうということになる。変革活動は多くの関係者にとって未知な活動であり、

将来が見えない活動である。

　この心理・行動が起きやすいということを念頭に置くと、見えない将来をビジョンという形で見える形で提示していくなど、変革活動において人に自然に起こりえるリアクションを見越して適切な対応をチェンジマネジメントとして組み込むことは至極重要なこととなる。

■なぜ、組織は変わらないのか？

　変革によって組織構造や制度を変えても、組織カルチャーまでは変わりにくい。たとえば、ヒエラルキー型の組織をフラット組織に変えたところで、旧来の指示命令系統やレポートラインが残ってしまうことがよくある。これを組織論では「慣性」といい、組織構造や制度を変えても文化まではすぐには変わらないことを指す。

　近年、集団の研究において、組織カルチャーはオフィシャルな箱でつくられるのではなく、対人関係のインフォーマルなネットワークでつくられることがわかっている。インフォーマルなコミュニケーションを通じ、組織内の従業員同士が新しい関係を構築し、相互理解ができる関係性を築くことで、新しいものを生み出したり、悩みを解消して業務効率を上げたり、モチベーションを高めたりすることができるのである。

　しかし残念なことに、多くの組織でインフォーマルなコミュニケーションはその正当性を見い出せずに衰退し、フォーマルなコミュニケーションだけが幅を利かせているのをよく見かける。とくにCOVID－19の流行に伴って会社に出社できず、慣れないオンラインのコミュニケーションを余儀なくされた際、この環境下で成果を出すために、必要最低限のフォーマルなコミュニケーションに集中し、インフォーマルなコミュニケーションまで意識が回らず、結果的にチーム内の関係がギクシャクしてしまったことも多いのではないだろうか。COVID環境下では、明らかにインフォーマルなコミュニケーションは衰退の傾向にある。このような環境下では組織カルチャーを含めた変革の難易度はさらに上がってきており、同時にチェンジマネジメントへの取組みもより一層重要性を増してきていることを理解する必要がある。

もう１つ、組織においては集団行動で多数意見に合わせるといった多数派同調バイアスという作用が至るところで働いている。多数派同調バイアスは、周囲の人と同じ行動を取ることが安全と判断する心理傾向である。変革活動の初期は、変革の推進者は組織の中で一部にとどまる。所属組織の中で自分は変革推進派であっても、組織の中で反対派が多い場合、自分の評価を下げてしまうリスクから反対派に同調してしまうことはよくあることである。これにより、組織を変えていこうという新たな芽は土の中に隠れてしまうことも起こりうる。多数派同調バイアスは多くの変革で見かける集団的な現象であるが、その事象が起こることを常に頭に入れておくことが重要である。

■チェンジマネジメントにおける原理原則

　ここまで人や組織が変わりにくい性質であることを示したが、人は自己変革を促せる生き物でもある。またその集合体である組織も変わることができるはずである。

　人の脳は、大きな変化は受け入れずに元に戻そうとする一方で、小さな変化であれば受け入れられる性質を持っている。これは脳の可塑性と呼ばれる性質である。脳科学や解剖学、心理学でも提唱されている概念であり、人の脳は適切な刺激を受けると変化し、再構成を自ら行うというものである。

　読者の中には、健康のためにダイエットや禁煙、禁酒にチャレンジした人もいるだろう。たとえば、ダイエットで10kg痩せるという目標を立てたとする。そのためには月単位で取り組み、食事や運動習慣を見直し、これまでに取り組んでいなかった施策を講じていく。実行する上では、ダイエットの開始から最終目標ばかりを見ていると、成果が出ている実感はわかないまま、ただ厳しさやつらさの部分だけを感じてしまい、やめてしまうケースが多い。森下仁丹株式会社の2020年の調査（n＝600人）によると、女性の86.7％がダイエット経験者であり、そのうちの87.3％がダイエット挫折者（n＝454人）だという。

　この要因の中で、すぐに結果が出ない（60.8％）と我慢ばかりでスト

レスがたまる（58.8%）の２つの要因が群を抜いていることが判明している。美容のため、健康ためとはいえ、目標に対する結果を求めてしまったり、我慢の連続でストレスがたまったりすることで挫折するという実態が明らかである。筆者にも経験があるが、体重が落ちたという結果はすぐに表れるものではないため、成果が出ていないと思い、なぜ我慢しているのかといったストレスがたまる。しかし、体重ではない別の「手応え」を感じられるようにするとどうだろうか。最初は、歩く、簡単な筋トレを１週間程度続けた際に、体のリズムができ始めている、数センチ胴回りが小さくなった、首回りがすっきりしたなど、運動したことによる手応えを感じると、このダイエットへの不安や辛さは軽減され、もう少し続けてみようというマインドに変わってくる。その後徐々に体重の減少という結果につながってくると、このやり方なら自分でもできるという自信につながり、運動することが継続的に行えるようになる。その結果、普通にダイエットに取り組めるようになり、目標達成だけではなく、健康を維持するために日々の運動や食事を変えた状態が定常化されていくのである。

　つまり、人が受け入れやすい手応えを感じる成果をつくることが、個人が意識や行動を変えていく第一歩となる。これは、変革においても同様で、この最初の手応えを感じる成果を出すことは、変革活動を進めるにあたってもっとも重要な部分である。個人が変革に対して抱いている不安を軽減させたり、自分以外の人が同じように手応えを感じるようになったりすることで、個人や一部の集団の中で自信もって取り組むことができるようになる。自信を持ち、変革の方向性が正しいことを信じることができれば、多少の失敗をしたとしても改善・修正する行動が取れるようになる。そのような改善・修正の活動を継続して取り組むうちに、徐々に成果は目に見えるようになり、先行指標として定められた生産性指標の改善につながってくる（**図表 2-4**）。

　生産性指標の改善は、組織における変革の浸透を促す。変革の成果を数値で見せることは大きなインパクトを与える。変革の正当性が組織において証明され、変革の推進に対する不安は払拭されることになる。そうなると、新たな行動様式は加速度を増して組織内に浸透をはじめ、さ

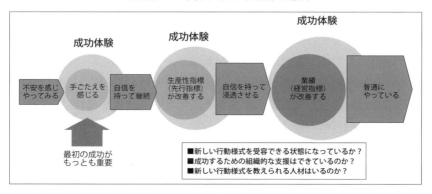

●図表 2-4　変革における改善の連鎖

成功体験

成功体験

成功体験

| 不安を感じ やってみる | 手ごたえを 感じる | 自信を 持って継続 | 生産性指標 （先行指標） が改善する | 自信を持って 浸透させる | 業績 （経営指標） が改善する | 普通に やっている |

最初の成功が もっとも重要

■新しい行動様式を受容できる状態になっているか？
■成功するための組織的な支援はできているのか？
■新しい行動様式を教えられる人材はいるのか？

まざまな生産性指標の改善が見られるようになってくる。その結果、最終的に目標としていた企業における経営指標の改善に波及していくことになる。

　どのような変革においても、経営指標の改善は、変革活動の最後となることを理解しておく必要がある。しかし、その兆候は変革の運用の段階から見られるものであり、変革の手応えはかなり早くから感じられるものである。その手応えを上手く利用して見える化して変革の機運を高め、より早く組織に浸透させていく取組みもチェンジマネジメントとして効果的なやり方である。

　米国の経済学者であるハーヴェイ・ライペンシュタイン氏が提唱した「ある選択を支持する人が多いほど、その選択に対する支持がより強くなる現象」をバンドワゴン効果と言うが、「あのチームがやれているなら安心だ。自分たちもやってみよう」というバンドワゴン効果により、変化を好まない従業員も、他の人と同じという安心感をから新しい様式にシフトすることができる。

■変革を推進するためのチェンジマネジメント

　変革活動において、その活動の成果が時系列的にどのような傾向をもって現れるのかを前もって知っておくことは重要である。その傾向を理解することで、変革の成果をより効果的にするための施策を組み込む

ことが可能となるからである。

　多くの人が、変革の成果の出方を誤解している。プロセス変革、IT変革、組織変革などさまざまな変革において、新しい業態に移行するとすぐに効果が表れると思っている人がほとんどである。残念ながら、そのようにはならない。新しい業態に移行したとき、最初は誰も新しいやり方に慣れていないため、生産性は必ずといってよいほど落ちるものである。この事実を正しく理解することは変革を成功させるための第一歩であり、その前提のもとにチェンジマネマネジメントの活動が設計される必要があることを念頭においていただきたい。

　図表2-5に、変革の活動を通してその成果としての生産性がどのように変遷していくかを時系列に見たチェンジカーブを示す。チェンジカーブに並行して、チェンジマネジメントとして実施すべき基本的なアクションを4つほど示した。これらのアクションの必要性と効果を次に説明する。

① 円滑な導入

　チェンジマネジメントの活動は、プロジェクトの開始とともに行われる必要がある。新しい業態に移行することで発生する混乱はできるだけ小さくするに越したことはない。しかし、どのように変革の設計を行っても完璧なものなどあるはずもない。運用において不慣れなために不適合なことも発生し、生産性が一時的に低下することは避けられない。本

●図表2-5　チェンジカーブ

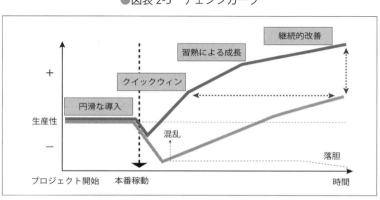

番稼働までに達成すべきこととして、この生産性の落込みを少なくし、リカバーするような構えができているかどうかが、とても重要となる。そのために事前に成すこととして、大きく２つある。１つは、変革活動に対する関係者の賛同と支援レベルの向上であり、もう１つは関係者の新しい業態に対する事前の運用習熟度の向上である。

　関係者からの変革活動への強い賛同と支援は、新たな運用で発生するであろうさまざまな不具合に対する許容性を担保し、それにより稼働初期に発生する生産性の落込みに対しての不満をやわらげ、運用の練度が上がって生産性が改善するまでの時間を稼ぐことを可能とする。この賛同と支援レベルが低いと、生産性の落込みは関係者の不満とともにさらなる混乱を招き、変革への抵抗者にとって格好の攻撃材料となり、変革の成果そのものを損ね兼ねないリスクをはらむことになる。変革を支えてくれる人たちをどれだけ多くつくれるかは、変革の成功に直結する重要な課題となる。

　事前の運用習熟度の向上は、運用における混乱を最小限に抑えるためにも重要な施策となる。新しい業態を予測して事前に運用のトレーニングを実施すると、事前に運用を仮想体験できるので、どのようなことが起こりうるかをあらかじめ想定できる。何か不具合が起こっても、想定されていればそれほど驚きはない。関係者に対して新たな業態の理解を深めトレーニングを厚く実施することは、混乱を最小化し、生産性の落込みを軽減する重要な施策となる。

② クイックウインの実施

　クイックウイン（Quick Win）とは、短期間で変革の成果を実現することである。変革活動で大きな成果を出すためには、ある程度の時間を要することが多い。中には、数年を経なければ大きな成果が出せないこともある。しかし、成果を出すために数年かかるとしたら、関係者はその変革の成果が出るまで忍耐強く待つことができるであろうか。これはかなり難しい問題である。なぜなら、変革の推進者は通常短期間での成果を求められていることが多く、変革のオーナーは早期での成果を期待していることが多いからである。

その期待値と実際の結果の間を埋めることは変革を成功させるためにも重要であり、クイックウインは変革の施策においても重要な意味合いを持つ。

　クイックウインは仕掛けられた成果である。変革において改善個所を検証していくと、いくつか簡単な取組みを行い、短期間（通常 2 〜 3 ヵ月以内）で効果が出せるようなことが見つかるものである。このような簡単に効果を出せる「持ち玉」を事前に仕込んでおくことは、変革の推進力に大きく影響を与える。新しい業態に移行してクイックウインの施策で成果が出せると、変革の推進に勢いが出てくる。クイックウインの成果を喧伝することによって、変革の正当性を関係者に示すことが可能となり、さらなる賛同者を増やすことができる。

　人は勝ち馬には乗るものである。上手くいきそうだと感じると、その方に傾いていくのは人の心理として自然なことである。クイックウインをいくつか仕掛けておくことによって、変革のオーナーには安心感を与え、関係者には成功への自信を与えることが可能となる。それらの安心感と自信は、長くかかるであろう変革の大きな成果を獲得するためには欠かせない重要な要素なのである。

③ 習熟による成長

　変革での成果を享受するためには、新しい業態における関係者全体の習熟度を上げることが必要となる。そのためには、さらなるトレーニングの実践が必要となる。新しい業態が運用されたとしても、正しく成果が出せるように運用しているかは別の問題である。

　運用はしているものの、思ったように成果を出せていないケースもあるだろうし、成果の出し方が個人ごとに、またチームごとに違っていることもある。新しい業態において全体の成果を上げていくには、組織として運用スキルの向上に努めていく必要がある。そのためには、稼働後に運用スキルの向上の必要性を理解し、運用スキルの向上のための教育体制と予算を確保しておかなくてはならない。チェンジマネジメントにおいて本番稼働は終わりではなく、始まりである。運用における成果をどのように出していくかは事前に準備されておく必要がある。

④ 継続的改善

　プロセス変革、IT変革、組織変革などさまざまな変革では、変革の成果を出すためにあるべき姿を描き、そのあるべき姿を実現する新しい業態を設計し、その新しい業態に移行することで変革の成果を享受しようとする。しかし、残念ながら完璧な設計を行うことは不可能だといって過言ではない。たとえあるべき姿を描けたとしても、その実現方法にはさまざまなやり方があり、それがベストなのかを事前にすべて検証することは不可能である。

　そこで、ある程度割り切って、仮説を立てて設計していくしか方法はない。したがって、新たな業態での仕組みは仮説をベースにつくられたものになっており、実際と完全に一致することはなく、実際との乖離はさまざまな運用の不具合を生むことになる。

　さらに、時間とともに外部環境や内部環境も変化し、設計当初想定した環境が変化することも普通で起こりえる。言い換えれば、変革を完璧に設計することは不可能であり、不具合は必ず発生し、それを改善していくことは変革の成果を享受するためにも必然となる。そのためには、新しい業態を改善・成長させる体制を運用段階において持つ必要があり、そのための予算も含めて準備することが必要となる。

2 チェンジマネジメントの価値

ここまで、チェンジマネジメントを変革に適切に取り込む必要性を述べてきた。ここでは、チェンジマネジメントの適用効果、価値について説明する。

■チェンジマネジメントの適用効果

PMI（Project Management Institute）ではチェンジマネジメントに関するさまざまな調査が行われており、PMIの2012年のレポートにおいて、プロジェクトマネジメントのさまざまな実践手法がどの程度プロジェクトに活用されているかが調査されている。ここでは、チェンジマネジメントがもっとも大きい（1位：73%）ことが示され、リスクマネジメント（2位：71%）、PMO（3位：63%）以上にさまざまなプロジェクトで活用され、一般的な実践手法として認知されていることがわかる。

また、プロジェクトの重要成功要因の評価においては、ポートフォリオマネジメント、プロジェクトマネジメント標準の適用などと同率（71%）の4位となっており、アジャイル手法の適用（68%）やPMOによる実践（65%）よりも高い数字を示している。

また、PMIの2014年のレポートにおいても、プロジェクトのチェンジマネメントを上手く適用したプロジェクトは69%成功したのに対して、適用しなかったプロジェクトは41%にとどまっていることも報告されている。

このようにチェンジマネジメントの適用は、その成果が認められるとともに、プログラム／プロジェクトにおける適用が普及している。

Prosci社における2020年のベンチマーク調査（約7000プロジェクトを対象）では、チェンジマネジメントが上手くできなかったプロジェクトと非常にうまくできたプロジェクトでは、プロジェクトの目的達成の実現に対して6倍の違いがあったことが報告されている。

では、なぜチェンジマネジメントを実践するとプロジェクトの成功確率が上がるのであろうか？

■チェンジマネジメントの実践の有無の比較

チェンジマネジメントを変革活動に組み込めているか否かで成果が異なることは、筆者は経験してきた。変革の種類は異なるが、製造業A社のR＆D部門において「プロジェクトコストマネジメントの導入プロジェクト」と「DXプログラム」の2つを比較してみた。

前者の取組みは、これまでは部門軸での予算管理しか行っていなかった組織において、プロジェクト制の導入後に、プロジェクト軸でのコストマネジメントの仕組みを導入した際の経験である。

その内容としては、部門長からプロジェクトリーダーへの予算執行権限の変更、予算立案・執行プロセスの変更、予算管理システムの導入など、プロジェクト軸を中心とした新しいコストマネジメントのやり方に変革させる取組みを行った。導入時には、トップマネジメントに課題感を示して巻き込み、導入の体制を構築して進めてきた。また、導入前にミドルマネジメントや現場へは徹底的に説明を行い、理解や賛同を得るよう、コミュニケーションを積極的にとっていった。さらに、変革のゴールを新しい仕組みの導入でとどめることなく、この新しいコストマネジメントを定着させるべく、運用支援体制を構築し、運用フェーズになってもトップマネジメントと現場をつなげ、コスト状況における議論できる場をつくり、定期的に仕組み・運用を改善するようトップマネジメントや現場からヒアリングを行った。新たにこの組織に加入してきた人に対しても、仕組みについて丁寧に説明を行い、理解と賛同を得るように実践していった。

導入前にはプロジェクトの予算超過が平均で30％もあったが、運用を始めると時間とともに徐々に予算超過率を下げることができ、複数年間の運用を通じて、平均で6％の予算超過率まで下げることができた。この運用を通してプロジェクト軸でコストマネジメントを行うことが定着し、変化があれば問題を先送りせず自ら申告して、素早く対応すると

いった行動が普通に行われるように大きく変わっていった。

その後、全社的に部門費管理システムが刷新されるなどの変化も訪れたが、その変化に対応するための改善も加えながらプロジェクトコストマネジメントは継続的に運用され続けている。このケースは、変革活動にチェンジマネジメントが適切に組み込まれ実践されることによって変革を成功に導いた事例であり、チェンジマネジメントの活動を通してその重要性を実感させられた。

一方、DX プログラムでは、チェンジマネジメントを適切に実行できずに苦労した失敗事例である。世の中で DX がもてはやされ、あちらこちらで「DX」という言葉が聞かれるようになった頃、ある製造業の R & D 組織で DX の取組みが開始された。トップマネジメントから「DX を推進せよ」と号令がかかり、トップダウンでDX への取組みが始まったが、トップマネジメントの意図や思い、DX を推進した後のビジョン、行わない際の危機感について、トップマネジメントとほとんど対話することもなく進められた。

トップマネジメントは「あとは任せた」と、実務リーダーに DX への取組みが任せられたが、予算もリソースも権限も与えず、推進と報告責任だけが課せられた状態であった。この活動の立上げの段階で、トップマネジメントのコミットメントを十分とらないままに進めてしまった。

また、DX の推進の過程で複数のプロジェクトを立ち上げたが、プロジェクトチームに対して DX 推進の動機付けも十分できていなかった。何のために組織全体で DX を推進するのか、トップマネジメントのコミットメントも明確に示せない中で説明しても、当然十分な理解も得られず、一体感を醸成することもままならなかった。

小さな成果を発信して徐々に拡大していこうとしたが、トップマネジメントは全体としてどれくらい組織としての生産性が上がったかしか興味がなく、新しい様式に変えていこうとしている中で、生産性の向上、工数や費用削減といった数値的に明確な効果を早急に出すことを強く求められた。当然、最初からそれほど簡単に効果を示すことはできない。結果的に、トップマネジメントには、効果が

●図表 2-6　ダニエル・キム 組織の成功循環モデル

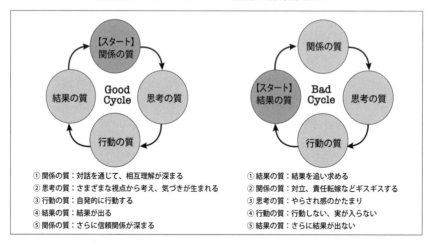

① 関係の質：対話を通じて、相互理解が深まる
② 思考の質：さまざまな視点から考え、気づきが生まれる
③ 行動の質：自発的に行動する
④ 結果の質：結果が出る
⑤ 関係の質：さらに信頼関係が深まる

① 結果の質：結果を追い求める
② 関係の質：対立、責任転嫁などギスギスする
③ 思考の質：やらされ感のかたまり
④ 行動の質：行動しない、実が入らない
⑤ 結果の質：さらに結果が出ない

出せていない部分だけが強く印象に残ってしまい、DX の推進が失敗したように受け取られてしまったのである。

　反省として、すぐには効果がでないこと、成果を繰返して広げていくアプローチをとること、そのために組織としての支援が必要なことも、トップマネジメントやプロジェクトチームと議論し、理解を得ることが必要であった。推進側の説明が足りておらず、関係者の巻込みが不十分だったと反省している。

　この 2 つの経験を、ダニエル・キム氏が提唱している「組織の成功循環モデル」で考察してみる（**図表 2-6**）。このモデルは組織を 4 つの質に分け、成果をあげることができる良い組織を生みだすフレームワークとして提唱されており、組織開発ではよく活用されるモデルである。筆者は、組織の成果はプログラム／プロジェクトによって創られるものと考えている。したがって、良い組織は、プログラム／プロジェクトの成果を創り出せる組織であること考え、このフレームワークを用いて、プログラム／プロジェクトにおけるステークホルダーの思考や行動から、変革が組織に与える影響を考察してみる。

　まず、DX プログラムにおいては、トップマネジメントから推進リーダーまでに対して、ビジョンやトップマネジメントの思いではなく成果を求められた。そのプレッシャーは強く、推進リーダーから各プロジェ

クトチームに対しても成果を求めざるを得なくなってしまった。そのため、トップマネジメント、推進リーダー、プロジェクトチーム間の関係は、押し付け合いといったことが起こり、協力的な関係を構築することができなかった。やってやろうというより、言われたから仕方なく一緒にやるかという、どちらかというと受け身的な姿勢となり、自分たちの活動範囲の中で成果を上げ、なるべく失敗を回避するような思考や行動が強く出てしまった。結果的に、DX プログラム全体としての成果の刈り取りがうまくできず、成果が出ないため、トップマネジメントからきついフォローがされるといった、負の循環となってしまった。これは明らかに、ダニエル・キムが提唱している組織の成功循環モデルの負のスパイラルに陥ってしまった。

　一方、プロジェクトコストマネジメントの導入においては、チェンジマネジメントを適切に行うことで、トップマネジメント、推進チーム、ミドルマネジメント以下の現場間で良好な関係を構築することができていた。対立や押し付けではなく、相互理解の関係性を築くことで、この変革に取り組むという一体感が醸成できた。結果的に、予算超過率の削減といった結果をもたらし、さらに関係性が強くなり、変革の推進力が増していったと考察できる。

　変革でよく見られる光景は、トップマネジメントをはじめ、周囲が業績改善や効率化などの成果を急いで求めるシーンである。前述したとおり、成果を求めすぎると、変革を推進してきた人たちと影響を受ける人たちの間で対立が起こったり、部署間で責任の押し付け合いが発生したりして、関係の質が悪くなる。そのため、変革の参画は消極的になり、失敗を回避する思考になり、変化を受け入れなくなる。自部署や自分都合の行動、すなわち現状維持の安全な方法しかとらなくなってしまうため、変革の目的やねらいとずれた動きをとってしまうことになる。その結果、成功とは言い難い成果がでてしまい、その結果に納得できないトップマネジメントは、さらに成果を出すことを厳しく要求するという悪循環が発生する。

　このサイクルが回り続けると、「変革疲れ」を起こし、新たに変革を掲げても、「またか…」と変革に積極的になれない、期待できないとい

う組織カルチャーがつくり上げられてしまう。結果、変革が成功しにくい組織カルチャーになってしまうことになる。変革においてチェンジマネジメントを軽視する損害は、長期的に見ても大きいのである。

　一方で、チェンジマネジメントを適切に組み込むことで、トップマネジメントの正しい理解と支援、推進してきた人たちの自信を持った正しい行動を起こし、その影響を受ける人たちとの信頼関係が構築され、変革への理解と新たな改善アイデアの提供などを通じて、活動の拡大・うねりになっていく。このサイクルが回り続けることで変革に対する大きな成功体験を得て、新たな変革が起こった際も、自分たちなら適応できるという組織カルチャーが醸成されるのである。組織が変革を受け入れる準備ができているため、プロジェクトの成功確率は高くなる。

■組織の変革受容性

　変革に対して組織全体でどの程度受け入れる土壌があるか、すなわち変革受容性（Change Readiness）の状態よって、変革活動の成功確率は変わってくる。受容性の状態によって、チェンジマネジメントの実施方法も変わり、適切なやり方で適用することになる。変革を推進するにおいて、事前に組織の変革の受容性を分析し見極めることは、その後の対応を組み立てるうえでも重要な情報となる。

　変革受容性は、変革活動を推進できる能力と、その変革活動を取り巻く組織環境の両面で評価する。私たちは主要カテゴリを7つ、そして各カテゴリを3つのサブカテゴリに分け、計21問のアンケートを設計した。詳細は3章で述べるが、① トップのリーダーシップ、② 取組みのビジョンと進め方、③ 変革チーム、④ 取組みへの賛同、⑤ 組織の協力度、⑥ 変革難易度、⑦ 組織の心理的安全性の計7つのカテゴリからなっている。組織として対象となる変革の受容性の現状の示すものであり、この変革受容性が高い組織ほど、対象とする変革活動に対して賛同できており、組織が変革活動に積極的参加できる状態といえる。この結果によって、誰に／どこの組織にチェンジマネジメントをどのように実践するかの計画を立てることができる。

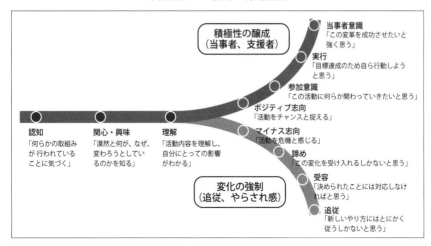

●図表 2-7　意識・行動変化

積極性の醸成
(当事者、支援者)

当事者意識
「この変革を成功させたいと
強く思う」

実行
「目標達成のため自ら行動しよう
と思う」

参加意識
「この活動に何らか関わっていきたいと思う」

ポジティブ志向
「活動をチャンスと捉える」

マイナス志向
「活動を危機と感じる」

認知
「何らかの取組み
が行われている
ことに気づく」

関心・興味
「漠然と何が、なぜ、
変わろうとしてい
るのかを知る」

理解
「活動内容を理解し、
自分にとっての影響
がわかる」

諦め
「この変化を受け入れるしかないと思う」

受容
「決められたことには対応しなけ
ればと思う」

変化の強制
(追従、やらされ感)

追従
「新しいやり方にはとにかく
従うしかないと思う」

■意識変化

　図表 2-7 に個人の変革に対する意識・行動変化を示す。人の意識・行動には段階がある。

　認知は活動の存在を知る段階であり、変革活動の存在に気付いた状態である。その存在に気付くと、誰が何のためになぜ変わろうとしているのかという関心が出てくる。その際に変革活動に対する情報を得られると、その情報から変革活動が自分にどう影響するかを理解する。認知、関心・興味、理解までは、変革に対して中立状態であるが、理解した後にその影響が自分にとってマイナスかプラスかによって、変革活動への参加意識に差が出てしまう。マイナスに影響すると理解してしまうと、活動に対して危機意識が醸成される。この段階で抵抗をする行動をとってしまうが、その後、抵抗してもムダだとわかると、人は抵抗することを諦めて受容するようになり、その先には新しいやり方に従うしかないという追従の状態になってしまう。一方、プラスの影響、変革をチャンスととらえることができれば、活動に関わっていきたいと参加意識が芽生える。芽生えた参加意識を醸成させることができれば、自ら行動し、

当事者意識で行動することができる状態になる。変革活動において理想的な意識・行動変化の推移である。チェンジマネジメントにおいては、人の意識・行動の変化を捉え、マイナス思考にならないような説明・コミュニケーションを行うことで、各自の意識をプラス方面に変え、意識から行動につなげるように施策を講じていくことが重要である。

3 変革活動成否への影響因子

　変革活動における促進要因と阻害要因（障壁）を示す2つの調査がある。1つは、1997年にPwC社にて北米、ヨーロッパ、アジアの500社の企業に対して行われた調査、もう1つは2020年にマッキンゼー社によるグローバル企業2,135名の経営者へDXの成功確率と障壁についてのインタビュー調査である。この2つの調査は、年代や対象としている変革の種類は異なるが、共通して組織カルチャーや人に起因する要素が、変革活動の成否に大きく影響することが示されている。変革の成功確率は10〜20%と低い。その成功確率に影響を与える要因の多くは組織カルチャーや人である。

　PwCの調査によると、変革の促進要因および阻害要因の多くは、組織カルチャーや変革活動に関わる人の意識や行動に関わることが支配的であることがわかった。たとえば、促進要因においては、オーナーの十分な支援、ステークホルダー対策、従業員の積極的な参加があげられている。一方、阻害要因では、セクショナリズムといった組織カルチャーや、従業員の無関心・抵抗や実行意欲の不足などの意識の欠如、ミドルマネジメントの支援不足やコミュニケーション不足などの行動の欠如、スキル不足や教育制度の問題といった変革に関わる人の行動や意識、実行能力の欠如が阻害要因としてあげられている。トップマネジメントから従業員の隅々までが成功に必要な知識を有し、適切な行動をとり、その中で能力を発揮できることが、変革の成否に影響している。場当たり的に取り組むのではなく、計画的に関係する人の行動変容を促し、適切に能力を発揮できるように進めることが重要である。

　マッキンゼーの調査結果において、DXを進めるにあたっての障壁としても組織カルチャーや人に関する要素が大きく影響することが、経営者視点でも障壁と感じていることがわかっている。両方の調査結果から、変革活動の成否は、関わる人の意識と行動と組織文化が影響することが明らかになったのである。

■知識・行動変化のメカニズム

　変革活動には**図表 2-8** に示すように、① 知らない（認知 GAP）、② やりたくない（行動 GAP）、③ できない（能力 GAP）という 3 つの障害が常に待ち受けている。これらは、すべての変革活動にあてはまり、変革を成功に導くために必ず乗り越えていかなくてはならない壁でもある。

① 認知 GAP への対処

　認知ギャップとは、変革の必要性を理解するための情報を持っていない、または情報はあったとしても、それを理解する知識がないために変革の必要性を認識できないことに状況をさす。変革活動の必要性を理解するには、変革ニーズを正しく理解するだけの知識は有していなくてはならない。理解をするための最低限の知識がなければ、どのような情報を与えても変革の必要性を理解するまでには至らない。もし、その知識が欠けているのであれば、知識をつけてもらう必要があり、理解のための教育等は不可欠となる。理解する知識があれば、次に必要となることは理解を促すための適切な情報の提供である。適切な情報が知識と結びつくことで、少なくとも変革の必要性は理解されることになる。

　ここで、情報の提供の仕方にはついては注意が必要である。先に、人は損をしたくないという意識（損失回避性）が働くことを述べた。その

●図表 2-8　抵抗ピラミッド 3 つの要因

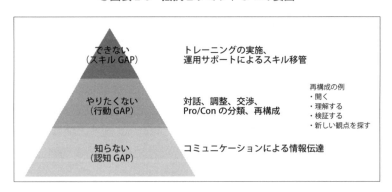

ため、損を訴求したメッセージは響きやすい。また、上智大学の杉谷陽子氏の「消費者の態度における感情と認知」の研究より、人が情報を入手した際、感情を司る脳の部位が、理性を司る部位よりも先行して反応すること、またその後の行動と一貫することがわかっている。これらから、情報を伝達する際には、まずこのままではいけない、損をするリスクがあるといった危機感を誘発し、変革を認知させることが有効である。

しかし、危機感の与え方も、いたずらに恐怖や不安をあおるだけのメッセージでは、従業員の理解は進まず行動に移らない。そこで必要となるのがポジティブな情報である。変革においてのビジョンや戦略が、それに値する。

Prochaska と DiClemente（プロチェスカとディクレメンテ）（1983年）によって考案された行動変容ステージ（無関心期、関心期、準備期、実行期、維持期）において、無関心期の人ほど、自己効力感（セルフエフィカシー）が低くなることがわかっている。自己効力感とはひと言でいえば自信であり、カナダ人心理学者アルバート・バンデューラが提唱した人の心理状態を示すもので、自分がある状況において必要な行動をうまく遂行できると、自分の可能性を認知していることを指す。

無関心の人に、恐怖や不安をあおるだけの情報伝達では、自らが動いて達成したい、できるという感情にはならず、自己効力感が上がらず、心理的な側面から変革への理解はされにくくなる。変革活動をポジティブに理解してもらうためには、危機感を与えた後、ビジョンや嬉しさを提示することが必要となる。変革活動のビジョンがあることで、組織や自分がどうなっていくのか、その拠り所となる「青写真」があることにより、関係者の自己効力感が上がり、無関心から関心期に移行し、変革への理解がされ始めるというメカニズムが働く。

認知GAPを埋めるためには、ベースとなる知識、危機感とビジョンをセットに提示して、変革活動へのポジティブな理解を段階的に促せるように、適切な情報を提示していくことが効果的である。

●図表 2-9　自己効力感のサイクル

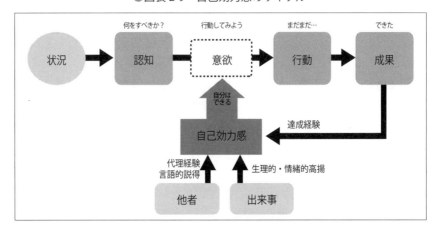

② 行動 GAP への対処

　危機感やビジョンの提示により変革に対する理解をし、教育などにより知識を向上させても、行動に移らなければ何も始まらない。そのためには、行動に意欲を掻き立てる施策が必要となる。危機感は瞬間的に踏み出すことはできるが、継続性を担保することはできない。継続的に行動をし続けるためには、嬉しさや達成感を与えることが必要である。不安を持ちながら行動をしている状態から、成功体験の経験や報酬といった行動と成果を結び付けた施策により、行動を続けていくことが可能となる。

　行動の源となっているのは意欲（モチベーション）である。行動を起こすためには、意欲を持てるように誘導するようにしていく必要がある。多くは対話や説得というコミュニケーションを中心に行われることが多いが、意欲（モチベーション）を誘発するためには、自己効力感と関係があることが示されている。自己効力感とはバンデューラが提唱しており、この自己効力感を高めることで意欲（モチベーション）を誘発することができると考えられている。つまりは自己効力感をいかに高めるかが重要となるということである。

　では、自己効力感はどうあげるのか？　以下の4つの経験をすることをバンデューラが提唱している。

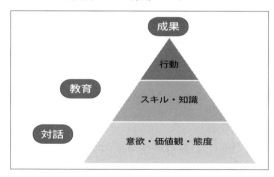
●図表 2-10　行動のメカニズム

●達成経験：自分の力で何かを成し遂げた経験
●代理経験：自分と近しい能力の人が成功した様子を見聞きし、「あの
　　人ができるなら、自分にもできる」と自分に置き換える経験。お手
　　本を知る
●言語的説得：他者から、自分にその行動を遂行する能力があることを
　　言語的に認められた経験、または説得された経験。他者の励ましの
　　言葉
●生理的情緒的高揚：単に体調がよかったり、ほかにいいことがあった
　　りして意欲に溢れている状態
　　自己効力感を高めることによって、個人の行動は以下のようなポジ
ティブな変化が起こり、さらに個人が変革に対する思いやモチベーショ
ンを高める好循環が回るのである。
●チャレンジ精神の向上：ポジティブに行動できるようになる。結果、
　　難しい課題に対しても積極的に行動するようになる。また行動開始
　　のスピードが上がっていく
●打たれ強くなる：自己効力感は精神的な打たれ強さにつながり、自
　　分の行動と能力を真摯に見つめることで、ただ落ち込むのではなく、
　　次の一手を考えるようになる
●成長に対するモチベーション向上：自分の能力・行動・結果を見つめ、
　　ポジティブな行動を加速させる。その結果、より自分の能力を向上
　　させたいというモチベーションにつながる
　　行動 GAP を埋めていくには、自己効力感を高めて意欲を持ち続ける

ことが重要である。変革を推進するメンバーや影響を受ける人と対話を通じて、目標を小分けにして達成体験を繰り返してできるようにしたり、周囲から期待の言葉をかけるなどの説得をしたりすることで、当事者の自己効力感を高め、変革に対してポジティブな行動がとれるようにすることも重要である。

③ スキル GAP への対処

　変革の必要性を理解し、変革を推進すべく行動を行っても結果として必ず成果を出せる保証はない。成果を出すために、質的に成果を出せるレベルでの必要な活動が求められるが、誰もが求められたレベルでの活動ができるとは限らない。活動はしているが、活動レベルの質が不十分なため成果が出せない状態をスキル GAP が発生している状態という。この GAP を埋めるには、教育や実践の場を通じて変革を遂行するに必要となる知識や技術（方法論）の提供を行い、スキルレベルの向上を図ったり、外部のスキルを持った人材の支援を仰いだりすることが現実的な対応策となる。変革は経験したことのない未知なる活動であり、チャレンジである。そのため、今のスキルのままで十分ということは少なく、各自の行動の質を高め、強いては変革活動全体の質を高めるためには、スキル GAP を埋めることがどうしても必要となる。

4 プログラムベースの チェンジマネジメント

　本節では、私たちの提案するプログラム活動を通して適用される
チェンジマネジメントの考え方を説明する。

■変革活動をプログラムで捉える

　コンサルティング会社が提唱しているチェンジマネジメント手法の多
くは、プロセス導入やIT導入といった導入プロジェクトに焦点が当たっ
ている。確かに、新たな仕組みの導入は重要であり、どの企業・組織で
もプロジェクトとして期限と達成目標を持って進めるため、そのプロ
ジェクト活動を通じて、関係者の意識改革を含めてチェンジマネジメン
トを実践することはよくあることである。

　しかし、私たちはこれまでの経験からも、プロジェクトとしての適用
では不足していると感じている。前述の図表2-5のチェンジカーブで本
格稼働後のオペレーションで生産性へ影響をしてくることを述べたが、
導入時は本格稼働後の混乱を最小化するところに寄与はするものの、変
革の成果を活用して生産性を上げていくのは、本格稼働後である。すな
わち導入プロジェクト終了後のオペレーション業務の領域である。企業・
組織として継続的に価値をつくり出せる仕組みをつくり、運用・改善を
していくことで、価値を最大化させるため、変革活動はプログラムとし
て捉えるべきであり、チェンジマネジメントはプログラムに適用すると
いう考えがフィットする。

　P2Mにおけるプログラムの定義とその構造について述べる。P2Mに
おいてプログラムは「プログラムミッションを実現するために複数のプ
ロジェクトが有機的に結合された事業である」と定義されており、プロ
グラムは価値創造を使命とする活動と位置付けられている。つまり、大
規模システム開発にとどまらず、その利用する定常運用により、プログ
ラムとして価値を提供し続けることを意味しており、プロジェクトだけ

ではなく、定常業務も含めていることが特徴であり、以下の3つの異なるプロジェクトのモデルが定義されている。

● スキームモデル・プロジェクト：プログラムの全体像を明らかにするためのプロジェクト。このプロジェクトによってプログラム価値の創出を検証される

● システムモデル・プロジェクト：具体的な実行段階のプロジェクト。このプロジェクトによって提供するものが形づくられる。従来のプロジェクトマネジメントの対象となっているプロジェクト領域である

● サービスモデル・プロジェクト：構築されたモノやサービスを利用・運用という定常的な活動で、顧客に価値を提供するプロジェクト。従来はオペレーションとして定義されていた定常活動もこの分類に入る

　変革活動によってもたらさせる価値は、スキームモデルで構想・検証され、システムモデルによって価値提供の仕組みが構築され、サービスモデルで価値を享受できるようになっていく。つまり、変革活動のライフサイクルを各プロジェクトがそれぞれの役割を担い、それらを有機的につなげることによって、あるべき姿に近づけ、価値の獲得が可能となる。変革活動をプログラムとして捉え、チェンジマネジメントの要素をプログラムマネジメントに組み込むことで、価値の獲得がより確実なものとなっていく。

　また、変革活動中（定着まで含む）においても、外部環境は刻々と変わっていく。プログラムで価値を創出するには、外部環境の変化を正しくとらえ、変わりゆく外部環境に柔軟に適合していくことが重要となる。変革プログラムにおいては、外部環境の変化に応じて、各種プロジェクトの位置付けを変えたり、新たな改善活動を起こしたりと、状況に応じてはあるプロジェクトを終始したり、最終的にあるべき姿に到達するための柔軟なマネジメントが行われなくてはならない。

■プログラム／プロジェクトマネジメントと
チェンジマネジメントの統合の効果

　Prosci 社によるアンケート調査によれば、プロジェクトマネジメント
とチェンジマネジメントを統合すると、プロジェクトマネジメントと
チェンジマネジメントを別々に活用した場合に比べて、1.5 倍プロジェ
クトの目標達成の確率が向上していることが報告されている。チェンジ
マネジメントの活動をプロジェクトマネジメントに組み込むことによっ
て、成果はより確実なものとなってくる。私たちの提唱するチェンジマ
ネジメントのアプローチはプログラムマネジメントのライフサイクルに
組み込まれる実践なものであり、プログラムのスキームモデル、システ
ムモデル、サービスモデルで実践される活動となる。その具体的な方法
については 3 章で説明する。

5 チェンジアジリティ向上への取組み

　環境変化が激しい中で、変革活動を起こし価値創造・適応することが組織能力として求められている。とくに新しいモノをつくることから、新しい仕組みをつくりビジネスを再構築する能力が組織の重要なケイパビリティとなっており、環境変化に応じて迅速に仕組みを変える組織力がより重要性を増している。私たちはこの組織能力をチェンジアジリティと定義し、環境変化を捉えて組織の中で変革を立ち上げて推進し、そのノウハウを組織にためて新たな能力とて成長していくモデルを定義した。

　組織が求める成果と変革プログラムのゴールの方向性を合わせることで、各プロジェクトが成功しやすい組織環境のあるべき姿が導かれることになる。2-3 節で示した通り、変革の促進／阻害要因の大半は組織に依存するものである。変革プログラム／プロジェクトを通じて変革を起こしやすく推進できる組織へと変え、組織と変革プログラム／プロジェクトが一体となって活動を進めることができるようになる（**図表 2-11**）。

　このモデルは、変革活動を成功させるためのエッセンスを抽出し、その中で組織と人のあるべき姿を描いて定義した。この中では組織がどのようにレベルアップする必要があるかをわかりやすく示すために、組織の状態を 5 段階の成熟度で示し、それぞれのチェンジアジリティを構成する要素が上の段階を目指すにはどのような状態にならなくてはいけないのかをわかるようにした。モデルにおいては、チェンジアジリティの構成要素を大きく「心理的安全性」「行動／やり遂げる力」「学習する力」の 3 つに分類し、さらにそれを組織環境におけるハード的要素とソフト的要素に分けて整理した。詳細については 4 章で詳しく述べることにする。モデル図を**図表 2-12** に示す。

●図表 2-11　チェンジアジリティの概念

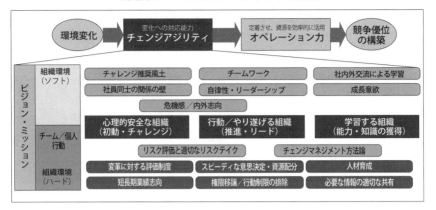

●図表 2-12　チェンジアジリティ成熟度モデルとレベル定義

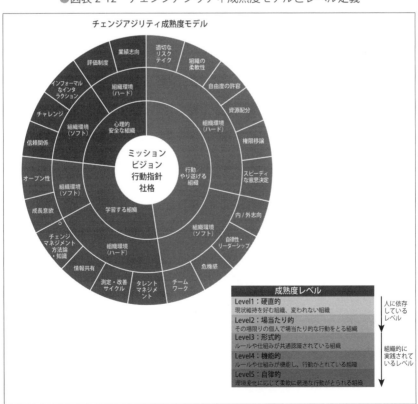

第 **3** 章

チェンジマネジメントの実践

チェンジマネジメントの活動は、プログラム活動のライフサイクルを意識して行うことがもっとも重要なアプローチであり、必要な施策を必要なタイミングで実施することが可能となる。その上で、プログラムのライフサイクルとしてP2Mで定義された構想・検証フェーズ（スキームモデル・プロジェクト）、実行フェーズ（システムモデル・プロジェクト）、運用・定着フェーズ（サービスモデル・プロジェクト）において、方法論としてのチェンジマネジメントの施策を時系列的に示すことで理解を深める。

構想・検証フェーズにおけるチェンジマネジメントの活動は、チェンジマネジメントチームの構築、対象関係者の変革の受容性の分析を含めて現状を理解するところから開始する。それにより、その後のチェンジマネジメントの活動が大きく変わってくるためである。

また、変革を行う上で、変革後のビジョンの提示は非常に重要な意味合いを持つ。将来のありたい姿が明確で、それを関係者が共有できていないと、その後の活動が混乱するからである。

実行フェーズはコミュニケーン活動が中心になってくる。どれだけ関係者が変革のビジョンを受け入れ、変革に賛同しサポートするかは、変革活動の成否に大きく関係するからである。

実行フェーズで、次の運用・定着フェーズでの体制準備も重要な活動として定義される。なぜなら、運用後の良し悪しによって変革活動の成果が大きく変化するためである。運用・定着フェーズは成果の獲得フェーズであり、当初ねらった成果が達成できたかどうかを定期的に確認し、その結果によってさまざまな改善アクションへとつなげていく。

3-1　チェンジマネジメントの枠組み

3-2　構想・検証フェーズにおけるチェンジマネジメント

3-3　実行フェーズにおけるチェンジマネジメント

3-4　運用・定着フェーズでのチェンジマネジメント

1 チェンジマネジメントの枠組み

■ プログラム・プロジェクトとチェンジマネジメントの関係

　IT 技術の発展、働き方の多様化、DX の促進、新規企業の参入など、外部環境の変化は激しく、企業はさまざまな外部要因を起因とした変化に対して、内部環境もその変化に追随した変革が必要な状況に迫られている。企業が常日頃行っているさまざまな改善活動とは異なり、変革を行う際には変革活動を 1 つのプログラムとして捉え、変革のプログラムに対して、複数の施策のプロジェクトで構成するプログラムフォーメーションを組むこととなる。

　プログラムについてもう少し述べると、P2M（Program and Project Management for Enterprise Innovation）のガイドブックでは、プログラムを次のように定義している。

　「プログラムは、プログラムミッションを実現するための複数のプロジェクトが有機的に結合された事業である。プログラムは価値創造を使命とする活動であり、単に複雑あるいは巨大なシステムを建設、あるいは開発するに留まるのではなく、こうしたシステムの利用・運用という定常的な業務遂行の過程で実現される価値までを踏まえたトータルな価値を視野に入れたマネジメントが必要である。すなわち、プログラムには複数のプロジェクトが必ず含まれるが、その他に従来のプロジェクトマネジメントからは、プロジェクトではなく定常業務とみなされるタイプの業務も含む場合もある」

　これを新製品開発業務における変革プログラムに対して当てはめてみると、開発プロセス改革、開発体制再構築、システム構築、人材育成という複数の検討すべきプロジェクトのみならず、その後の運用・定着業務もプログラムの構成要素と変革プログラムに含まれることになる。従来は運用・定着に入る前段階までをプログラム、もしくはプロジェク

トと捉えることが多かったと思うが、P2M の定義をベースに考えると、運用・定着までを含めて変革プログラムと捉え、変革プログラムの成果となる価値を獲得していくことになる。

　このような変革プログラムの構成において、チェンジマネジメントはどのように考えていくべきであろうか。チェンジマネジメントを実施する際には、個々のプロジェクトにおいてチェンジマネジメントを実施していくのは効果的、効率的に考えても得策とはいえない。プログラム全体をチェンジマネジメントのスコープとして捉え、プログラム活動の価値最大化を目指してチェンジマネジメントとしての計画を立案し、実行していくことが適切なアプローチとなる。プログラム全体のコンセプトに従い、各プロジェクトのマイルストーン、活動スケジュール、成果物を確認しながら、プログラムとして効果的なチェンジマネジメントの施策をタイミングも考慮しながら立案し実行に移していく。

　プログラムレベルでチェンジマネジメントを捉えることで、プロジェクト間のシナジーも意識したチェンジマネジメントの施策を立案・実行することができ、チェンジマネジメントの効果を高めることが可能となる。

　P2M では、プログラム活動におけるライフサイクルの視点から、プログラムを大きく 3 つのフェーズに区切り、それぞれスキームモデル・プロジェクト（構想・検証フェーズ）、システムモデル・プロジェクト（実行フェーズ）、サービスモデル・プロジェクト（運用・定着フェーズ）と定義しており、異なる特徴を有している。チェンジマネマネジメント

●図表 3-1　プログラムフォーメーションのイメージ

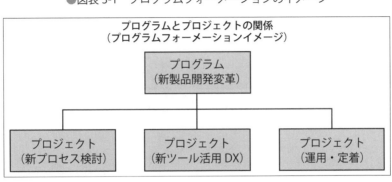

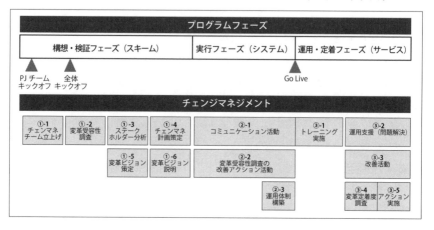

は、変革プログラムの各フェーズ、構想・検証（スキーム）、実行（システム）、運用・定着（サービス）により、実施内容が異なってくる。

　構想・検証フェーズにおいては、チェンジマネジメントチームの立上げを行い、実行フェーズ以降での施策の実施のための準備および計画の立案を行う。

　実行フェーズにおいては、チェンジマネジメント計画に沿った各種施策やコミュニケーションをステークホルダーに対して行い、施策の実施結果から計画の見直し、新たな施策の実施や、運用・定着段階での体制構築を行う。

　運用・定着フェーズでは、新たな仕組みに対するトレーニングや、運用後の仕組定着サポート、定着状況を見ながら問題対応、変革に向けたさまざまな課題に対する活動などを行うことで変革が組織の中に定着していき、日常の業務となるべく推進支援を行う。チェンジマネジメント活動においては、とりわけ構想・検証、実行段階でのステークホルダーへのコミュニケーション活動をイメージすることが多いが、運用・定着フェーズにおける定着支援の活動がもっとも長く、かつ重要な活動となる。

●図表 3-3　チェンジマネジメントタスク一覧

フェーズ	ID	タスク	タスク概要
構想・検証 （スキーム）	①-1	チェンジマネジメントチーム立上げ	プロジェクト開始に伴い、チェンジマネジメントチームを立ち上げる
	①-2	変革受容性調査	プロジェクトの内容説明後に変革受容性調査を実施し、変革の受入れ度合いの分析をする
	①-3	ステークホルダ分析	変革受容性調査の結果も踏まえて、関係するステークホルダーを明確化し、コミュニケーションの内容・手段を検討する
	①-4	チェンジマネジメント計画策定	プロジェクトの計画に沿った、チェンジマネジメント実施計画を策定する（コミュニケーション、トレーニング、変革受容性調査、段階的巻込みなど）
	①-5	変革ビジョンの策定	背景、目的、目指すべき方向など取りまとめた変革ビジョンを策定する（錦の御旗）
	①-6	変革ビジョンの説明	プロジェクトの実行に際し、立案した変革ビジョンをプロジェクトの関係者に説明する
実行 （システム）	②-1	コミュニケーション活動	具体的検討結果などの説明（キャラバン、オープンハウス、プロジェクトホームページなど）、アンケートを実施し、関係者の変革への受容度を確認する
	②-2	変革受容性調査の改善アクション活動	組織としての変革の阻害要因となる因子に対してアクションを実施する（例：トップマネジメント層へのリーダーシップ教育など）
	②-3	運用体制構築	運用・定着に際する役割・体制を整備し、人をアサインする
運用・定着 （サービス）	③-1	トレーニング実施	新たなプロセス、ツールに関する教育、アンケートによる変革受容度を継続的にチェックする
	③-2	運用支援	新たな業務プロセス、システム活用を支援し定着を図り、出てきた問題の解決を支援する
	③-3	改善活動	変革実施後、新たな改善活動を実施する（チェンジエージェント活動）
	③-4	変革定着度調査	定期的な変革定着度をチェックし、改善活動へフィードバックを行う
	③-5	変革定着アクション実施	定着度調査から出てきた問題に対する新たなアクションを策定し、実施する

2 構想・検証フェーズにおける
チェンジマネジメント

■構想・検証フェーズのチェンジマネジメントタスク

　構想・検証フェーズでは変革のプログラム内容に伴い、実行フェーズで行われるチェンジマネジメント施策の計画づくりを行うことになる。チェンジマネジメント計画を策定するには、変革対象組織の変革に対する状況や関連するステークホルダーの変革への意識などを理解する必要がある。それらの調査、分析を行い、変革を進めていく上での難易度を理解した中で、変革を成功に導くためのチェンジマネジメント計画を策定する。**図表3-4** に構想・検証フェーズでのチェンジマネジメントタスクを示す。

●図表3-4　構想・検証フェーズのチェンジマネジメントタスク

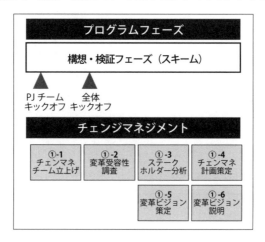

① -1 チェンジマネジメントチーム立上げ

チェンジマネジメントが必要な変革プログラムの実施に際しては、プログラム全体の実行体制を検討する。変革推進していくコアとなる変革チームや、個々のプロジェクトの検討を推進していく各プロジェクトメンバーを定義することになるが、その中でもコアとなる変革チームの中に、チェンジマネジメントの専門チームもしっかりと定義してメンバーをアサインする必要がある。チェンジマネジメントの知識・知見を有したメンバーをアサインして、そのメンバーが中心となりチェンジマネジメント計画を立案し、チェンジマネジメント施策の実行をリードする役割を担うこととなる。

このように、変革プログラムチームの中にチェンジマネジメント専門のチームを設けることは、変革を推進する上では理想的ではあるが、変革プログラムの規模の大小などにより、チェンジマネジメントチームの体制もテイラーリングしていくことも必要である。大規模なプログラムのケースではプロジェクト毎にチェンジマネジメント体制を構築する必要が出てくるケースもあるし、小規模なプログラムであれば、わざわざチェンジマネジメントの体制を設けずとも変革プログラムのリーダーがチェンジマネジメントのリーダーを兼ねて行う場合もある。

●図表 3-5　変革コアチームにおけるチェンジマネジメントチーム体制の例

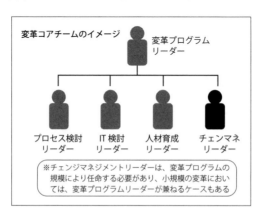

第3章　チェンジマネジメントの実践

いずれにせよ、チェンジマネジメントチームは、プログラムに適したチェンジマネジメントの計画を各プロジェクトリーダーと議論しながらつくりあげる必要がある。チェンジマネジメントを駆使して成果を出す（**図表 3-6**）には、それぞれのプロジェクトで効果的な施策や実施タイミングなど、プロジェクトの推進状況に合わせてチェンジマネジメントの施策を実行し、結果を次の計画見直しや新たなチェンジマネジメントの施策立案にフィードバックしていく。

　変革を進めていく上で、各種抵抗に対して備えた対応を行い、変革の成功に近づけていくためのチェンジマネジメントの実行が重要である。しかし、残念なことに一般的な企業の中では、あまりチェンジマネジメントは浸透しておらず、正しく理解している人は少ない。

　そのような場合には、外部の専門家を入れて、チェンジマネジメントに従事してもらうのも 1 つの手である。変革を行う際の障壁は、人、組織カルチャーに依存するものが多く、人を対象にしたチェンジマネジメントは重要なマネジメント項目となるので、これからの時代においては社内においても知識を有した人材の育成は必要となってくる。

●図表 3-6　チェンジマネジメントの実施効果

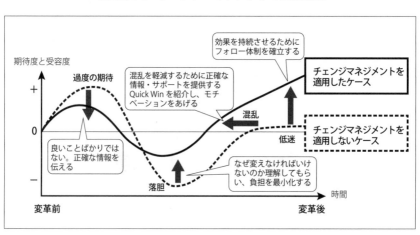

① -2 変革受容性調査

　変革プログラムの実施に当たっては、今の組織が変革に対する受容性がどうなっているのかを知っておくことが極めて重要であり、そのためには、調査を行って潜在的にどのような課題があるのかを見えるようにしなくてはならない。よく企業で見かけるのが、これまでも変革の号令の下にさまざまな取組みを実施していたが、どれも結果が出る前にその変革が曖昧なままに終わってしまい、また次の変革の号令が掛けられているというケースだ。このようなケースでは、組織のメンバーは変革疲れを起こしており、新たな取組みに対して強い拒否反応を示すか、無反応のまま見かけ上の協力だけで、新たな変革を成功させる気持ちや協力しようとする気持ちが低く、総じて変革実施の難易度も高くなっている。トップマネジメントの支援を得ようにも、組織のメンバーに対してトップマネジメントのリーダーシップへの信頼が皆無な状況では（口だけで終わってしまうため）トップマネジメントの支援もまったく役に立たず、錦の御旗も御旗にならない状況となってしまう。

　そのような状況のまま実施に突っ走っていけば、これまでのように失敗に終わる。このような組織では、未来永劫に変革は成功しない結果となってしまう恐れがある。

　変革への嫌悪感が蓄積されている状況は、変革という名のもとに組織変更を繰り返す組織にも散見される。組織変更はトップの専権事項であり、トップは自分の考えを打ち出そうと組織変更を行うが、そのビジョンやねらいを詳しく説明せず、従来の役割や権限、予算配分の仕組み、評価制度など仕事のやり方を変える部分まで踏み込むことはないため、組織の区割りが変わっただけでその組織が関わる根幹の問題は解決されず、組織変更の疲労感だけが残ってしまうという状況を筆者はよく経験している。

　変革受容性調査では、なぜいま組織で変革が必要なのか、これから実行しようとする変革はどのような内容か、変革を推進するトップマネジメントや実行するリーダー、メンバーに対しての信頼感はあるのかなど、いまの組織が始めようとしている変革プログラムに対する理解度、変革を受け入れる度量がどこまであるのかを数値化して見える化する。実

施のタイミングとしては、プログラムの構想が策定され、Kick Off で関係する部門に対しての内容説明が行われた後に実施するのが効果的である。変革受容性調査の結果分析を行ってから、実行体制の見直しや、チェンジマネジメントの施策を練ることになる。

　変革受容性調査の実施方法は、**図表 3-7** を今回の変革プログラムの対象者に対して展開し（Web、Excel など）、回答をしてもらう。

●図表 3-7　変革受容性調査シート

	No.	質　問	ご回答				
			そう思う	どちらかといえばそう思う	どちらかといえばそう思わない	そう思わない	わからない
トップのリーダーシップ	Q1	経営幹部や部門長が本活動を成功に導くと、私は確信している					
	Q2	経営幹部や部門長は、本活動実施の必要性を自ら示し、率先して成功に導こうとしている					
	Q3	経営幹部や部門長は本活動に必要なリソース、権限等を付与し、変革チームをサポートしている					
取組みのビジョンと進め方	Q4	本活動の目的・必要性は明確に示されている					
	Q5	本活動の実施スケジュールは明確に示されている					
	Q6	本活動の推進体制は明確に示されている					
変革チーム	Q7	変革プログラムチーム構成が明確に示され、適切な人材がアサインされている					
	Q8	変革プログラムチームは、本活動を成功に導く能力・スキルを備えている					
	Q9	変革プログラムチームは一体感をもってプロジェクトを完遂できそうか期待が持てる					
取組みへの賛同	Q10	私の周りの人々は、本活動の目的・必要性を理解している					
	Q11	私自身は、本活動の目的・必要性に賛同している					
	Q12	私は、本活動を成功させるための協力を惜しまない					
組織の協力度	Q13	私の部門は、変革が必要な状況に直面している					
	Q14	私の部門は本活動に積極的に協力する時間を確保できる					
	Q15	私の部門では本活動に関する話がよくされている					
変革柔軟度	Q16	私の部門では、会議などで、立場や年齢に関係なく、自分の意見を率直に表現できる雰囲気がある					
	Q17	私の部門では、従来のやり方や伝統よりも、新しいやり方を試してみたり、継続的に改善することが好まれる					
	Q18	私の部署では、他部門との情報交換や意思疎通が積極的に行われている					
組織の心理的安全性	Q19	変革活動などへの積極的な協力に対して評価されている					
	Q20	変革活動などへの参画が奨励されている					
	Q21	自己の責任に基づき自分で意思決定をすることが奨励されている					

変革受容性調査の質問項目は、

    1. トップのリーダーシップ

    2. 取組みのビジョンと進め方

    3. 変革チーム

    4. 取組みへの賛同

    5. 組織の協力度

    6. 変革難易度

    7. 組織の心理的安全性

の7カテゴリになる。カテゴリごとに3つの質問を用意しており、各メンバーがそれに対して回答してもらう形式の調査方法となる。

  上記の固定の調査項目以外に、今回特別に確認しておきたい内容があれば、その内容も調査項目に追加して合わせて確認を行う。調査方法はExcel ファイルのシートを配るケースもあるが、Web ベースのアンケートシステムを活用すると、そのリンク先をメールで送付することで簡単に調査を実施することが可能となる。

  回答結果を組織ごと、役職ごと、階層ごとなどで比較して、今の組織の変革に対する状況を確認する。分析をする中で、各項目のどこは問題ないのか、また早急に対応が必要な個所はどこなのかを明確にしていき、組織の今の状況を数値的に見える化する。

  図表 3-8 は分析の結果に対するガイドラインであり、それぞれの項目ごとに点数を割り出し、阻害要因の状況を□・■・■の3段階で色分けして、どこに問題があるのかを見えるようにしている。なお、ポイントの算出方法は2種類あり、質問によって異なる。

●図表 3-8　変革受容性調査結果の見方

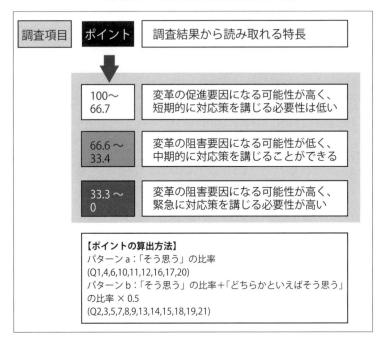

図表 3-9 に、ある製造業 A 社の研究開発組織で実施した変革受容性調査の結果の一部を示す。この図からもわかるように、階層別または組織別で異なる傾向が見られる。階層別の傾向として、トップマネジメントに近い層は質問に対して肯定的な意見が多く見られるが、下の階層になるほどトップとの距離も大きくなり、否定的な意見が増えてくることはよく見かける傾向である。

また、3 つの部門においても差が見られ、部門 X は他の 2 部門に比べて低いポイントとなっている。これはその部門のトップに対しての評価と受け取るのが自然である。部門 X のトップは変革に対してあまり積極的でないということが見て取れるので、部門 X のトップに対してはチェンジマネジメントの活動として積極的なアプローチが必要だということがわかる。さらに、このケースでは他社との比較も行い、この企業の状況がどの程度かも示している。このような客観的な比較情報は貴重であり関係者への説得力を増し、自分たちが他社と比べてどのような位

●図表3-9　変革受容性調査分析結果の例

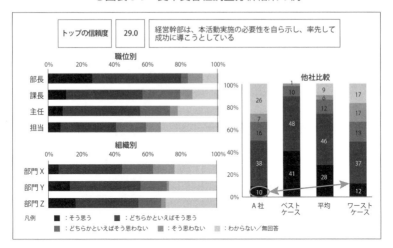

置づけになるのかを知ることでチェンジマネジメントの活動は推進力を
持つようになってくる。

　このように、変革受容性調査の結果によって組織内でどの程度変革の
取組みが理解され浸透しているかを把握し、今後のコミュニケーション
の頻度、やり方に反映させていく。変革受容性の調査・分析により変革
チームに対する期待度や、変革推進の後ろ盾となるトップマネジメント
への信頼度なども確認でき、ステークホルダーへのアプローチの頻度や
タイミング、さらにキーパーソンやステークホルダーの賛同を増やすた
めのコミュニケーションの時系列的なシナリオなど、その後のさまざま
な具体的なチェンジマネジメントとしての施策を組み立てていく。孫子
の兵法にあるように「彼を知りて、己を知れば、百戦して殆うからず、(中
略)、彼を知らず、己を知らざれば、戦う毎に必ず殆うし」であり、今
の組織、ステークホルダーの状態、ステークホルダーからの自分たちの
見え方（期待値、信頼感の有無）などを事前に把握した中で進めること
は変革を成功に導くためにも重要である。

① -3 ステークホルダー分析

　プログラムやプロジェクトにおいて、直接的、間接的に影響を与えて
いる利害関係者の人々をステークホルダーと呼ぶ。ステークホルダー分

●図表 3-10　ステークホルダーマップ

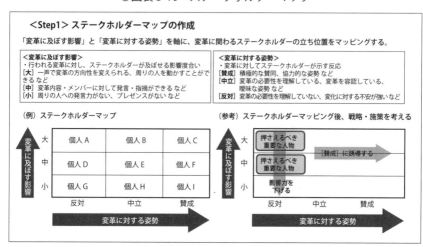

析は変革プログラムの構想・検証フェーズの中で、これらの人々を特定
し、プログラム、プロジェクトへの参加、関心、影響の度合いに応じて
グループ化し、グループごとのステークホルダーに対してどのように巻
き込み、コミュニケーションを図るかを決定する。

　ステークホルダー分析も2つの粒度で実施していく。1つは、変革が
円滑に実施できるように、とくに影響力の強い人々（個人）に絞った形
でステークホルダーの分析を行う。もう1つは、個人ではなく、ある程
度のグルーピング（部署、役職など）を行い、それぞれのグループの影
響力、巻込み優先度を分析する。

　1つめの影響力の強い個人に対しては、それらの人々の影響力、変革
に対する立ち位置（賛否）を確認することで、検討がある程度進んだ段
階での、いわゆるちゃぶ台返しを防ぎ、変革を進める上での強力な後押
しを得ることを目的とする。

　ステークホルダー分析の進め方はStep1〜3の手順で実施していく。
最初のStep1では、ステークホルダーマップの作成を行う。ステーク
ホルダーマップを作成することで、ステークホルダーの変革に対する立
ち位置を可視化することができる。図表 3-10 にステークホルダーマッ
ピングのイメージを示す。影響力の高い、変革への関連性が高いと思わ

●図表 3-11　ステークホルダー関係分析

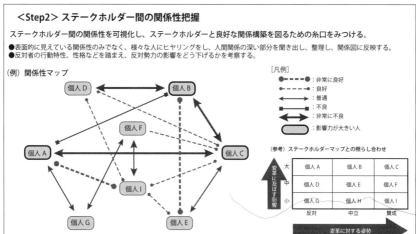

<Step2> ステークホルダー間の関係性把握

ステークホルダー間の関係性を可視化し、ステークホルダーと良好な関係構築を図るための糸口をみつける。
●表面的に見えている関係性のみでなく、様々な人にヒヤリングをし、人間関係の深い部分を聞き出し、整理し、関係図に反映する。
●反対者の行動特性、性格などを踏まえ、反対勢力の影響をどう下げるかを考察する。

れる人物を特定し、縦軸に「変革に及ぼす影響」、横軸に「変革に対する姿勢」のマトリクス表を作成し、そこに特定した人物のマッピングを行い、今の状況を可視化する。ステークホルダーマップの作成に当たっては、変革プログラム検討メンバーが中心となり、必要な情報を集めて、その内容を検討チーム間で共有しながらマッピングを行う。注意が必要なのは、役職の高いステークホルダーの本音はメンバー間では中々得られないケースもあるので、その場合は検討チームに近しい対象ステークホルダーと同レベルの役職の人（役員に対して役員から）からの情報収集を行うことで、情報の精度をより高めることが可能となる。ステークホルダーのマッピングにおいては、とくに変革へ反対の立ち位置にいるステークホルダーへの対応を優先的に検討する。

　Step2 においては、ステークホルダー間の関係性を把握する。Step1で明確にしたステークホルダーに対して、図表 3-11 に示すように各ステークホルダー間の関係性を可視化し、ステークホルダーとの良好な関係構築の糸口をみつける。表面的に見えている関係性だけでなく、さまざまな関係者にヒヤリングを行い、人間関係の深い部分を聞き出して整理し、その結果を関係図（関係性マップ）に起こし見える化していく。誰と誰の人間関係が良好なのか、組み合わせの良し悪し、誰の話をよく

第3章　チェンジマネジメントの実践

103

●図表 3-12　ステークホルダーコミュニケーション計画表例

＜Step3＞ステークホルダーとのコミュニケーション計画立案

各ステークホルダーごとにシナリオを作成し、どのように各人とコミュニケーションをとっていくか、実施計画を立案する。

① 整理したステークホルダーマップと関係性マップをもとに、コミュニケーション対象者を選定
② 下記「方針例、施策例」や次頁「シナリオ例」を参考にして、対象とするステークホルダー各々とのコミュニケーション戦略シナリオを作成
③ 作成した複数のシナリオを評価し、採用するシナリオを選定
④ 選定したシナリオを基に、コミュニケーション計画表（下表）を作成

（参考）コミュニケーション方針例、施策例

方針（例）	No.	施策（例）	対応例
ポジション変更	①	賛成へ誘導する	該当者にとってのメリットを積極的にアピールするなど、変革に巻き込む。重要ポジションに任命してもらう。
価値観・イメージの操作	②	影響力を下げる	該当者より影響力が大きい人を通じて相対的に影響力を弱める。重要ポジションから外れてもらう。
関係性の再構築	③	スポークスマンとして発信する	変革の必要性やメリット、効果などを周りの人へ伝え広めてもらう。コミュニケーションハブになってもらう。
自発的な関与の促進	④	情報提供する	適宜、活動状況や問題・課題等の情報を提供し、立ち位置を保持する。
情報拡散	⑤	監視する	反対勢力とならないように、または、不要な影響力が高まらないように監視する。

（参考）コミュニケーション計画表

対象者	コミュニケーション戦略	コミュニケーション施策	実施担当者	実施時期	実施状況	事後対策
個人 A						
個人 D						
・・・						

（参考）ステークホルダーマップとの照らし合わせ

聞く、関係があまり良くないラインなどを確認していく。ステークホルダーの関係性をみながら、変革への反対者の行動特性、性格などを踏まえて、反対勢力の影響をどのように下げていくかを検討する材料とする。

　Step3 においては、ステークホルダーとのコミュケーション計画を立案する。これまで分析してきたステークホルダーに対して、プログラムを進める中で、いつどのようにコミュニケーションをとるのかという計画を立案する。影響力が大きく変革へ反対しているステークホルダーに対して、関係が近い賛成派の人と一緒に取組み説明を行ったり、中立派の人に対しては、反対に回らないように、丁寧に取組み内容を定期的に説明したり、意見を個別プロジェクトの検討に取り入れていくなど、計画的に実行していく。**図表 3-12** に示すように、コミュニケーション計画には特定の個人名と、それぞれの個人に対して、誰が、いつ、どのようなコミュニケーションを行うのかを明らかにし、その実施の状況をモニタリングしていくことになる。

●図表 3-13　ステークホルダーコミュニケーション戦略例

<Step3>ステークホルダーとのコミュニケーション計画立案

（参考）コミュニケーション戦略のシナリオを考える
反対勢力で、変革に及ぼす影響が大きい「個人 A」に対するコミュニケーション戦略例。

<シナリオ 1>
[戦略]　「個人 A」を賛成へ誘導する。
[状況]　「個人 A」は、賛成派の中で唯一「個人 I」と良好関係にある。
　　　　また、影響力の大きい「個人 B」「個人 C」との関係は不良
　　　　である。
[施策]　（案 1）関係良好な「個人 I」を介して、反対理由を深掘りし、
　　　　「個人 A」にとってのメリットを定期的に擦りこむ。
　　　　（案 2）上層部より、変革の重要ポジション（推進リーダー、等）
　　　　に任命してもらい、反対できない布陣をとり、役割を全う
　　　　してもらう。
[留意点]（案 1）労力と時間がかかる。
　　　　（案 2）案 1 に比べ、労力がかからない。変革が中止（反対）
　　　　になる可能性がある。

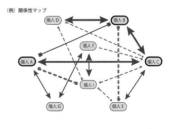

（例）関係性マップ

<シナリオ 2>
[戦略]　「個人 A」の影響力を下げる。
[状況]　「個人 A」は、全てのステークホルダーと良好な関係が築け
　　　　ていない。
[施策]　（案 1）上層部より、「変革スピードを落とすような発言はし
　　　　ないように」など釘を刺してもらう。
　　　　（案 2）変革の重要ポジションから外れてもらう。
[留意点]（案 1）感情的なしこりが残る可能性がある。口出しできる
　　　　人への協力要請。
　　　　（案 2）感情的なしこりが残る可能性がある。

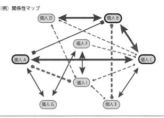

（例）関係性マップ

　2 つめのある程度のくくりで分類した（組織による影響を受ける差異、役職）ステークホルダーに関しては、いつのタイミングで、どの分類の人々から巻き込むか（検討への参画、理解度の向上）を検討する。その結果から、いつどのような情報を伝えるか、どのようなコミュニケーションの手法を取るか（フェーストゥーフェースでのコミュニケーションを行うか、メール、HP などでの展開とするかなど）を検討していくことになる。いずれにせよ、チェンジマネジメントを実施する側の工数にも限りがあるため、ステークホルダーに対しては、各プロジェクトの計画を十分考慮してチェンジマネジメントチームの限りある工数をベースに効果が最大となるようなコミュニケーション計画を組み立て、メリハリをつけたコミュニケーションを行っていく。

① -4 チェンジマネジメント計画の策定

　チェンジマネジメント計画とは、変革プログラム／プロジェクトの成功に向けて、変革を個人がうまく受け入れられるよう、各プロジェクト進行の中で体系的にステークホルダーにアプローチするための計画である。チェンジマネジメント計画は、プログラム全体で立案するが、プログラムを構成するプロジェクトごとの計画を加味して立案する必要がある。チェンジマネジメント計画を策定する際には、変革の成功要因をきちんと理解し、その要素も入れ込んだ計画にする。変革を成功させるためには、いくつかの成功要因がある。

＜成功要因１＞変革の実現にはキーマン（キーマン＝変革の検討をコアチームメンバーと共に進めていく人）に当事者意識を持たせる

　変革に抵抗（やり方が変わることへの抵抗、自分のポジションへの脅威に対する抵抗、自分の職への脅威に対する抵抗、変革後の不安に対する抵抗など）はつきものなので、変革を進めるキーマンは強い当事者意識を持つ必要がある。強い当事者意識を持っていないと、変革への抵抗に対してなぜ自分がそこまで抵抗の矢面に立たねばならないのかなど、抵抗に打ち勝つことができず、中途半端な結果に終わってしまう。何があっても、どんな抵抗にあっても変革を進めていく強い意志と、それを自分が推進していくという当事者意識は不可欠になる。

　キーマンの選定はプロジェクトごとに選定することになるが、周囲から信頼されているメンバーを選定する必要がある（この人が検討しているのであれば安心できるなどの人間的な信頼感がある人）。キーマンには変革プログラムの構想段階から関与してもらい、当事者意識の醸成を行っていく。当事者意識の醸成には、変革の目的や必要性を言葉で説明することも重要であるが、個人の心理に影響を与えて実体験での必要性を理解してもらうことで、さらに当事者意識の醸成が促進される（変革の理由を自ら体験して気付いてもらう）。

　たとえば、ウイリアム・ブラットンが行ったニューヨーク市警における治安悪化撲滅のための変革では、そのキーマンとなるニューヨーク市

警幹部は車通勤であったため治安悪化の実態を身近で感じていなかった。ブラットンは車通勤を禁止し、全員に地下鉄通勤を指示した。市警の幹部たちが乗った地下鉄の治安は最悪であり、恐喝や麻薬による錯乱は日常茶飯事に地下鉄内で起こっており、いかに市民がふだんから治安の不安を抱えているか、身をもって感じることとなった。この体験は十の言葉や百のデータで示すより強烈な実体験となって市警幹部に響き、変革の重要性がすべてのキーマンに浸透して変革は大きな推進力を得て進む原動力となった。このように、変革の初期になるべく具体的な実体験をキーマンに感じてもらうことは、その後の変革の推進力を考えると非常に重要である。その強い体験があると抵抗に対しても打ち負けない必要性を感じてもらうことができるからである。

＜成功要因２＞抵抗勢力に備える

　「変革に抵抗はつきもの」とは既に述べているが、プロジェクトの初期や検討が進むにつれて、具体的な変革の中身に対する抵抗は必ず起きてくるので、対応策を検討して、チェンジマネジメント計画に織り込んでいく。変革プログラムの内容や、変革受容性調査からのステークホルダー分析から反対勢力になりそうな部署、人物を特定する。

　抵抗に関しては、既存のルールや資源（人、予算）を理由にするケースもある。反対するがゆえに、検討に対して部下を出さないなど、検討に対して実際に人を参画させずに抵抗していく（表向きは仕事が忙しくて参画させたくてもできないなどの理由を付ける）ケースも現実起きている。そのような抵抗も想定して、対応策を検討し変革プログラムの停滞がないように計画を策定していく。

＜成功要因３＞小さな成果を繋げて、変革の流れを加速する。

　「勝馬に乗る」という言葉もあるように、周囲がある方向に向いていると、人はその流れに乗ろうとする。当初の考えと反対の方向だったとしても、多くの人は周りの流れに逆らおうとせずに、ちゃっかり同じ流れに乗る人が多い。

　変革においても同じように、小さな成果を積み重ね、成功の波に人々

を乗せるよう検討する必要がある。たとえば、検討結果を共有するとともに、その結果に対してトップが太鼓判を押すことで後押しを図るなどして、組織としては変革の流れに賛同していることを周囲に周知する。また短期間に成果が出せそうな取組みを行って、その成果を周知していくことも同様の効果を得ることできる。

＜成功要因４＞賛同者を増やす

　キーマン以外にも賛同者を見つけて取込みを行っていく。賛同者は変革受容性調査や、キックオフ後のアンケートなどをもとに、前向きで変革に対して協力的な意思、賛同を表明してくれる人を見つけていく。そうした人を見つけて新たな取組みを行うチームを立上げてもよいし、各プロジェクトの検討メンバーに参画してもらうことで、変革にしっかり関与してもらうこともできる。

＜成功要因５＞継続する仕組みを準備する

　変革は新たにつくりあげた仕組みが稼働した段階が終了ではない。そこからが本当の変革のスタートとして、変革プログラムで示した将来のあるべき姿を目指し、それを実現するために新たな仕組みの運用が定着していくための体制構築も含めて運用前に準備する必要がある。運用開始とともに、準備された変革プログラムとしての運用体制に移行して、実業務の中でさらに変革の取組みを推進させる。変革に関しては、トップが変わるとやり方が変わるケースがよくあるので、そうならないために、変革を推進するための仕組みはしっかりつくっておき、組織内に埋め込む必要がある。

　チェンジマネジメント計画の策定においては、まずはプロジェクト構想を、なぜ変革が必要なのか（Why）、どのような変革が行われようとしているのか（What）、そしてどのような施策・活動（How）が、誰に対して（who）、いつ実施されようとしているのか（When）という視点で整理し、プロジェクトの全体像をできるだけ正しく理解するように努めることは重要である。この理解の上に、プロジェクト計画をもとに、どのような成果物がいつ頃出てくるのかを正しく把握する。

各プロジェクトでの成果物や計画を理解した上で、対象ステークホルダーを想定したコミュニケーションのシナリオを作成し、そのシナリオに沿ったタイミングでのコミュニケーションを計画する（どのプロジェクトの検討内容をいつ説明するか）。ステークホルダーとのコミュニケーションでは、何の資料もなく説明に行っても正しい理解を得ることは難しい。プロジェクトの方向性を正しくかつわかりやすく伝えるためには、プロジェクトの成果物を活用することが合理的である。実際にコミュニケーションを行う場合は、プロジェクトでつくられる成果物を対象ステークホルダーの知識レベルや関心事を踏まえ、相手のレベルに合わせてカスタマイズして伝えることが効果的である。また、場合によっては、ステークホルダーが正しく理解する上では、あたらしい知識が必要なケースも出てくるが、そのような場合は説明を行う前に基礎知識としての事前教育を行い、説明する内容を理解できる程度まで引き上げておくことも重要な施策となる。

　また、チェンジマネジメントの計画では、コミュニケーション計画だけでなく、業務の運用・定着に不安がないようにトレーニングなどの必要な施策や定着後の体制検討のタイミングも同じく計画に組み入れる必要がある。

　次に、変革受容性調査やステークホルダー分析の結果をもとに、部署と役職別に分類し、チェンジマネジメント計画へ落とし込む。コミュニケーションの方法はすべてのステークホルダーに対して一律の方法ではなく、ステークホルダーの分類によりコミュニケーションの方法は変えていくのが現実的である。ステークホルダー1人ひとりにしっかりとコミュニケーションを取り、十分に理解を深めてもらうことが理想ではあるが、限られた時間の中で変革プログラムを推進する上では、コミュニケーションのメリハリをつけて行う必要がある。

　コミュニケーションの方法としては図表3-14に示すように、大きくリーンコミュニケーションとリッチコミュニケーションの2つのやり方に分かれる。リーンコミュニケーションとは発信者から受信者に一方通行でメッセージを伝えるコミュニケーションである。メリットとしては、複数の人に同時にメッセージを伝えることができ、時間差があってもコ

ミュニケーションが可能なので、時間的な制約をほんと受けることなくコミュニケーションを取ることができる。逆にデメリットとしては、一方通行のコミュニケーションであるため、繊細な内容や質問が多く出そうな複雑な問題を伝えるには不向きな内容となる。

　もう1つのリッチコミュニケーションとは、その場で双方のやりとりを発生させるコミュニケーションとなる。説明会や1on1などがその例だ。メリットとしては、きちんとコミュニケーション相手とのやり取りを発生させることができるので、相手に伝わっているかの状況が理解しやすく、相手からの質問があっても、それに対してすぐに対応し補足することができるので、難しい内容を理解するのに適したコミュニケーションの方法となる。デメリットとしては、相手とのコミュニケーションが深くなるため、その分の時間的な制約がかかる点が考えられる。

　リーンコミュニケーションの主な手段として、社内報／メルマガ、ポータル、トップレター／トップメッセージ、社内SNS（Twitterなど）、eラーニングなどが上げられ、多くの人にメッセージを届けるのには最適な方法である。一方、リッチコミュニケーションの手段としては、説明会、報告会、ラウンドテーブル、キャラバン、オープンハウス、1on1、社内SNS（チャット、LINE）、研修・教育などがあげられる。

　このように、変革に対する成功要因などをしっかり考慮してチェンジマネジメント計画を策定した後、再度チェンジマネジメントチームで見直しを行う。チェンジマネジメント対象が明確になっているか、ステークホルダーに漏れがないか、優先順位が適切か、施策の内容が十分な内容になっているかを確認する。

　これらを実行することで、ステークホルダーの巻込みがイメージどおりにいけそうかを確認し、変革コアチーム内で共有する。

　参考までに、**図表3-15**にチェンジマネジメント計画の例を示す。これからもわかるようにプロジェクトの活動とそれぞれのステークホルダーに対するコミュニケーション活動の内容とタイミングがチェンジマネジメントのアクションとして並列して示されている。チェンジマネジメント計画の具体的な部分は後ほど記載するが、ステークホルダーを巻き込むうえでは、各要所となるポイントでトップマネジメントからの

メッセージを織り込むことは非常に効果的な手段となる。変革に関係する部門の役員からフェーズの切れ目や、検討結果の説明等の際に協力をいただき役員自らポジティブなメッセージを発信してもらう。その結果、

●図表 3-14　コミュニケーションタイプ別の特徴と主なコミュニケーション手法

コミュニケーションタイプ	概要	メリット	デメリット	主な手法
リーンコミュニケーション	発信者から受信者に一方通行でメッセージを伝える	●複数の人に同時に同じメッセージを伝えるときには有効 ●時間差があってもコミュニケーションができるので時間的な制約はほとんどなくコミュニケーションをとることができる	●一方通行のコミュニケーションであるため繊細な内容や質問が多く出そうな複雑な問題などを伝えるには不向き	●社内報／メルマガ ●ポータルサイト ●トップレター／トップメッセージ ●目安箱 ●社内 SNS（Twitter など） ●E- ラーニング
リッチコミュニケーション	その場で双方向のやり取りが可能	●質問があってもすぐに対応でき補足できるので、難しい内容の理解には適したコミュニケーション	●時間的な制約がある	●ラウンドテーブル ●説明会／報告会 ●キャラバン ●オープンハウス ●1on1 ●社内 SNS（チャット、LINE） ●研修・教育

●図表 3-15　チェンジマネジメント計画例

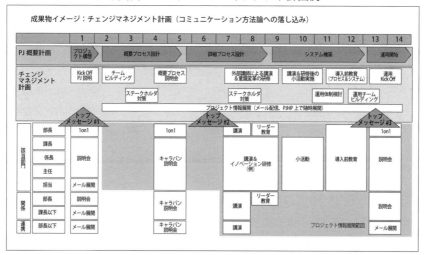

111

メッセージを発する役員も変革へ賛同している証明となり、全体の推進力が増し、周りへの良い影響が波及し、抵抗勢力を減らし、賛成を増やすことも可能となる。チェンジマネジメント計画を考える際には、しっかりと役員の力を利用し、全体の流れを賛同・賛成にもっていく工夫が有効になる。

① -5 変革ビジョンの策定

　企業活動において、ビジョンを定義して社内で共有することはとても重要になる。ビジョンとはその企業が目指すべき実現したい未来であり、企業の社員が共通して認識する会社としての進むべき方向性である。企業がビジョンを示し、浸透させることで、従業員が業務を遂行する上での１つの判断基準となる。何かの活動を行う際にも、その活動が自分たちの会社が掲げるビジョンに沿った活動になるのか、また何かの意識決定が必要な際にも、ビジョンに沿った結果に繋がる意思決定になるのかなど、組織として、個人としての判断基準となるものだ。

　企業活動と同様に、変革を行う際にも、変革のビジョンが必要となる。変革ビジョンとはこの変革活動を行った先にどのような未来をつくっていくのか、自分たちのありたい未来をまとめたものだ。変革チームや変革に携わる人々が変革後に、そこで働く社員の人々にどのような考えで、どのように動き働いて、どのような成果を出してほしいのかという理想の形を示したものである。

　では、変革ビジョンとはどのようなタイミングでつくるべきなのか？変革ビジョンは、変革プログラムの構想・検証フェーズ（スキーム）のタイミングから着手することになる。変革コアチームを主体に変革ビジョンの構想を策定する。大まかなコンセプトレベルまでを構想・検証フェーズの中で策定し、その内容をキックオフで展開することとなる。コンセプトレベルにおいては、なぜ今変革が必要なのか、いま起こっている外部環境の変化や、自社（自部門）の置かれている状況の理解など、変革を行う前提をきちんと理解してもらうために記載し、それに対する変革後の姿、実現 STEP などの概要を記載する。

　変革ビジョンは構想・検証フェーズで描かれるが、実行フェーズ（シ

ステム）に入り、個別プロジェクトでの具体的な検討が進むと、それら
の検討内容なども取り込みながら具体的な変革後の姿を描くことも必要
である。その策定段階では、変革後の姿をより具体的に記載する。また、
プロセス、役割責任、業務執行のベースとなる考え方などを具体化する。
その際には、変革チームだけでなく、各個別のプロジェクトからも変革
ビジョンの策定に関与してもらい、それぞれのプロジェクトで検討結果
を反映していく。さらに、キックオフ後に変革への賛同意欲の強い人な
どをアンケートなどから見つけて検討チームに参加してもらい、自分達
のありたい姿を議論していくことも、1つのやり方として有効である。
運用・定着フェーズ（サービス）において、議論に参加したメンバーは
変革活動を推進するチェンジエージェント的な役割を担い、自分たちで
考えた変革後の姿を、自らが積極的に周囲に広めることで変革の実現に
貢献してもらうことができるからである。

①-6 変革ビジョンの説明

　変革ビジョン策定も重要だが、ステークホルダーにその変革ビジョン
の内容を説明し、理解を高めて、社内に浸透させる活動も重要である。
変革ビジョンの共有と理解は、その後の変革活動の推進に大きな影響を
与えることになるからである。

　変革ビジョンは構想・検証フェーズにおける重要な成果物であり、変
革で目指す姿をステークホルダーに示し、理解と賛同を勝ち取らなくて
はならない。ビジョンに対して異なる意見や考えが出るかもしれないし、
批判があるかもしれない。しかし、変革ビジョンは共有すべきものであ
り、妥協すべきではない。ビジョンに対してさまざまな異なる意見があ
れば、対話を通して関係者の理解と賛同を得る努力に時間をかけること
には意味がある。変革ビジョンは変革のゴールを示しているのであり、
ゴールの共有なしで変革活動を進めることは、後々さまざまな問題を生
みかねない。変革のビジョンはその後のチェンジマネジメントの活動に
おけるさまざまな場面で活用されることになり、変革の一丁目一番地の
位置付けと思っていただきたい。

3 実行フェーズにおける
チェンジマネジメント

　プログラムの実行フェーズに入ると、いよいよ構想・検証フェーズで立案したチェンジマネジメント計画の実行に入る。各プロジェクトの計画に合わせて、計画したチェンジマネジメントの施策を実行に移していく。このフェーズでの主なタスクは、ステークホルダーとのコミュニケーションと各種アクションの実施となる。また忘れてはいけないのは、運用・定着フェーズに向けての体制検討であり、重要な項目である（**図表3-16**）。

　このフェーズにおいて、チェンジマネジメントを進める上で、ステークホルダーの意識の変化を見える化することは非常に重要となる。運用・定着フェーズに至るまでにどれだけ変革に対して賛同者を得るかは、変革を成功させるためにも重要であり、その変化の状況に応じてチェンジマネジメントの計画は見直され、適切なアクションを取っていく必要があるからである。

●図表 3-16　実行フェーズでのチェンジマネジメントタスク

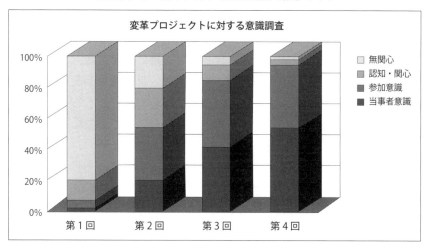

●図表3-17　変革に対する意識調査の推移グラフ

変革プロジェクトに対する意識調査

凡例：
□ 無関心
■ 認知・関心
■ 参加意識
■ 当事者意識

（横軸）第1回　第2回　第3回　第4回
（縦軸）0%　20%　40%　60%　80%　100%

　図表3-17に、実際に行った関係者の意識の変化を見える化した事例を示す。第1回は構想・検証フェーズの最後の段階での状況であり、変革のビジョンを示した段階にどのようになっているのかを示している。この段階では、当事者は限られた人だけであり、多くの人は無関心の状態にある。まだ変革のビジョンは浸透しておらず、多くの人は他人事のように変革をとらえており、どこか違う世界で自分たちと関係ない活動が行われている程度の理解しかない。チェンジマネジメントの活動がまだ本格的に行われていない段階の状況であり、チェンジマネジメントを行わずに変革を進めれば、この状況のままで運用・定着を迎えることになる。プロセス変革、組織変革、システム変革などハードの変革はチェンジマネジメントをやらずとも進めることは可能であるが、このような状態のまま変革を迎えると何が起こるのか容易に想像できるであろう。

　第2回、第3回、第4回は実行フェーズでの調査であり、第4回は運用・定着フェーズ直前の状況を示している。この間、チェンジマネジメントとしてさまざまな啓発活動やコミュニケーション活動が積極的に行われ、それとともに当事者意識や参加意識を持った人の割合が徐々に増えていく様子がわかる。明らかに、変革ビジョンを理解しそれに対する賛同者、支援者が増えていることをこのグラフは示している。

最後の第4回の状態は、ほとんど人が変革を支援している状態まで来ていることを示しており、ここまで来ると運用・定着フェーズに入っても大きな混乱は起こらない。どのような変革もベストな設計を行うことは難しく、変革の運用段階ではさまざまな不具合が必ず発生する。しかし、変革の賛同者を増やすことは、その不具合を改善することに協力する人を増やすことに等しく、たとえ不具合があったとしても問題視せずに受け止め、改善していこうとする行動が取られることになり、変革は円滑に進んで成果を出せるようになっていくのである。

　ここからは、チェンジマネジメント施策の主な内容を紹介していく。変革プログラムの構想が策定された段階でキックオフを行い、変革プログラムのトップから関係部門の主要なステークホルダーに対して、背景、目的、進め方、体制などを説明してもらうためにキックオフを開催する。キックオフのやり方に関しても、取組みの本気度を示すために、キックオフをどこかの会議室に集めて開催するのではなく、会社とは別会場を借りて実施するのも1つのやり方ではある（注：あくまでも一例であり、別会場を借りることが本質ではない）。

　また、キックオフ後に、意見交換などのコミュニケーションを図れる場を用意するなど内容をひと工夫してもよい。従来とは違うことをアピールして、会社（部門）としての本気度を理解してもらうためにも、従来と異なりひと工夫加えて実施するなどは有効な手段となる。

　キックオフは主要なステークホルダーを集めて実施する場だが、それ以外の関係部門のメンバーなどに関して、変革プログラムの内容を認知させる必要がある。そこでその際には、メールや社内HPなどにトップメッセージとしてキックオフで伝えた内容がメンバーに届くようにする。このような主旨説明の場では、きちんと内容が理解されたかをアンケートを使用し意識調査を行うことが望ましい。

②-1 コミュニケーション活動

　プログラムの構想・検証フェーズから実行フェーズに入ると、いよいよチェンジマネジメント計画を実施していく段階に入る。変革を成功させるための成功要因でも述べたが、変革に抵抗はつきものであるため、

しかける側のチームの一致団結した結束は必須となる。

　実行段階に入る際には、コミュニケーションの一環として、変革チームでのチームビルディングを行う必要がある。何があっても変革を推し進めるという気概がないと、極端な話、役員からも変革に対して責められるケースも出てくる。その際に我が事ではなく、他人事やトップから指示されたから実施しているような姿勢では、荒波の中で変革を前に進めることはできない。「なんで俺が」「なんで私が責められないといけないのか」「そんなに反対なら変革のオーナーに言ってくれればいいのに」というような姿勢、心持ちでは、変革はうまく行かない。逆風に立たされても、チームで団結して立ち向かうことが必要で、そのためには全員で変革の必要性の意識を持たせる何かが必要となる。

　通常は数字や言葉で必要性を訴えるケースが多いが、それでは本当の意味での必要性を理解することは難しい。その人の心に訴える体験・経験が必要になる。たとえば、前述したように、警察なら犯罪が起こりそうな危ない現場に自ら行ってみる、自動車開発なら事故現場に行ってみる、危ない場所での人や車の動きを見てみる、医薬品や医療機器なら病院での患者さんの様子などの医療の現場を見てみる、変革の内容により感じるシーンはさまざまだが、チームでそのような、困っている人がいる、喜んでいる人がいるなどの「場」を見ることが一番の体験・経験となる。

　場を見た後、それらに対して自社の問題、課題をディスカッションすることも、より必要性を理解するには効果的である。チームで合宿するなどして、体験から必要性の理解を深める活動を行うことで、チームとして一枚岩、一致団結することができ、変革の必要性を自身の体験から語れるようになる。すると、語る言葉の強さや、メッセージに迫力が出てきて、本気度を持って相手に伝えられるようになり、推進チームが本気で語ることができると、聞いている側への伝わり方も変わってくる。変革チームに対する信頼感にも好影響が出て、その人を感化することも可能となる。

　変革チーム内でのチームビルディングが実施されたら、ステークホルダーに対しても計画的なコミュニケーションを行っていく。個人の変革

への抵抗の１つとして、未知に対する不安がある。また人によっては、いきなり検討結果を提示され、「いついつからこのプロセス、体制で開発を進めます」と言われ、結果だけ言われてもそれには賛同できないなど、検討過程を知らない、検討に入っていないことで拒否反応を示す人も少なからず組織の中には存在する。すると、せっかく時間をかけて検討してきても、検討結果の中身よりも、その検討プロセスが問題になり反対されるという何ともやるせないケースが発生する。

　こうした人たちを無視して進めるという強引なやり方もなくはないが、その中に影響力が強い人、声の大きい人がいると変革自体の信頼感にも影響することになる。これは変革を仕掛ける側にとって良いやり方とはいえず、人々の不安や不満を解消するやり方を考えていく必要がある。

　そこで重要となるのがステークホルダーとのコミュニケーションである。適切なタイミングで適切な人々に対して、適切な情報量のコミュニケーションを取ることで、人々の不安や不満を解消していくことになる。

　では、変革プログラムの進捗に沿ったコミュニケーション事例を紹介する。プログラムの構想が固まった段階で、ステークホルダーに向けた最初のコミュニケーションを行う。通常のプロジェクトの中でもキックオフを実施して、プロジェクトに着手するが、それと同じ位置付けになる。変革プログラムの対象となる部署の上位マネジメント、職制クラスを対象にして、変革プログラム実施の背景（外部環境の変化、自社の置かれている環境）、変革プログラムの目的、実行プラン、検討への参画依頼などを丁寧に行い、理解度を高めていく。変革プログラムの実施の背景などは変革の最上位の責任者となるトップマネジメントに説明してもらい、変革の本気度をきちんと示す必要がある。

　このような場では双方向のコミュニケーションが最適で、一方的な説明をするだけでなく、きちんとＱ＆Ａのように、聞いている人たちからの疑問や不安に対して説明を行うことも大切になる。まずは活動の目的、内容を理解してもらうことと、部門長や職制クラスを対象としていることから、ここで伝えた内容をきちんと部門の中に伝達していただく必要もあるので、それらを意識した内容とする必要がある（会社の規模、

部門の規模によっては対象者の範囲を検討する）。また、それ以外の若手社員に関しては、トップマネジメントからの一斉メール配信などにより変革プログラムの内容を伝え、職制からフォローの説明をしてもらうことで、活動の認知、理解活動を進めていく。職制からの説明の際には単なる説明ではなく、その変革活動に対するディスカッションを行うと、若手が今の状況や取り組む意義などを深く理解する手助けとなる。

　変革プログラム実施中のコミュニケーションは、イベント的な単発的なコミュニケーションだけでなく、定期的な情報発信も心掛ける必要がある。このような場合には双方向のリッチなコミュニケーションより、リーンなコミュニケーションでメール、チャット、プロジェクトHPなどで変革に関連するような情報を発信し、ステークホルダーへの継続的な働きかけをしていく。

　では、実際どのような情報を発信すべきなのか？　いくつかのコンテンツパターンがある。

●変革プログラムに関連するような世の中の情報を発信する

　他社の取組み事例の記事や関連する世の中の動き（例：DXの取組みが加速、AIを活用した製品開発など）の記事を取りまとめて配信することで、いま取り組む必要性を再認識してもらうことなどが可能となる。

●スキル、人材育成に繋がるような内容を発信する

　変革後の姿で必要になる考え方やスキル、教育プログラムなどの情報を発信することも、人々の意欲や興味を高めるためには有効な手段となる。教育プログラムを受講する、関連する書籍を読むなどにより理解度が高まり、当事者意識も湧いてきて、より前向きにチャンスと捉える人が増えてくると、変革の動きが加速することになる。

●変革プログラムの取り組み状況や近々のイベント情報などを発信する

　いまの取組み状況をこまめに展開したりすることで、聞いてない、知らないという状況を防ぐとともに、活動への認知を継続して高める効果も得ることができる。

②-2 変革受容性調査の改善アクション活動

変革受容性調査を実施することで、変革プログラムを進める上での、関連するステークホルダーの実態を把握することができる（**図表3-18**）。変革受容性調査結果の悪い個所はステークホルダーが不満に思っている部分であり、これらをそのままにしておくと、変革の実行に支障をきたす可能性を秘めているので、何らかの改善の手を打っておく必要がある。変革受容性調査のカテゴリごとに対策すべきアクションの方向性を示す。

変革受容性調査項目：トップのリーダーシップ

文字どおりトップマネジメントのコミットメントや参画への意識・態度を見ているが、見ているのはこれまでの行動に対しての良し悪しを判断されているケースが多い。よくあるケースが、トップマネジメントから問題の早期打ち上げを望まれて打ち上げたが、問題を拾うことをせずに、そのまま自分のところに帰ってくる、または問題が起きたことに対

Column

キャラバンによる説明行脚の旅

取組み状況が進捗し、設定しているマイルストーンに到達した段階で、今の検討結果を説明する場を設けて、関係者の理解促進と検討結果に対するフィードバックをもらう場を設けることは効果的なアプローチとなる。その際には、検討結果の資料を添付してメールで展開したり、近場の関係者にだけ説明する場を設けて実施するなどではなく、関係する部署に対しては個々に説明する場を設けて、丁寧な理解活動を図る必要がある。

実際に複数拠点をキャラバン隊のように訪問し、取組み内容を説明して理解度を高めた事例を紹介する。製薬会社A社では、開発プロセスの変更を伴う新製品開発の変革を行っていた。検討が実行フェーズに入って新たな開発プロセスの見直し検討を行い、各部（研究、開発、CMC、薬事など）の役割や関与タイミングなどの見直しが検討され、新プロセスとそれに伴う各部の新たな役割責任が定義された。検討に関しては各部から関係者が参加して検討を行っているため、変革チームで勝手に決めたものではなく、各部承認を取りながら進めるやり方を取り、一様の成果物が策定された。

●図表 3-18 　変革受容性調査結果一覧

	他社事例平均	貴社
100〜66.7 　問題ない		
66.6〜33.4 　注意が必要		
33.3〜0 　早急の対応が必要		

取組みへの賛同	Q10 浸透度	23.5	19.5
	Q11 理解度	31.5	21.5
	Q12 当事者意識	38	32

		他社事例平均	貴社
トップのリーダーシップ	Q1 トップの信頼度	27	53
	Q2 トップの参画	31.5	41.5
	Q3 トップのコミットメント	41.5	47
取組みのビジョンと進め方	Q4 推進目的	32.5	42
	Q5 推進計画	42	19.5
	Q6 推進体制	50	30
変革チーム	Q7 人材配置	70.8	43
	Q8 チームの能力	57.6	45
	Q9 チームの信頼度	49.5	28

組織の協力度	Q13 問題意識	31.8	31
	Q14 参加意識	21.6	15
	Q15 話題性	33.6	27.5
変革難易度	Q16 自由闊達度	49.4	45
	Q17 革新性	30	22
	Q18 組織関係性	35.3	27.5
組織の心理的安全性	Q19 参画への評価	36.1	10
	Q20 参画の奨励	35.6	21
	Q21 自律性	34.9	21

その成果を関係部署に説明する際には、所在地ごとに変革チームが自ら足を運んで各拠点を訪問し、説明する手順を取っていった。10 数部署、5〜6 拠点に対して説明のための日程調整を行い、場所を確保して説明を実施していった。

この企業ではこれまで、少し離れた拠点に対しては、テレビ会議形式で説明することはあっても、わざわざ足を運んで説明するようなことはなかったことから、この事例のように、足を運んで説明にきてもらうことに対して非常に喜ばれる結果となった。その結果、説明を受けた人たちも、我が事として真剣に聞いて、貴重な意見をフィードバックしてもらうことができた。また、訪問先ごとに今後の取組みに対する協力の姿勢も得ることができた。関連する人々に対しては、自ら足を運んで相手の顔を見ながら、責任を持って説明することが重要だと改めて感じた事例であった。

して責められるケースだ。問題の原因究明だけ必要以上に時間を取って実施し、結局は何かを引き受けてくれるわけではなく、進捗確認だけを実施することになり、現場からすると何もありがたいことがなく、かえって報告や余分な資料作成の手間が増えるだけの結果となる。現場が困っていても、管理をするだけで、助けとなるようなアクションを一切しない、意思決定せずに先送りにするようなことを実施していると、現場からはトップマネジメントへの信頼感はなくなる。新たな取組みに対しても、懐疑的な見方や、積極的な協力の姿勢ではなく当たり障りのない程度の協力しか現場はしなくなる。また別のケースでは、掛け声だけで具体的な成果を出す前に終わってしまう、もしくは次のことに着手するような場合も信頼感は薄い。

　このようなケースには、改めてリーダーシップとは何かを学ぶ機会などをつくっていくといいだろう。これまでも施策としてよく実施するケースを紹介する。フランクリン・コヴィー・ジャパン社の実施している「7つの習慣」などは、リーダーシップに関して新たな気づきや意識改革、行動変容などに結び付く内容になっており、トップマネジメントが失った信頼を取り戻すために、自ら気づきを得ていく、このようなトレーニングを受けていくことは重要なこととなる。

変革受容性調査項目：取組みのビジョンと進め方

　この項目は取組みの目的、計画、体制などがきちんとステークホルダーに理解されているかを確認する。この項目の点数が低いケースでは、最初の説明できちんと背景、目的、進め方が伝わっていないケースが考えられる。このような場合には、とくにどの部署のどの階層などと特定できるのであれば、そこに対するコミュニケーションの仕方を工夫する。全般的に悪い場合などは、キックオフの際に何が悪かったのかなどヒヤリングを行って分析し、再度説明の場を設けるなどの対策を取る必要がある。コミュニケーション活動も、変革受容性調査の結果も踏まえて立案していくので、コミュニケーションの頻度を上げる、対面でのコミュニケーションの頻度を上げるなどの対策を行い、きちんと理解が進むように改善を図る必要がある。

変革受容性調査項目：変革チーム

　この項目は変革を主導していくチームに対するステークホルダーの認識を確認する。この項目点数が低いケースでは、これからの活動を丁寧に進めることで、信頼を高めていく必要がある。

　1つの手としては、社内で人間的に信頼感が厚い、人望があるメンバーを変革チームにアサインすることで、チームメンバーの見直し、追加を行い、極端に変な方向には行かないという安心感を与えることができる。とはいえ、一番にやるべきは、オープンに検討を進め、必要な人を巻き込む、丁寧にその検討過程をステークホルダーに説明し、理解度を高める、これらの活動を継続して続けていくことで、変革チームへの信頼感を醸成することは可能となる。

変革受容性調査項目：取組みへの賛同、組織の協力度、変革難易度、組織の心理的安全性

　この4つに関しては、個人や組織が変革に対して協力しやすいカルチャー、仕組みになっているかがわかる項目だ。個人的には積極的に変革活動に参加したいと思っていても、周りの人々や組織（とくに上長）が醸し出す雰囲気により変革活動への参加がためらわれるケースも見受けられる。

　こうしたケースでは、変革に関わるテーマでさまざまな小活動を企画し、各テーマに興味がある人を招待し、活動を行ってもらう。各種の活動をオープンにしていくことで、参加することへの抵抗感、罪悪感的な負の感情を薄めて、参加することが正であるという雰囲気づくりを行っていく。またそこでの活動の成果を Quick Win になるようにしていき、小さな成功体験をその小活動から獲得できるようにしていく。

　小さな成果を見せていくことで、変革へのポジティブな流れをつくり出し、活動への参画をすることが当たり前、良いことをしているなどの雰囲気づくりを行い、周囲の人々をいわゆる勝馬に乗せていくような状況をつくり出す。多くの人は周りのいい流れに乗りたがるところがあるので、うまくその流れをつくっていくことも変革をしかける上では重要となる。

②-3 運用体制構築

　変革で重要なことは、仕組みの構築の完了とともに変革活動を終了するのではなく、変革のコンセプトに基づきその活動が継続していくことである。よくあるケースでは、トップマネジメントが変わることにより、その変革の取組み自体が無効化されて、また別の取組みが始まってしまう、ひどいところでは変革前に戻ってしまうケースが発生することである。そうなってしまっては、せっかくの変革の取組み自体がムダに終わってしまうし、そこに企業がかけた時間、労力がまったく報われなくなってしまう。

　人は新たなやり方を定義しても、その実行を個人に任せると、かなりの確率で自分のやりなれた従来のやり方で実施してしまいがちである。2章の中でも少し述べられているが、人がいまのライフスタイルや環境をなるべく維持しようとすることを生理学ではホメオスタシスと呼ぶが、人は外部の環境にかかわらず、一定の状態を保とうとする調整機能が働くことになる。たとえば、健康のためランニングを始めても、長く続かないということは誰でも起こりがちであるが、このような事象は生理学的には自然な反応なのである。認知科学者によると、人には「快適な領域」があり、先のランニングでは「朝はギリギリまで寝ていたい」というのが、その人の快適な領域だったとすると、朝早く起きてのランニングは快適な領域外なので、早起きしてのランニングは不自然な行動で、ホメオスタシスが働き「ギリギリまで寝ている」状態からなかなか抜け出せない。

　新しい習慣を身につけるためには、個人が感じている快適な領域を移動させる必要がある。朝早く起きてのランニングが快適な領域になれば、朝のランニングは当たり前となり、新たな習慣とすることができる。企業での業務も同じで、それが当たり前に感じるように、新たな変革の取組みで定義したことを快適領域に設定してしまう必要がある。そうならないと組織としてのやり方も個人個人バラバラになり、個人に依存する業務遂行となってしまう。共通ベースの上で、個人の色を出すのは良いが、ベースがないままに個人の色が出てしまうと、結局はできる、できないの個人能力に依存した業務遂行にならざるを得ない。それでは組織

としての良さや改善などの組織ぐるみの活動が育まれない結果となる。そうならないためにも、変革のコンセプトをよく理解し、そのコンセプトのもとに活動を継続し、改善・改良を行う責務を持った体制を構築しておく必要がある。

　では、変革の取組みを快適領域にもっていくにはどうすべきなのか？変革で定義した新たな業務遂行プロセスを実践して成果を感じている人々の行動をまねさせることで自分の快適領域を変えることができる。そのために自己流ではなく、変革で定義したプロセスでの業務遂行を実践できるようにサポートする役割も必要となる。きちんと個人やチームが目指すべき方向に向けて動けるように軌道修正して、推進させる役割を持つことで、快適領域を変えて、新たなプロセス、役割などで業務を進めることが当たり前の状態をつくっていく必要がある。また運用フェーズに入って実際に新たなプロセス、役割などで業務を進めていくと、当初想定していない問題なども発生するケースがある。その際もきちんとその問題を捉えて、分析し、対応策を取って改善活動に繋げていく必要もあり、それらを責任もって進める役割も担うことになり運用後も変革を推進する役割となる。

4 運用・定着フェーズでの チェンジマネジメント

　運用・定着フェーズに入ると、いよいよ実際の業務の中で、これまで検討してきた内容を実践していくことになる。実践を通して変革を定着化させ、日常業務として当たり前に実践していくことで変革が組織に根付いたことを意味し、成功したことを指す。業務を実践していく中で改善すべき項目が出てくるので、それらの項目に対する取組みも実施し、定着度を測りながら、日常業務にもっていく活動を行っていく（**図表3-19**）。

③-1 トレーニングの実施

　運用・定着フェーズでは、業務の中で新たなやり方を実践していくことになる。当然ながら業務を遂行する現場からすると、初めて実施するプロセス、新たな役割責任分担、新たに活用するシステムなどに直面することになる。それらをいきなり実践で試そうとすると、大きな混乱やトラブルを引き起こす可能性がある。そのようなトラブルが起こってし

●図表 3-19　変革受容性調査結果一覧

まうと、「前の仕組みが良かった」「こんなシステムは使いにくくて全然ダメだ」「プロセスがわからないから何をすればよいのかわからない」などのネガティブな意見が噴出し、新たなやり方への定着に時間がかかるか、定着が困難になるケースが発生する。そうなると結局変革の結果としてねらっている成果、効果が出ない状況になり、変革推進には大きな足踏みとなる。

　そのような状況を避けるために、業務遂行前に関係者に対して新たなプロセスやシステムの使い方などを教育する場を設ける必要がある。では、実際にどのようなことを教育するのか？　たとえばDXを伴う変革で、企業が新規にAI、モデルベースのシミュレーションツールを活用して新製品開発を行う場合などでは、DXで活用するツールとプロセスを絡めた研修を行うことが有効だ。そのようなツールを使って開発していくコンセプト（変革プログラムのコンセプト）の説明から、実際のプロセス（どのようなトリガーで誰がいつ業務を進めていくか）と、そのプロセスで使うツールをからめた（このタイミングではこの機能を活用など）研修準備を行う。実際のツールを動かしながら、プロセスの説明を行い、ツールを使ってもらう場を設けていく。

　このように、プロセスとツールを絡めることで、業務遂行の流れの中で、どのような機能を活用していくのかなど、実際に使うことでよりイメージがしやすくなり、いざ本番の業務において、最初はマニュアルを見ながらになっても、一度操作しているので思い出しやすくなる。またさまざまな人に使ってもらうことで、検討の中では見えていなかった問題点なども新たにわかり、その部分は運用後の改善項目として、リストアップし改善につなげることができるようになる。教育を行いながら、変革のコンセプトをしっかり理解してもらい、なぜこのようなプロセスになっているか、このプロセスの肝は何か？　何が今までと違うかなどを意識した内容として、変革のコンセプトを業務に即した形でしっかりと現場に理解してもらうことが一番重要なことになる。

③-2 運用支援

　新たなやり方で業務を遂行しようとすると際には、新たなやり方できちんと業務が推進しているかどうかを確認したり、推奨したりしてその方向に導いていくことは重要である。また新しいやり方には、当初想定していない問題などが発生するので、そのような場合も想定し、解決支援するなどのサポートが必要になる。問題を拾い上げきちんと対応することで、変革の実行までしっかりとサポートすることができ、定着に向けた歩みを確実に進めることが可能となる。

　ここでは、主だった変革パターン別に運用段階でどのような問題が起こるかを定義し、その問題への対処方法を示す。

●新たな IT システム導入に伴うシステム変革のケース

　新たなシステムを導入する場合、現場のユーザーが喜んで使うと考えがちであるが、あまり使われないケースが多く見受けられる。そこで、運用フェーズにおいては、システムが「使われているか」をしっかりモニタリングする必要がある。そのための活用度を見るためのモニタリング用の仕組みを準備する。その仕組みを使って誰が使っているのか、使っていないのかを把握し、その原因を特定する。

システムが使われない主な例

ケース 1. システムの使い勝手が悪い

　データ入力画面に辿り着く画面遷移が複雑だったり、まとめて入力できないなど入力用のインターフェースが悪かったり、データ入力結果のアウトプットが見にくい、分析しにくいなどさまざまなケースがある。当然システム検討の際には業務側のメンバーも入った検討がなされてはいるが、多種多様な人（若手、年配、IT 精通度など）がいる業務側では使い勝手が悪いと感じて、システムを使うことに二の足を踏むケースなども出てくる。

　このような場合には、システム自体の改善を行う、入力補助のツールをつくる、アウトプット（分析など）につながるレポートを作成するなど、システム改善を行うチームを準備しておく必要がある。

ケース2. 忙しくてシステム活用に手が回らない

　システム活用への抵抗感はなくても、そもそも忙しくて、システムに入力できない、入力するタイミングを忘れてしまうケースなどがある。

　このような場合には、システム入力アナウンスや入力状況のモニタリングによる入力フォローなどを行う。場合によっては、入力代行などの支援を実施するケースも出てくるので、そのための体制を準備しておく必要がある。

ケース3. システム活用の効果が感じられない

　業務の現場側がシステムにデータを入力しても、それに対するフィードバックがなく、業務現場がなんのために使っているのかわからないケースが発生することがある。このような状態になると、現場がデータ入力を行っても、正しい（意味のある）データが入力されないと、入力データを活用する側もそのデータに疑いをもち、そのシステムの信用性を失うことになる。そうなると、最新データが入力されない、それを見ても意味がない、システムが活用されないような悪いサイクルが発生してしまう。

　このような場合には、まずはきちんと正しいデータを入力してもらう働きかけを行うことだが、その結果を活用した結論などをうまく現場に伝える場、プロセスを設けておく。これにより自分たちが入力したデータがきちんと活用されていることがわかる。導入当初は難しいが、運用が進んできた段階で、システムを活用して成果が出た事例などの活用事例をまとめ社内に共有するなども運用・定着に向けて有効な手段になる。うまく活用された事例の社内横展開を行うことで、システム活用を推進していく取組みとする。

　ITシステムの投資には、会社としても大きな費用をかけて導入しているケースがほとんどだ。うまく活用して成果につなげることができれば、そのシステム変革は成功に近づいていく。活用のモニタリング、改善・活用支援、成果の共有がシステム変革プログラムの定着には必要な要素となる。

●業務プロセスを見直した業務変革のケース

ケース１：やりやすいやり方（以前のやり方）に戻る

　新たなプロセスフローや業務マニュアルをいくら整備しても、業務の現場側は必ずしもそれらを見て新たな業務を進めていくとは限らない。以前のやり方に慣れ親しんだ人ほど、いつの間にか慣れたやり方に戻ってしまうケースをよく見てきた。このケースもしっかりとしたモニタリングが必要になる。誰が実施できている、できていない人は誰か、実施できていない原因は何かを探ってどこに問題があるのかを明確にしていく。

・マニュアルがわからないなら、わかりやすく修正する
・マニュアル、プロセスを見ても実際の進め方がわからないなら、一緒に業務を実施していく伴走型のサポートも有効だ
・定義した役割分担が実際には適していないケースなどは、その問題を拾って新たな役割分担を検討し再定義する

　いずれにしても、業務を実施する際に想定しえなかった問題が発生するのでそれを拾い、対応する役割が必要になる。

ケース２：新プロセスの効果がわからない

実際に新たなプロセスで業務を進めてみても、当初ねらった効果がでているのかわからないケースもあり、新たなやり方に疑念が生じるようなケースだ。この場合は、事前にKPIを設定する。期間短縮が新プロセスのねらいなら、測定するプロセスを明確にして、KPIを測定する。KPIを測定してねらいどおりに結果が出ているケースでは、その結果をしっかり社内に展開して、効果をアピールすることも新たなプロセス定着には非常に有効だ。

　業務プロセスの定着もシステム変革と同様に、実施状況のモニタリング、改善・伴走的な支援、成果の共有が定着には必要な要素となる。

●組織構造の変革のケース

　この変革は組織構造の変更で、組織やチームの編成方法を変更することで変革を試みる取組みになる。

ケース1：業務プロセスが不明確、組織間の連携が不明確

　組織の構造変革でよく起こるのが、詳細のプロセスまで定義せずに大枠のプロセスで組織、チーム編成を変更してしまうケースである。このような場合には、すぐにまた組織変更が起こることがよくある。そこで、組織間（チーム間）のインプット／アウトプットをしっかり定義する必要がある。いまや、業務は部門横断で進んでいくことが多い。どこかの部門のアウトプットが次の部門のインプットになり、それが最終どの部門にわたって顧客に出ていくのかなどの定義をしていきながら、プロセスを明確にしていく必要がある。

ケース2：役割責任が機能しない

　組織の構造を変えることにより、役割責任がいびつになるケースもよくあることだ。このような場合にも、ケース1と合わせてプロセスの見直しと合わせて役割責任もセットで見直す必要がある。組織構造の変革の場合は、時代の変化に合わせてコンセプトベースのねらいはあるのだが、実際の業務を行う人のレベルまで落ちた詳細の検討はなされていないケースが多い。構造が変わったことによる、プロセス、役割責任の具体化を行うための役割を設けて、その役割がしっかり問題を拾い上げて詳細の検討を進めていく必要がある。

　いずれのケースにおいても、運用フェーズに入れば、KPIを設定して四半期、半期などのマネジメントサイクルでKPIの見える化を行い、定着度合いをチェックすることが必要になる。これらを運用体制チームが主体となって実施し、定着に向けた活動を行っていく。

③-3 改善活動

　これまでも述べたとおり、変革活動は変革の成果を享受できるかどうかは運用・定着フェーズ（サービス）での結果に大きく依存する。運用・定着フェーズの体制構築の章の中でも述べているが、運用・定着フェーズで成果を確実に得るためには、運用後にもさまざまな改善活動に取り組む必要がある。ここでも、いくつかの会社での事例をもとに改善活動の中身を紹介する。

　A社は、改善活動を研究開発の生産性向上ととらえて、組織横断的な

活動として実施している。幅広い組織から、実務者層を中心にした取組みとすることで、実務者の変革内容に対する深い理解と、高い当事者意識の醸成を図ることができ、生産性の向上に貢献することとなった。

　この会社ではベンチマーキングの手法を活用し、継続的に自社内での比較にとどまらず他社データとの比較をすることで、同じ業界内での他社との差異を確認し、ポイントが他社より悪い個所に関して対策の検討チームを編成し、改善活動を継続していった。その中でさらなるトレーニングを行ったり、外部の有識者からの講演活動を行うなどで、個々人のスキルの育成、成長につなげたり、他社とのネットワークの構築を行ったり、自社にあった形式での取組み手法にカスタマイズしたりして、変革の取組みを進化させていった。

　このような改善活動は定期的にメンバーを入れ替えながら実施され、変革の意思を持ったメンバーをチェンジエージェントとして社内に広げていった。グローバル企業であるこの会社では、当初日本国内でこのチェンジエージェント活動が行われていたが、その後は海外でも同じようなチェンジエージェントの活動を展開し、グローバルで方向性を同じにした改善の取組みを行っていった。改善の成果は冒頭で述べたベンチマーキングのデータを取ることで、取組み結果を評価して、再度次の取組みに繋げていくサイクルを構築した。

　もう1つの取組みは、運用・定着フェーズに向けてPMO組織を構築し、変革シナリオに沿った取組みを継続していった事例である。変革プログラムの構想段階でのゴール定義（売上目標、プロセス改善目標、人材関連目標など）に対して変革のシナリオを作成し、そのシナリオ実現に向けた取組みをPMOで策定し、関係する部門メンバーを巻き込んで改善検討を行っていった。この会社では、新製品開発のプロセスのやり方を大幅に変革する取組みを行い、いつのタイミングで何を実現する、ということをロードマップのように示して、部門の中で共有していった。取組みの中には、プロジェクトの立上げ段階でのプロセスを改善したり、製品開発の計画の見える化を全製品開発プロジェクトに展開したり、人材育成の取組みであったりと多岐にわたっている。

　取組み計画を立案し、四半期単位で振り返りを行い、取組みの継続、

終了の判断を行う。また終了した取組みがあれば新たな取組みを提案し、次の取組みを立ち上げて実行計画を立案し、改善施策の検討を行う。

この会社では大きな成果を2つの取組みで出している。1つは開発する中で問題が多発することに対する問題解決の強化を行ったことだ。これまで製品開発が終盤になると不具合が多発して、火消しの人員投入や後戻りなどが問題となっていた。開発現場では問題が起こっても、結局自分たちで何とかしなければならない状況にあるため、問題を早期で打ち上げることをせずに、一度謝れば良しという状況にするために、問題をぎりぎりまで打ち上げることをしなくなっていた。

そのような状況では、当然問題に対して打つ手も限られており、QCDのどれかを犠牲にするしかなく、追い込まれた中で開発現場は疲弊している状態にあった。そのような現状に対して、変革目標に品質に関する指標や個人の残業時間の削減などを盛り込んでいったので、これらの問題に対する対応を検討した。その結果、部門のトップを巻き込んだ問題解決の場をつくり、そこに問題を打ち上げて対策を検討することを行った。

これらを実施する上では、部門トップに対して、いくつかのお願いごとを行った。問題を一緒に解決する姿勢を見せること、ときにはアクションをトップ自ら持ち帰り、対応すること。問題を打ち上げてきた人を批判しないこと。当時の状況では、開発現場側ではトップマネジメントへ問題を打ち上げることに対して、結局は怒られるだけで何もいいことはないとの認識だった。この問題解決の仕組みを立ち上げた当初も、現場側はどうせ上げてもいつもと変わらないだろうとの認識で抵抗を示したが、そうしたことがないように運営することで説得し、問題解決の場へ問題を打上げて、対策を議論していった。

週次での問題解決の検討を何度か続ける中で、トップマネジメント側が一緒に問題解決の姿勢を見せることで、現場側の意識に変化が起こり、進んで問題を打ち上げるようになった。その結果さまざまな問題の解決が促進し、不具合減少や開発後戻りの工数の削減につながっていき、変革の目標をクリアすることになった。

もう1つは、開発予算の超過に関する問題に対する改善の取組みだ。製品開発がハード中心の開発から、ソフトの開発の要素が大きくなり、

開発費用が増大し、問題発生などもあり予算超過も毎年大きく問題となっていた。開発費用超過抑制も変革1つの目標となっており、それに対する取組みも必要となっていた。

　従来は部門予算制度で予算管理をしていたため、製品開発ごとの予算の見える化が難しい状況になっていた。誰がいくら使っていて、この先どれくらい使うのか、などが見える仕組みにはなっていなかった。そこでプロジェクト × 開発機能 で予算の見える化を検討し、予算立案を製品開発 PJ のリーダーに責任を持たせ、各 PJ リーダーから各機能へ予算を配分するような仕組みにしていった。予算立案段階で機能ごとにいくら必要なのかを明確にしていき、PJ リーダーと機能開発側のリーダーが予算を折衝する形で、「何を開発するからいくら必要になる」「予算が不足するので開発を効率化する」「開発しない機能を決める」などを議論する場を設けて予算立案を行う仕組みへ変更した。また予算執行が始まると、月単位での予実対比をするだけでなく、「プロジェクト × 開発機能 で今後いくら使っていく見込みなのか」「それが予算に対して超過するのかどうか」も見える形にした。

　プロジェクトのライフサイクルではなく年度予算制度なので、プロジェクト通期で開発費を見ることはできないが、少なくとも年度の中で先を見据えていくら使うのかを見えるようにすることで、超過見込みの開発機能に対しては、早めに削減検討を促すことが可能となり、打つ手が多くある段階で検討できる仕組みとした。予算の状況は製品開発に関わるプロジェクト予算、部門維持に関わる部門予算、将来投資に向けた先行開発予算と3つの区分で見える化していった。月次で前月の予算消化結果と将来の見込みを見える化していき、見込みの超過の大きなプロジェクト × 開発機能 に対して、報告を依頼し、削減対応案を議論する場としていった。その結果、予算超過はこのコストマネジメントの取組みを実施する前後で大きく変化していった。このコストマネジメントの取組みは、担当する人がいたことにより、その後も部門トップが変わっても継続して取り組まれていく活動となっている。

　このように改善活動の取組み事例をいくつか紹介したが、変革プログラムの実行フェーズ（システム）でつくった仕組みの改善だけでなく、

それ以外にも組織として変革の方向性に合わせて組織を改善していく取組みを行っていく必要がある。これらを継続して実行することで当初の変革目標を達成したり、新たな目標を設定することで、組織としてより良い状態となり、外部環境の変化に対しても迅速に対応する素養を組織に持たせることになる。

③-4 変革定着度調査

　変革プログラムは、運用・定着フェーズにおいて変革がきちんと定着しているかどうかをチェックする必要がある。その結果を受けて、改善活動にフィードバックし、変革を定着に向けて動かす。定着についての判断をするためには、実行フェーズ（システム）の段階で、あらかじめ達成目標とその値を決めておく必要がある。達成目標値は変革活動の内容により異なることになるが、変革により何が良くなるのかを明確にして、その部分の改善目標を定義し、その結果により定着度合いを判断していくことになる。DXによりモデルベースで開発を行う際には、以前に比べての開発効率を各種設定し、その値を測ることにより、きちんと変革の内容が実践されているのか、当初のねらいどおりの成果を出せているのかを確認することができる。新たなプロセスによりどれだけの新製品が上市できたか、計画遵守度がどれくらいか、事業の売上に貢献する場合は売上利益が目標値に達成するかなどで評価する。事業目標、プロセス目標、人材目標などいくつかの目標値を設定して、変革後の実施方法からその定着度を測る。

　また、当初設定している目標値以外でも、定性的なアンケートなどを各種の機会で実施して定点観測し、変革の浸透度、定着度を見ていくことも実施する必要がある。定義した達成目標では、中間、期末など節目のタイミングでしか測りにくいのかもしれない。そこで、それ以外の定性的なアンケート調査を、期中の全体会議の場や、変革の活動成果報告の場などを設定することで、今の段階での実践度や定着度もそのアンケート結果から確認できるかもしれない。たとえば、新たなプロセスを実践できているか？ 新たなプロセスを理解しているか？ などの質問でも浸透度、定着度を中間指標的に見てとれる。その結果を改善活動や、変革定着調査のアクション事項として、次の活動にフィードバックすることができる。

③ -5 変革定着アクション実施

　変革定着度調査により、当初の設定の目標値に達していないなどの状況が明確になったときには、その原因をきちんと分析し、対応策を検討するなどの対策に動く必要がある。変革活動自体は、簡単には定着するとは考えない方が賢明であり、変革の定着に向けては根気強く考えていく必要がある。変革の取組みを始める際に「3年ぐらいで定着させたい」という話をよく聞くが、大体は3年という期間で変革が定着することはなく、最低でも5年程度はかかっている印象がある。たとえば、プロジェクトで製品開発を行う開発プロセス変革にしても、プロジェクトチームを組んで検討していくことはできるが、本当の意味でスキルを有した人材が集まり、各自の専門知識を持ち寄り、より良い検討を行い、プロジェクトチームの中で意思決定していくようなことができるようになるまでには時間がかかる。また、それらのプロセス変革を組織の中すべての製品開発に広げて実施していくケースを考えた場合でも、すべてのプロジェクトできちんと関連する部署間の整合性を確保して、リスクも考慮したような計画をつくるには非常に時間がかかる。すべての製品開発プロジェクトの計画を可視化して、マネジメントできるようになるまでには、かなりの時間を要することになる。

　新たな変革には、当然人材の育成がつきものである。人材育成に時間がかかることは理解すべきで、成長していくまでの間、その部分を何で補いながら変革の歩みを進めていくか、分析をしながら足りない部分、できていない部分を明確にし、その変革定着に向けた新たなアクションを起こしていく、変革定着に向けては、このような地道なやり方しかないのではないか。

　外部環境の変化が激しく、競争が激化している時代には変革は不可欠であり、変革を進めるためには、社内のメンバーの共感を得ながら進めることが必須である。そのためには変革におけるチェンジマネジメントが重要であり、あらゆる企業でチェンジマネジメントを正しく理解し、その手法を用いながら、迅速かつ丁寧に変革を進めることを切に願う。

第**4**章

チェンジマネジメントと組織論

変革の取組みはなぜうまくいかないのだろうか？　変革とは、「やること」を変える取組みであり、現状破棄の視点で破壊的な創造を始めることである。これまで私たちが得意としてきた改善とは、各段に難易度が高い取組みである。変革の取組みの成功確率を高めるには、これまで2章、3章で論じてきた、チェンジマネジメントの理解や方法論などの技法を身に付けることはもちろん必要ではあるが、それだけでは十分とは言い難い。変革を行う組織そのものが、変革への対応力を身に付けた組織カルチャーをもつ必要がある。4章では、変革を起こしやすい組織とは何か？チャレンジしやすい組織とは何か？　結果を出しやすい組織とは何か？　などの変革に必要となる組織カルチャーを論じていく。

　私たちは、変革の成功確率を高める組織カルチャー、つまりチェンジアジリティが高い組織には、3つの成功因子が存在すると結論づけた。1つは心理的安全な組織であること、1つは行動／やり遂げる組織であること、そして学習する組織であることである。それぞれの組織の特長を整理し、その組織をつくるためにリーダーがやるべき15のことを整理した。また、チェンジアジリティを測るツールを紹介する。具体的な企業での調査も実施しているので、その結果もフィードバックしたい。

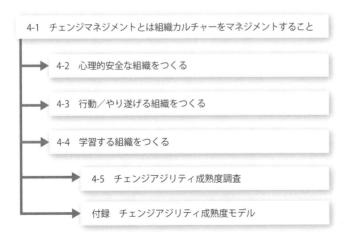

4-1　チェンジマネジメントとは組織カルチャーをマネジメントすること

4-2　心理的安全な組織をつくる

4-3　行動／やり遂げる組織をつくる

4-4　学習する組織をつくる

4-5　チェンジアジリティ成熟度調査

付録　チェンジアジリティ成熟度モデル

1 チェンジマネジメントとは 組織カルチャーをマネジメントすること

■変革は夢物語なのか

　これまで、2章ではチェンジマネジメントの概要を、3章ではチェンジマネジメントの方法論やツールなど、変革を最善に進める技法について論じてきた。読者の皆さんの中には、方法論は知っていたし、その方法論に従って実践してきた方も少なくないはずだ。しかしながら、その大半の人から変革はうまくいかなかったと耳にする。なぜだろうか？筆者はその原因は「耕された肥えた土地」ではない土壌に一生懸命種をまき水や肥料をやっても、キレイな「花が咲く」ことはないのと同じ理由ではないかと思っている。

企業変革に成功した企業は、わずか22%

　ポール・A・アルジェンティらが『企業変革に成功する企業は何が違うのか（HBR 2021年）』の中で、企業変革の成功確率を調査している。ちなみにこの調査における「企業変革」とは、ビジネスのやり方を根本的に変えることにより、経済的・社会的インパクトを生み出すことと定義している。
　私たちは、この企業変革の成功確率を高めるためには、チェンジマネジメントの方法論の体系化やその普及だけでは不十分だという結論に至った。変革を夢物語で終わらせないためには、「土地を耕す」、つまり変革を起こしやすい組織、チャレンジしやすい組織、結果を出しやすい組織とはなにか？　その組織カルチャーとは何か？　これらを議論する必要がある。4章では、これらを実現する組織能力を「チェンジアジリティ」と定義し、アジリティ度を測定するツールやチェンジアジリティを生む組織カルチャーのつくり方をまとめている。

【目に見えるモノ】 組織環境のハード面 （組織構造）	ビジョン・戦略 制度、仕組み 業務プロセス
【目に見えないモノ】 組織環境のソフト面 （組織カルチャー）	働き方 行動特性・判断基準 価値観・想い

　また、この調査では、「従業員重視の取組みを熱心に行っている企業ほど企業変革を成功させている」と報告されている。目に見える組織環境のハード面、つまり戦略や業務プロセスの精度を上げる以上に、目に見えない組織環境のソフト面、つまりチームの価値観や働き方などの組織カルチャーの変容が、企業変革の成功に与える影響が大きいと言える。アジリティのある組織カルチャーに変容できた企業こそ、変革成功への近道である。変革も植物を育てると同じように、適切な土壌に、適切なプロセスを踏むことが必要なのだ。そうすればきっと、最後には「花が咲き、実がなる」はずだと信じている。

■わかるようでわからない組織カルチャー

　組織心理学の父といわれるエドガー・H・シャインは、組織カルチャーには3つのレイヤーがあると提唱している。目に見えるモノ（「人工物」）として、社名やロゴ、オフィスのデザインがある。目に見えないモノとして「価値観」とより深層的な「基本的想定」が存在し、それぞれを自分の所属している組織の雰囲気や人間関係に対する考え方、その組織にとっての「あたりまえ」「無意識」なものであると定義している。これらは、社員の行動や判断に影響を与えるものであるとしている。

　組織カルチャーは、そのほとんどをはっきり目にすることができず、

チーム内で暗黙的に共有されている仕事の作法や習慣化された仕事の判断、個人や組織のこうしたいという想いや意思など、「これまでの組織メンバーに共有された信念、価値観や規範のセットである」（出所：『ゼミナール経営学入門』伊丹敬之／加護野忠男著　日本経済新聞出版2003年）。つまり、組織にとっての「あたりまえ」の積み重ねによって組織カルチャーが形成されていく。

　非の打ち所がない戦略を実現するのも、優れた仕組みや業務プロセスを機能させるのも、土台となる組織カルチャーに左右される。しかしながら、わかるようでわからない組織カルチャーを言語化、共有化し、コントロールすることは一筋縄ではいかない。組織カルチャーをマネジメントすることは経営課題の1つであるといえる。

　また、この組織カルチャーは、時間の経過とともに純度を高めていくようだ。高いスキルがあり、人間性に問題がなかったとしても、所属する組織のカルチャーにそぐわなければ、かなりのストレスを感じ能力を発揮できず燻ってしまう。そういう人は自然と淘汰され、「あたりまえ」を「あたりまえ」と思える者だけが残っていく。以前観たテレビ番組で、採用においてWillとSkillの話をしていた経営者を思い出した。Willの共有はかなり骨の折れる活動である。したがって、中途採用による即戦力の人材も必要だと思うが、Willを共有する時間とSkillを育成する時間を天秤にかけ、新卒採用しか行わないという。

■なぜ人は行動を変えることができないのか

　変革の必要性が謳われてから20数年が経過している。皆さんもその必要性については、疑いないところだろう。しかしながら、変革にチャレンジしている人が少ないのも事実である。人はアタマでわかっていても行動をとるかどうかは別問題である。
・やりとげる自信がない
・自分がやらなくとも、誰かがやってくれると思っている
・自分の立場でやるべきではないと遠慮している
・何をやってもうまくいくはずがないとあきらめている

・正解がないものにチャレンジしたくない

・ほかの人が協力してくれないことがわかっている

　チャレンジしない理由（言い訳）は枚挙に暇がない。社会心理学者のイティック・アイゼンが発表した「計画的行動理論」では、人が行動するかどうかは、その行動が「行動をとることが良いとする（態度）だけではなく、社会的常識に反していないか（規範）、行動を実行できる力量があるか（持続可能性）どうか」を考慮した上で行われるという。変革が求められている環境下で、アタマでわかっていても行動できない理由は、「いままでうまくいっているんだから、余計なことをするな」「失敗は許されない」として、チャレンジの行動が良しとされない。また「他部署の仕事に口出しするな」というこれまでの組織の常識から脱却できないためではないだろうか。

　人が行動する過程において、「ワクワク感」が影響を与えている実験結果が報告されている（出所：『計画的行動理論とワクワク感による実証研究』正木郁太郎著　2019年）。つまり、行動には、動機付けとなるワクワク感が重要なのだ。また、別の調査では、そのワクワク感を導出するものとして、新たなことに挑戦する、新しいものを創造する「高揚感」、仕事そのもののおもしろみなどの「充足感」、好ましい結果を出せると確信する「自己効力感」などを挙げている（出所：『仕事におけるワクワク感に関する研究』井上亮太郎ほか著　日本感性工学会論文誌2020年）。

　ワクワク感の導出するものとしてもう1つ、「自己決定感」がある。先の調査においても、上級職は一般社員と比較して、自ら意思決定することが多くなったことで、仕事に対してワクワクすることが増えたと報告されている。また、『コミュニケーション・マーケティング』（山口正浩著、同文館出版　2010年）の中で山口正浩氏は、モチベーション・コンター・マップを設計し、自己決定感の重要性を説いている。筆者も、初めてプロジェクトマネジャーを任されたときは、これまでと違い圧倒的な仕事の面白さを感じたものだった。面白いので（ワクワクしているので）いろいろ考え、どんどんチャレンジした記憶がある。こうした思考、行動が自分自身の成長につながることになる。

●図表 4-2　ワクワクを導出する因子

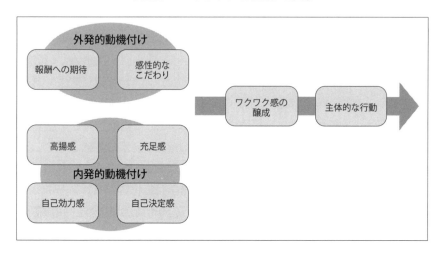

　しかしながら、現実はワクワク感をうまく醸成できていないようだ。前出の井上氏が実施したアンケート結果（2018 年に日本全国の 20 代〜60 代の有職者 1,034 名に対して実施）によると、仕事でワクワクしている人は全体の 10％に過ぎず、一方ワクワクしていない人は半数近い 45％程度になっている。この数字からみても日本企業において変革のチャレンジが進まない理由がわかる。

■ 2割に注力する

　筆者は、行動変容を促す研修の機会をいただいている。研修を企画する人事部には、「参加者のうち 2 割の人たちが、本気で自分を変えていくのだと思い行動をしてもらえれば、この研修は成功だと思ってください」と言っている。決して自分の研修の成功確率を上げるための詭弁ではない。

　働きアリの法則（2-6-2 の法則）をご存じだろうか？　アリの世界では、よく働く（食料のおおよそ 8 割を集めてくる）アリと、普通に働くアリと、ほとんどサボっているアリの割合は、2：6：2 であるというものである。2：6：2 の下の 2 であるサボっているアリを取り除いてみても、結果残っ

た8割のアリの中の2割が働き、2割がサボるようになるというのだ。

　人間社会も同じである。ただし、筆者は、2：6：2の上の2に属する人たちを、よく働く、たとえば営業成績が良い集団ではなく、現状の仕事に対して常に問題意識を持ち、変える行動をとる人の集団であると定義している。もちろん、問題意識は持っているが、居酒屋での愚痴や批判に終始していては何も変わらない。人の行動変容を導くには、行動を促し、小さくてもよいのでクイックに成果を出すことが肝要である。そのためには、3つのギャップを打ち破る必要があるとされる。

　最初は、認知のギャップ。何が問題なのか？　課題を認識しないことには、行動できない。次は、行動のギャップ。課題を認識しても、行動を起こさなければ何も変わらない、成果などおぼつかないのである。そして3つめは、スキルのギャップ。重い腰を上げ、折角行動を起こしても、成功させるための知識・スキルがなければ成果にたどり着くことはできない。問題にチャレンジし、成功体験をつくることが人の意識や行動を変える近道だと信じている。

　変革を進める中で、こうした上の2割の人たちが、どうしたらワクワク感を持って変革への行動をとるのかに注力すべきである。上位の2割の人が成功体験をもち、周りから行動や成果が認知され始めると、マジョリティの6割の人たちが動き出す。みんな勝ち馬に乗りたいのだ。成功体験を共有する、どんどん人目に付くように仕掛けてあげればよい。下位の2割の人たちをムリやり1つ上の6割に引っ張り上げる必要はない。ただし、気を付けなければいけないのは、この2割の人たちが上位の2割の行動のジャマをする行為である。そこにさえ目を配っていれば、組織は変わっていくものと信じている。

■求められるダイナミック・ケイパビリティ

　ダイナミック・ケイパビリティは、UCバークレー校ハースビジネススクールのデビット・J・ティース教授によって提唱され、日本では、2020年ものづくり白書の中で取り上げられた。

　ティース教授は、「世の中の変化を敏感に感じ取り、機会や脅威を感

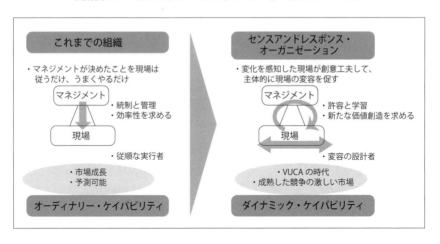

●図表 4-3　センスアンドレスポンス・オーガニゼーション

これまでの組織

・マネジメントが決めたことを現場は
　従うだけ、うまくやるだけ

マネジメント

・統制と管理
・効率性を求める

現場

・従順な実行者

・市場成長
・予測可能

オーディナリー・ケイパビリティ

**センスアンドレスポンス・
オーガニゼーション**

・変化を感知した現場が創意工夫して、
　主体的に現場の変容を促す

マネジメント

・許容と学習
・新たな価値創造を求める

現場

・変容の設計者

・VUCA の時代
・成熟した競争の激しい市場

ダイナミック・ケイパビリティ

知する能力（センシング）が必要であり、その機会を捕捉し、競争優位
を確保するために、自社のみならず必要な資源を再構成、再結合する能
力（シージング）を持ち、競争優位性を持続可能なものにするために組
織全体を変容できる能力（トランスフォーミング）が求められている」
と指摘している。このトランスフォーミングの実現において、チェンジ
マネジメントが必要となる。チェンジアジリティを高め、組織を変容で
きる組織カルチャーを創造し、変革の取組み成果を１つひとつ組織に落
し込んでいく。

　市場が安定的に成長し、将来において予測可能な環境下における従来
型の組織（オーディナリー・ケイパビリティが高い大企業に多い）では、
マネジメントが方針を決め、現場ではそれに従い効率よくうまくやるこ
とが求められていた。つまり、マネジメントのスタイルは、統制、管理
が適している。一方、不確実性の高い現代では、センスアンドレスポン
ス・オーガニゼーション（ダイナミック・ケイパビリティが高く、カテ
ゴリー・キラーの中堅企業やベンチャー企業に多い）が求められている。
現場が変化を感じ、主体的に現場を変えるための発言、行動をとっていく。
次第に社内での暗黙のルールや規範となり、それが認知され、会社の制
度や仕組みとなっていく組織である。この組織は、現場サイドからさま
ざまな意見が沸き上がり、責任をもって、やり遂げる集団となる。

■チェンジアジリティ成熟度モデル

　私たちは、変革が起こりうる組織カルチャーについて議論を重ねてきた。変革を促す仕組みや制度は何か？　変革にチャレンジする精神や人とのもしくは組織との関係性は何か？　ブレストを通じて、できるだけ多くの要素を洗い出した。その要素をグルーピングし、それぞれを組織環境のハード面（組織構造：制度や仕組み）とソフト面（組織カルチャー：人の意識や関係性）に分類整理した。

　変革に必要な組織カルチャーについて3つの成功因子を導き出し、チェンジアジリティ、つまり「社内外の経営環境の変化を捉え、変革・イノベーションを起こしうる活動を創造、受容し、推進する組織能力」を測定するチェンジアジリティ成熟度モデルを開発した。変革を成功裏に収めるためには、この組織のチェンジアジリティを高めることが肝要となる。

① 心理的安全な組織

[問い] 組織は、新しいことにチャレンジすることは推奨され、取組みや成果を評価する仕組みが存在しますか？

心理的安全な組織	組織は、新しいことにチャレンジすることは推奨され、取組みや成果を評価する仕組みが存在しますか？	1	新しいことにチャンレンジすることがない。
		2	新しいことにチャンレンジすることは推奨されているが、チャレンジに対する評価の仕組みは存在しない。失敗すると厳しい評価がなされる。
		3	新しいことにチャレンジすることは推奨され、取組みや成果を評価する仕組みが存在する。しかしながら、依然として失敗すると厳しい評価がなされる。
		4	新しいことにチャレンジすることは推奨され、取組みや成果を評価する仕組みが存在する。成功のみならず、積極的な失敗や次につながる失敗などはきちんと評価される。
		5	新しいことへのチャレンジが当たり前となり、成果を問わず公正に評価されるため、安心して積極的にチャレンジできる。また、チャレンジを促進する仕組みが継続的に構築されている。

心理的安全な組織とは、新しいチャレンジが「あたりまえ」になり、成果を問わずチャレンジそのものが評価される組織である。チャレンジへの強い抵抗感の最大の原因は、失敗に対して厳しい評価がなされることによる。過去の自分自身の経験、もしくは仲間の顛末などを目の当たりにして、チャレンジに躊躇してしまう。

② 行動／やり遂げる組織

[問い] 企業／事業部で変革／イノベーティブな活動が実施されており、成果を出すための支援の仕組みも整備されていますか？

行動／やり遂げる組織	企業／事業部で変革／イノベーティブな活動が実施されており、成果を出すための支援の仕組みも整備されていますか？	1	企業／事業部で変革／イノベーティブな活動がない。構想すらされていない。
		2	企業／事業部で変革／イノベーティブな活動が構想されるも、活動は部分的にとどまっている。
		3	企業／事業部で変革／イノベーティブな活動が実施されており、成果を出すための支援の仕組みも整備されている。
		4	企業／事業部で変革／イノベーティブな活動が実施されており、組織横断的な活動にも及んでいる。
		5	企業／事業部で変革／イノベーティブな活動が実施されており、組織横断的なシナジー効果が出始めている。継続的な活動として定着している。

　アクションを起こすことだけにとどめず、しっかり最後までやり遂げることにこだわる必要がある。したがって、チェンジアジリティ成熟度モデルを考える上で、やり遂げるということをキーワードに据えている。やり遂げるためには内発的動機付けによる行動が大切だ。

③ 学習する組織

[問い] 個人が、自らの「能力」と「意識」を高め、組織の課題にチームで協働できる環境が整っていますか？

学習する組織	個人が、自らの「能力」と「意識」を高め、組織の課題にチームで協働できる環境が整っていますか？	1	変化を感じられない。対応もできていない。
		2	変化を感じているが、対応が個人に依存している。
		3	組織として、変化を感じ取り、問題に対応できている。
		4	個人が、自らの「能力」と「意識」を高めている。組織の課題にチームで協働できる環境が整っている。
		5	自己実現の高い個人と個人が集結し、常に学び高め合い、新しい組織のあり方を考え、創造している。

　行動／やり遂げたことを内省し、組織内での対話を通じて表出化を試み、知識化できる組織である。リーダー自らが率先して体現し、組織カルチャーづくりに着手しなければならない。

　これら 3 つの成功因子には関係性がある。もっとも重要な因子は、心理的安全な組織である。心理的安全な組織づくりをないがしろにして、行動を取る仕組みやメンバーみんなが学習できる仕掛けをしても効果は限定的となる。組織カルチャーづくりは、① 心理的安全な組織、② 行動／やり遂げる組織、そして③ 学習する組織への変容を目指し、順序だてて取組むことが効果的である。

　変革における組織カルチャーの成功因子ごとに、状態を確認する設問を用意し、チェンジアジリティ成熟度モデルを 5 段階で評価できるようにしている。現時点での成熟度レベル、定期的な評価による組織の成長過程を理解し、今度の成長に向けたアクションプランが描きやすいように工夫してある。

Level 1：硬直的

　チェンジアジリティ成熟度モデルの Level1 は、現状維持を好み、変われない組織である。変化に対して、過剰なまでに抵抗し、嫌悪感を抱く人たちが多い組織である。

Level 2：場当たり的

　Level2 では、一部の個人が場当たり的な行動をとるケースがあるが、

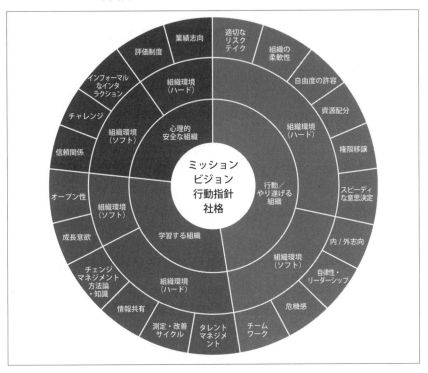

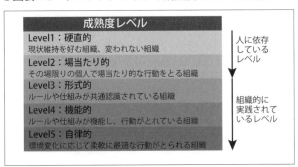

大多数のメンバーは静観していることが多い。個人の活動なので、成功する確率は極めて低い。まだ組織内で変革やイノベーションなど変化に対する共通認識が確立されていないため、ある種の変化アレルギーとなり、抵抗勢力と真っ向勝負せざるを得ない。

Level 3：形式的

　Level3 では、組織の中に変革やイノベーションを推進しやすいルールや仕組みが存在し、共通認識されている状態である。ただし、行動までには至らず、成果は限定的である。

Level 4：機能的

　Level 4 の段階では、変革やイノベーションを推進しやすいルールや仕組みが周知徹底され、機能している状態である。すべてのメンバーは、ルールや仕組みの意味を理解し、行動が始まっている。

Level 5：自律的

　成熟度が Level5 になると、環境変化に応じて、柔軟に最適な行動がとられる。Level 4 の変革やイノベーションを推進しやすいルールや仕組みが、メンバーによって自発的に最適化されていくため、ルールや仕組みは決して陳腐化することはない。すべてのメンバーが最適化することを意識しているため、最適化される回転は速く、変えることへの抵抗も少ない。

　チェンジアジリティ成熟度モデルを活用し、自分たちの組織能力の現在地を認知し、将来の成長に向けたアクションプランを策定してもらいたい。定期的に測定することで、アクションプランの効果など検証することができる。それぞれの因子の成熟度を測定する質問項目は付録として添付している。ぜひご活用いただければ幸いである。

2 心理的安全な組織をつくる

■帝京大学ラグビー部の「脱・体育会イノベーション」

　大学ラグビー界で、すばらしい成果を上げたチームがある。帝京大学ラグビー部である。いわゆる伝統校を差し置き、2009 ～ 2017 年度まで9連覇を成し遂げた。1年ごとに相当数の選手が入れ替わる学生スポーツでの偉業である。しかしながら、勝って「あたりまえ」の常勝軍団も、3 年間優勝から遠ざかった。2021 年度に 4 年ぶりの優勝を果たすまでの 3 年間を、当時のラグビー部監督であった岩出雅之氏は、組織のありかた、学生への指導方法、モチベーションの高め方などすべてを根本的に見直した時期と振り返っている。

　1996 年に岩出氏が監督に就任して以来、一貫して「脱・体育会イノベーション」に取り組んできた。「脱・体育会イノベーション」とは、これまでの体育会であたりまえとされた部内の雑用を、下級生である 1、2 年生から 4 年生に変える、つまり軍隊組織の原型といわれるピラミッド型を逆にすることにあった。環境の変化、能力や体力の違いなど心理的な余裕がまったくない下級生の負荷を減らし、ラグビーの練習や勉強に打ち込める環境をつくってあげたのだ。

　岩出氏は「脱・体育会イノベーション」をこう語っている。「脱体育会系とか先輩が雑務をするとかがすべてではなくて、そういう先輩の姿を見て後輩は感じるところがあるだろうし、いまの学生は昔のようにタテの関係でやると潰れてしまう。潰さないためにも、最初は余裕を持たせて自己容認させる。自分のことを知る時間を下級生のうちに持たせながら、少しずつ負担を増やしていくというかね。目の前にいる上級生にいい見本を見せてもらうのが、下級生には一番わかりやすいので。」（出所：『number WEB』2019/8/21）。

　筆者も、大学で体育会スキー部に籍を置いていた。上級生は絶対的な

存在だった。その上級生たちが率先して、部内の雑用をこなしていく姿を見て、何も感じない下級生はいないであろう。この「逆ピラミッド化」は、下級生からみて上級生がいやな存在、ああはなりたくない存在から、目標とする存在、あこがれる存在へと変えることができた。岩出氏は、この「脱・体育会イノベーション」の狙いは、心理的安全性の確保だとはっきり言っている。

■グーグルのプロジェクト・アリストテレス

グーグルでは、効果的なチームの特長を明らかにするため、2012年にプロジェクト・アリストテレスという取組みを行った。世界中の180のチームを対象に、メンバーのスキルや性格、年齢・性別といった人口統計学的な属性など「チームの構成」と、メンバー間の関係性など「チームの力学」が、チームの効果性、つまりチームの生産性にどう影響しているかを調査したものである。グーグルは、その調査の中で「5つの成功因子」を発表した。

①チームの「心理的安全性」が高いこと

心理的安全性とは、他のメンバーに対して「このチームなら大丈夫だ」と信じられる状態のこと。チームメンバーは、自分の過ちを認めたり、新しいアイデアに対して誰も自分を貶したり、馬鹿にしたりしないと信じ合っている。

②チームに対する「信頼性」が高いこと

チームメンバーが仕事をやり遂げるためのスキルを保持していて、クオリティの高い仕事を時間内に仕上げることをメンバー同士で信じ合っている状態のこと。一方で、信頼性が低いチームは、メンバーに責任転嫁する傾向が強い。

③チームの「構造」が「明確」であること

個々のメンバーが要求されていること、その要求を満たすためのプロ

Column

チームの生産性の実態調査

　グーグルがプロジェクト・アリストテレスで発見したチームの生産性に寄与する5つの成功因子を参考に、筆者は企業のチーム状態を測定する「チーム生産性チェックシート」を作成した。これは、部門長向けのコーチングを実施する際に活用している。

　アンケート調査により5段階評価（1：まったくそう思わない、2：そう思わない、3：どちらともいえない、4：そう思う、5：強くそう思う）していく。

　また、自由記入欄を設けて、なぜそう思うのか記載してもらうのもよい。より実態を理解するため、1on1の場で理由を聞くことを勧めている。

●チームの「心理的安全性」に関する問い

① 「私たちのチームでは、ミスをしてもそれを理由に非難されることはないと思えるか」

② 「私たちのチームでは、自分と考えが異なることを理由に、他者を拒絶するようなことはないと思えるか」

③ 「私たちのチームでは、リスクのあるチャレンジが許容されていると思えるか」

●チームに対する「信頼性」に関する問い

④ 「チームメンバーは、一度引き受けた仕事は最後までやりきってくれると思えるか」

⑤ 「チームメンバーは、作業の進捗状況など積極的に報告・連絡・相談してくれると思えるか」

⑥ 「チームメンバーは、俯瞰した視点でとらえることができ、優先順位をもって作業を進めていると思えるか」

●チームの「構造」に関する問い

⑦ 「チームメンバーは、組織目標達成のためのプロセス（ホウレンソウ、承認、意思決定など）を理解しているか」

⑧「チームメンバーは、自主性と責任を与えられ、各自の役割・責任範囲が明確であると感じているか」

⑨「チームメンバーは、各自が求められている成果を理解しているか」

●チームの仕事の「意味」に関する問い

⑩「チームのための仕事は、あなたにとって達成感を得られるものになっているか」

⑪「チームのための仕事は、あなたにとって、現状のスキルや能力に見合うだけではなく、意欲をかきたてるものになっているか」

⑫「チームのための仕事は、あなたにとって意味のあるものになっているか」

●チームの仕事の社会への「影響」に関する問い

⑬「私たちチームの仕事は、事業目標にどんな貢献をしているかを理解しているか。また、それを誇りに思っているか」

⑭「私たちチームの仕事は、お客さまにどんな価値を提供しているかを理解しているか。また、それを誇りに思っているか」

⑮「私たちチームの仕事は、社会課題にどんな影響をあたえているかを理解しているか。また、それを誇りに思っているか」

　心理的安全性に関して、部門長の評価は総じて高い。自分の組織は風通しが良い、誰もが遠慮せず発言しているなどと信じて疑わないのだが、残念ながら実態はそうではないようだ。いじめっ子といじめられっ子の関係に類似しているのかもしれない。自分の言動が他のメンバーからどう思われているのかという不安は「いじめっ子」からは見えにくい。また、チームメンバー同士でも評価にバラツキがあることもある。これも要注意である。

　心理的安全性の高い組織は、チームメンバー全員がある程度均等に発言がなされる。一部の人が不安を感じて発言を躊躇うシーンに出くわしたら、なんとかその不安を取り除く態度を示すのが、心理的安全性が高いチームである。

セスおよびもたらす成果について、メンバーそれぞれが理解している状態のこと。

④チームの仕事に「意味」を見出していること

自分にとって、仕事そのもの、またはその成果に対して目的意識を感じられる状態のこと。意味を感じていれば、行動に移しやすいし、結果を出すまで挑戦し続けられる。

⑤チームの仕事が社会に対して「影響」をもたらすと考えていること

自分たちの仕事には意義があるとチームメンバーが思えている状態のこと。家族や友人に自分の仕事の意義を熱量多く語ることができる、誇りを持っている。

グーグルで人材育成・組織開発をリードしてきたピョートル・フェリクス・グジバチは、『世界最高のチーム』（朝日新聞出版　2018年）の中で、心理的安全性が、これら5つの中でもっとも大事と主張している。「安心してなんでも言い合えるチーム」が心理的安全性の高いチームである。これは他の4つの成功因子の土台となっている。

■今、なぜ心理的安全性が求められるのか

これまでのビジネス環境では、市場は右肩上がりで成長を続け、将来に起こりうることは想定の範囲内であった。企業は、オーディナリー・ケイパビリティを遺憾なく発揮し、「業務の標準化、効率化」を行い、結果を出してきた。一方、将来において不確実性が高まるビジネス環境において、トップダウンによる指揮統制アプローチは、機能不全に陥った。求められるのは、社員の叡智の結集、つまり許容と学習のためのダイナミック・ケイパビリティである。優秀な人材の採用だけではなく、彼らが能力を存分に発揮できる職場、土壌をつくる必要がある。それが「心理的安全性」なのだ。

脳科学は、心理的安全性の重要性を示している。極度に不安を感じ

●図表 4-6　VUCA の時代に求められるもの

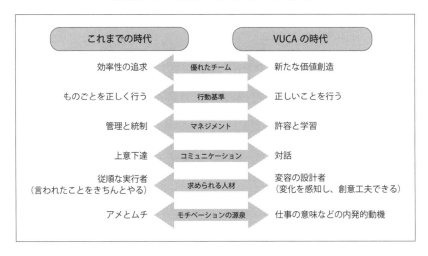

ると「胃がキリキリ痛む、手に汗をかく」など体調に変化が起こる。これらは「偏桃体（アミグダラ）ハイジャック」と呼ばれる反応だ。不安や恐怖があるとき、偏桃体はストレスシステム（HPA 系）を発動させ、アドレナリンやコルチゾールなどのストレスホルモンを分泌する。この HPA 系のストレスシステムは、窮地を脱するために必要なエネルギーを生み出しているという。心理的安全性が低い職場では、常にこのストレスシステムが発動されている状態に陥り、生理的資源が消費され、脳の作業記憶や新しい情報を処理する能力が落ちることがわかっている。

　私たちが目指す心理的安全な組織とはどのような組織なのか。心理的安全な組織では、「仲良しクラブ」からわずかなストレッチの効いた高い責任を持たせることが必要である。前出の岩出氏も「脱・体育会イノベーション」の取組みの中で失敗を認めている。

　脱・体育会イノベーションの取組みでは、雑用を徐々に1年生から4年生に移していった。2010年前後からこの取組みをスタートさせ、2015年にほぼ「逆ピラミッド型」は完成した。移行期には、1年生も4年生も雑用を経験していたのだが、2016年の新入生からほぼ雑用していない世代が生まれた。すると、下級生の上級生に対する目標や憧れの

●図表 4-7　心理的安全な組織の目指す姿

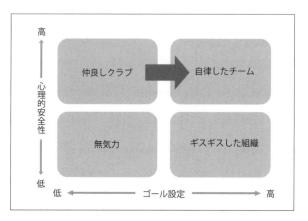

ドラムカフェのチームビルディング

　心理的安全な組織をつくるプロセスは、ドラムカフェのチームビルディングのシナリオがわかりやすい。南アフリカ共和国で生まれたチームビルディングにおけるグローバルリーディングカンパニーであるドラムカフェでは、チームビルディングを4つのステージに分けて行っている。

　最初のステップは「Breaking the Barriers（破壊）」である。私たちは、無意識のうちに組織のカベや役職のカベに発言内容や行動に制限をかけている。自分自身の強み・弱みをさらけ出し、相手の強み・弱みを理解することで、安心・安全な環境、つまり心理的安全な場をつくり出す。ドラムを活用する心理的安全な場の創造は、笑いを織り交ぜながら、ファシリテータとドラムをたたく基本的な動きを一緒になって学んでいく。慣れてきたところで、わざと失敗をさせて恥ずかしくない空気感をみんなでつくり上げていく。

　次の「Base and tone（信念）」にて、ドラムのベースリズムを理解していく。簡単なリズムでも、難易度が高いリズムでもベースは同じことである点を理解してもらう。ドラムをたたくうえではこのベースリズムが大切であり、つまりビジネスにおけるチームのMVV（ミッション・ビジョン・バリュー）が、私たちの発言や行動のよりどころになっていることを確認していく。

　さらに、「Call and response（連動）」では、チームメンバーと密なコミュニケーションを通じて、ゴールを実現していく。まさにコンサートにおいて、演者が観客に向

気持ちが生まれにくい環境となってしまった。なぜそうしているのか（本来は、下級生の気持ちの余裕と時間のゆとりを持たせたい）を理解することなく、そうした環境に甘え、「なあなあ」な関係に陥ってしまったのである。

　帝京大学ラグビー部では、そうした失敗を反省し、「逆ピラミッド型」から「ホームベース型」へと進化させた。上級生が下級生を巻込む形で役割と責任を教え込み、下級生に「自分の部の一員、運営を担っている」という責任意識を植え付けたのだ。つまり、楽しい「仲良しクラブ」から自らの成果に責任を持つ「自律したチーム」への移行を図ったのである。

かって呼びかけ、応えるかのように一体感の中での意思疎通が図られていく。

　最後に「Successful experience and celebrating（歓喜）」において、チームメンバーを称え、成果をともに喜ぶプロセスである。この歓喜が、自分自身の次への活力になり、またメンバーとのつながりをつくり、チームメンバーの活力も生まれる。

　およそ60〜90分のギグだが、参加者の高揚感、達成感にはいつも驚かされる。「あの人のあんな笑顔、あんな踊っている姿は見たことない」という感想を聞く。この時間こそチームが心理的安全な状態である。

●図表 4-8　ドラムカフェのチームビルディングシナリオ

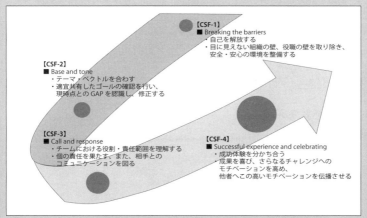

【CSF-1】
■ Breaking the barriers
・自己を解放する
・目に見えない組織の壁、役職の壁を取り除き、安全・安心の環境を整備する

【CSF-2】
■ Base and tone
・テーマ・ベクトルを合わす
・適宜共有したゴールの確認を行い、現時点とのGAPを認識し、修正する

【CSF-3】
■ Call and response
・チームにおける役割・責任範囲を理解する
・個の責任を果たす。また、相手とのコミュニケーションを図る

【CSF-4】
■ Successful experience and celebrating
・成功体験を分かち合う
・成果を喜び、さらなるチャレンジへのモチベーションを高め、他者への高いモチベーションを伝播させる

- 無気力：職場にはいるが、なにか成果をあげるために努力をすることはない。保身のことばかり考えている。組織に対して愚痴や文句を言うだけである
- 仲良しクラブ：気持ちよく仕事をこなし、社員同士でのコミュニケーションも十分である。しかしながら、新しいこと、難しいことにチャレンジすることはない。学習もイノベーションも期待できない。ワクワク感も生まれないだろう
- ギスギスした組織：対人関係の不安が大きい。多くのマネジャーは、高い目標設定と目標管理が良いマネジメントだとカン違いしている
- 自律したチーム：人々が自発的に学習を繰り返し、高いパフォーマンスを上げることができる。まさにダイナミック・ケイパビリティの高い組織がこのゾーンに当たる。

■心理的安全な組織のカン違い

　心理的安全性の概念を最初に提唱したハーバードビジネススクールのエイミー・エドモンドソン教授は、組織の心理的安全性を蝕む4つの不安（対人的なリスク）が組織には存在していると指摘する。

●無知だと思われる不安
　的外れな質問をして、「コイツ何も知らないな」などと思われたくない。もっと言えば、アタマが悪いと思われたくない。その情報は知っていてあたりまえ、そんな知識は持っていて当然と考えられている中で、不明点を聞くことをためらってしまう。

●無能だと思われる不安
　期待どおりの成果が上がらないときに、自分の力量不足を認めることは難しい。仕事ができない人と思われたくないがゆえに、失敗やミスを隠したり、他責の言い訳を探したりしている。

●ネガティブだと思われる不安

　業務の効率化を図るなど問題意識をもち、批判的な目で評価することは必要なことである。しかしながら、みんながよいと言っていることに対して、難癖付けるやつとみられるのは避けたい。人間関係に影響が出ると思うと、対立意見を出すのをためらってしまう。とりわけ上司に対してはなおさら難しい。

●邪魔をする人だと思われる不安

　みんなが合意している内容に対して、和を乱す発言をしたりすることはやめてしまう。煩わしい人、面倒くさい人に思われたくない。

　心理的安全な組織とは、これらの4つの不安がなく、メンバー同士が仲よく居心地の良い状況を意味しているわけではない。プレッシャーがないことを意味しているわけでもない。また、チームに結束力がなければならないわけでもなく、意見が一致しなければならないわけでもない。心理的安全性についてよく誤解される点を整理する。

●心理的安全な組織とは、みんなが気持ち良いことではない
　　誰もが、いつも相手の意見に対して賛成する。自分の意見がいつでも受容され、賞賛されている。心地よい状態ではあるが、これは心理的安全な組織ではない。心理的安全は組織とは、素直で建設的に反対したり、気兼ねなく自分の意見を交換したりすることのできる環境である。
●心理的安全な組織とは、目標達成基準を下げることではない
　　心理的安全な組織とは、「なぁなぁ」の関係の上に成り立っているわけではない。心理的安全性は、無気力になることなく、むしろ野心的な目標を設定し、その目標に向かって協業する環境である。
●心理的安全な組織とは、所属するメンバーの性格の問題ではない
　　明るく、社交的な人たちが集まれば、容易に心理的安全な組織がつくれるわけではない。組織で心理的に安全性が感じられるかどうかは、性格とはまったくの無関係である。

■心理的安全な組織をつくるためにリーダーがやるべき5つのこと

「心理的安全性は個人の性格の違いによるものではなく、リーダーが生み出すことができる」と前出のエドモンドソン教授は明言している。リーダーにしか心理的安全な組織をつくることができないといっても過言ではない。心理的安全な組織に変容するには、メンバーの行動にフォーカスし、それが「あたりまえ」になり、共有された価値観や規範になるまで継続することだ。

心理的安全な組織をつくり上げる要件とは、
● 本来の自分をさらけ出せる人たちがいる
● さらけ出した相手に対して敬意を払う人たちがいる
● メンバーが共感できるチームの存在意義がある
● 個の強いメンバーが協創することで想像できないことを成し遂げられる可能性を秘めていると信じ合っている
● チームの成果はメンバー1人ひとりのおかげと感謝し、チームメンバー全員と喜びをわかち合える
ことが存在することだ。心理的安全な組織をつくるためにリーダーがやるべき5つのことは、以下のとおりである。
① リーダーは、自分の素をさらけ出すこと
② チームメンバーを尊重し、参加を促すこと
③ チームと自分の存在意義を考え、共有すること
④ 成果の喜びをわかち合うこと
⑤ 常に目配り、気配り、心配りを行うこと

① リーダーは自分の素をさらけ出すこと

最初のステップは、リーダーは鎧を脱ぎ捨て、本来の自分を積極的に見せることである。持っている知識に限界があることや、よく間違えを犯すことなど素直に認めることから始めてみる。私たちは組織の中で、知らず知らずのうちに重い鎧を身に着けている。部長として、課長とし

●図表 4-9　心理的安全な組織をつくるためにリーダーがやるべき 5 つのこと

常に目配り、気配り、心配りを行うこと
定期的にチームの心理的安全性を評価測定する。早期に対策を講じて、
組織の心理的安全性の確保が最優先であるという姿勢を明確に示す。
チーム・組織の状態に目を配り、気を配り、心配りを行う

成果の喜びを分かち合うこと
ゴール実現の成果をみんなで喜び合おう。すべてのメンバーに感謝する。メンバー間でも感謝を伝
えあう振返りの場を作る。ゴールが実現できなくても、試みたプロセスを評価する。たとえうまく
いかなかった場合でも、メンバーに責任転嫁するのではなく、ミスを受容し、失敗と向き合う

チームと自分の存在意義をともに考え、共有すること
チームの存在意義、成し遂げたいことを伝える。お客さまがハッピーになるためにチームは行動する
のだという意思を伝える。やりたい気持ちにさせる。ゴール実現のために、メンバーに役割と期待値
を伝える。役割を担うために不足しているスキルや経験を補う方法も事前にすり合わせる

チームメンバーを尊重し、参加を促すこと
メンバーと 1on1 ミーティングを実施し、彼らの鎧を脱がせてあげる。何をやりたいのか？得意分野は？苦
手としている分野は？しっかり聴いてあげる。組織の成果最大化を鑑み、彼らにどうしてほしいのか？自分
の考えを伝える。そして、すり合わせをする

リーダーは自分の素をさらけ出すこと
鎧を脱ぎ捨て、本来の自分を積極的に見せる。持っている知識に限界があることや、よく間違えを犯すことなど
素直に認めることから始める。

て、プロジェクトマネジャーとして、新入社員としてのふるまいを意識
し、行動している。部長として、ここはどういう発言を求められている
のか？　新入社員の私が、この場で発言して良いのだろうか？　などで
ある。

　リーダーは自らチームメンバーの前で、自分は完璧でないことを認め、
自分の得意分野、不得意分野を素直に話すことが必要である。その謙虚
な姿勢は、メンバーにも同様の姿勢を促すこともできる。自分のマネジ
メントスタイルを共有する。メンバーとマネジメントスタイルについて
話し合い、チーム運営をどう進めていくか意見を出し合い、共有してほ
しい。

② チームメンバーを尊重し、参加を促すこと

　次のステップは、チームメンバーの参加を促すことである。メンバー
と 1on1 ミーティングを実施し、彼らの鎧を脱がせてあげる。何をやり
たいのか？　得意分野は？　苦手としている分野は？　などをしっかり
聴いてほしい。組織の成果最大化を鑑み、彼らにどうしてほしいのか？
自分の考えを伝える。そして、すり合わせをする。リーダーが自分たち
の意見を聴いて、尊重してくれているとわかると、発言するようになる。

また、仕事の話だけではなく、プライベートの話も大事である。家族のこと、趣味のこと、週末の過ごし方など、ざっくばらんに話をする。マイクロ・ボンディングをご存じであろうか？　文字どおり、細かいところのつながりを意味する。好きなサッカーのチームが一緒だとか、出身地が同じだとか、急に親近感がわいてきた経験があるはずである。メンバーとのマイクロ・ボンディングを探し当てよう。

③ チームと自分の存在意義を考え、共有すること

私たちチームの存在意義、私たちが成し遂げたいことを伝える。お客さまがハッピーになるために私たちは行動するのだという意思を伝える。危機感を煽ることは、やらなければという気持ちの最大瞬間風速は高まるが、長続きは望めない。「したい」気持ちにさせることが肝要である。

ゴールを実現するために、メンバーに役割と期待値を伝えてほしい。役割を担うために不足しているスキルや経験を補う方法も事前にすり合わせる。メンバーが安心して、挑戦できる環境を整備することに努める。

④ 成果の喜びをわかち合うこと

ゴール実現の成果をみんなで喜び合ってほしい。すべてのメンバーに感謝する。メンバー間でも感謝を伝え合う振返りの場をつくる。ゴールが実現できなくても、試みたプロセスを評価する。たとえうまくいかなかった場合でも、メンバーに責任転嫁するのではなく、ミスを受容して失敗と向き合う。うまくいかなった理由をみんなで見つけて、次への成長に向けたアクションプランつくりをサポートしよう。

⑤ 常に目配り、気配り、心配りを行うこと

定期的に自分のチームの心理的安全性を評価測定する。リーダーは自分のチームメンバーは心理的安全な状態だと思う傾向が強いが、実態はそうでないケースも散見される。アンケートによる調査でも、1on1によるコミュニケーションでも良いので現状を正確に把握してほしい。メンバー間の個人差や時系列での変化に注目する。

早期に対策を講じて、組織の心理的安全性の確保が最優先であるという姿勢を明確に示す必要がある。チーム・組織の状態に目を配り、気を配り、心配りを行うことである。

■心理的安全な組織におけるリーダーの役割

腐ったリンゴの実験がある。オーストラリアのサウスウェールズ大学のウィル・フェルプス准教授が行ったものだ。悪影響を与える人間がチームにいると、チームパフォーマンスにどのように影響を及ぼすのかを検証した。悪影響を与える人間を3タイプ（性格が悪い人、怠け者、周りを暗くする人）用意し（実際の実験では、ひとりが3役をこなした）、チームに送り込んだ。結果は、どのチームもパフォーマンスが30〜40％落ち込んだという（日本では、1980年のTBSドラマ「3年B組 金八先生」での腐ったミカンの方程式［箱の中に1つ腐ったミカンがあると、他のミカンも腐らせてしまう。だから腐ったミカンは早く取り除かなければならない］の方が有名かもしれない）。

一方で、チームに悪影響を及ぼす「毒」を中和させるものは何かもこの実験で検証している。「安全なつながり」をつくる態度、たとえば物理的な距離の近さ、アイコンタクト、相手と同じ動作をするミラーリング、相手を気にかける、順番に発言する、ブレずに目標に向かう姿勢などの「帰属シグナル」が効果的であったと報告されている。

リーダーとは常にこの「帰属シグナル」を発信し、自分都合の目線ではなくメンバー目線で気を配る必要がある。

心理的安全な組織に関する筆者の過去の講演において、受講者から非常に興味深いアンケートをいただいたので一部紹介したい。

「組織の雰囲気を悪くする人」を一方的に悪く見てしまうかもしれないが、その人にとってはこちらが良いとしている雰囲気が居心地を悪くしているケースもある。自分サイド目線で組織を見ていてはダメな事もある」

「腐ったリンゴがチーム内にいた場合の対処について。『仲間をみつけて正常化していく』『仲間をうまくみつけて広げていけば腐ったリンゴ

も変わっていくだろう』『芯まで腐ってないと思いたい』『上司だから部下だからではなく、しっかり言うべきことは言う』など多くの意見が参考になりました」

　ダニエル・コイルは、最強のチームの共通点として、「帰属シグナル」の大切さを指摘している。「帰属シグナル」は心理的安全な組織をつくる必要条件である。あなたは、もしくはあなたのリーダーは、いくつあてはまるだろうか。

- お互いの物理的な距離が近い。よく輪になっている
- アイコンタクトが多い
- 握手、グータッチ、ハグなどの肉体的な接触がある
- 活気のある短い言葉のやり取りが多い
- チーム内の交流が盛ん。仲のいい小さなチームに固まらず、誰もが

Column

心理的安全性が低い組織の実態

　プロジェクトが終結した後の振返りは大切である。振返りにあたり、いつものようにプロジェクトメンバーにアンケート調査を行うことにした。プロジェクトのフェーズごとに、① 発生した課題、② 発生原因、③ 対応策を調査し、それらの情報をもとに次回以降のプロジェクトに活かすための④ アクション、⑤ 目指す姿を議論し、TIPS集としてまとめ上げていく。PMOメンバーとともに振返りの趣旨説明、進め方などを議論しているときのことだ。

　「みんなちゃんと書いてくれるかな？」この振返りアンケートに心配する声が数名から挙がった。私からすれば、プロジェクト遂行上ですでに発生した事実であり、そして対応済な課題である。そのときはいろいろ苦労したとは思うが、すべて済んだことなので、まさかそのような言葉を聞くとは思わなかった。

　「なぜそう思うのですか？」と尋ねると、部長が怒るというのだ。「えっ？　でもこの件は部長もご存じでしょ？」と再度尋ねると、「ほかの部署に知られたくないんだよ。他の部署に自分たちの恥をさらけ出すようなことは絶対ムリだよ」。

メンバー全員と話す
・人の話をさえぎらない
・質問をたくさんする
・人の話を熱心にきく
・ユーモアと笑いがある
・「ありがとう」という
（出所：『THE CULTURE CODE 最強チームをつくる方法』ダニエル・コ
イル著　かんき出版　2018 年）

　そこで、「わかりました。部長にこの振返りの趣旨をちゃんと説明してわかって
もらいます。決して開示したことを咎めないようにお願いします」といったが、あ
まり信じてもらえていない様子であった。結局、担当者レベルでの開示にとどめる
ことを条件に、各プロジェクトメンバーが振返り作業に合意してくれた。
　本部長からの評価の心配、部長としてのメンツなどは、日々の会話や態度に現れ
ているのであろう。その環境下でサバイブしている部下はもう馴れっこである。仕
方ないことだと諦めてしまっている。部門長の言動に組織の「あたりまえ」はつく
られていく。その「あたりまえ」の積み重ねが組織カルチャーを形成していく。
　心理的安全性が低い組織では、信頼していない → 情報の流れが滞る → 正しい判
断ができない、もしくは遅れる → そして怒鳴り散らす → また信頼を失う。こうし
た負のサイクルが存在する。これではプロジェクトがうまくいく要素が見当たらな
い。また、ポジションが上がれば上がるほど、同等なポジション同士では、不可侵
条約が暗黙の了解となっていることが多い。「あなたの部署には決して口出さない
ので、俺の部署に口出しはするな。」本来はこのポジション同士が建設的な「仲の
良い喧嘩」をしてもらえると嬉しい限りである。リーダーは自分を改め、心理的安
全性の重要性を肝に銘じてほしい。

3 行動／やり遂げる組織をつくる

■動機付けに関する実験

　組織という土壌を定期的に改良することが、イノベーションの創造や企業変革には欠かせない要素であると論じてきた。花を咲かせるために次にやることは、改良された土壌に「種をまき」「水や肥料をやる」ことだ。行動を起こす、行動を継続する、そしてやり遂げるために何が必要なのかを考えていきたい。

　外発的動機付けと内発的動機付けについての実験から始めていこう。心理学者のエドワード・デシは、1969 年の「ソーマキューブの実験」で、金銭的報酬が人の楽しいから「したい」という気持ちを喪失させるという論文を発表した。この実験は、ソーマキューブと呼ばれる 7 つの部品からなるパズルを完成図どおりに組み立てるものであり、大学生をグループ A と B に分け、3 日間にわたって行われた。1 日目はどちらも同じ条件だったが、2 日目はグループ A にだけ、パズルを組み立てられたらその都度金銭的報酬を与えると約束した。そして、3 日目は 1 日目と同様に、どちらのグループにも報酬はないものとした。

　実験では、30 分間真剣にパズルに取り組んでもらい、その後 8 分間の休憩時間が与えられた。そして、デシは大学生たちがこの休憩時間をどのように過ごすかに注目した。1 日目は、どちらのグループも平均 3 分半〜 4 分ほど、そのままパズルに取り組んでいた。パズルを解くことに楽しんでいるようであった。2 日目は、報酬を約束されたグループ A はパズルの完成により情熱を傾け、休憩中も平均して 5 分以上パズルに取り組んだ。一方、グループ B は前日とほぼ同じように休憩時間を過ごした。そして 3 日目。グループ B は過去 2 日よりもさらに長い時間、休憩時間にもパズルに取り組むようになった。しかし、グループ A がパズルに取り組む時間は前日より大幅に減り、彼らはパズル解きの「楽しさ」から報酬を得るための手段と考えが変わってしまった（出所：『人

ロウソクの問題

これが正解

を伸ばす力』エドワード・デシ著　新曜社　1999年)。

　続いて、カール・ドゥンカーが考案したロウソクの問題を紹介する。ロウソクと画鋲、マッチを渡して、「テーブルにロウがたれないように、ロウソクを壁に取り付けなさい」という実験である。あなたならどうするだろうか？

　参加者はまず、一生懸命に画鋲でロウソクを壁に留めようとする。しかし、うまくいかない。おおよそ10分ほどすると、発想を転換して、画鋲の入れ物をロウソク台にする解決法に気づく。

　さらに、サム・グラックスバーグがこのロウソクの問題を使って行った実験がある。彼はこの実験で報酬（外発的動機付け）の影響力を検証した。1つのグループには、この種の問題を解く平均時間を知りたいと言い、もう1つのグループには、解いた人へ金銭的報酬を出すと言った。

　結果は、驚くことに、報酬を提示されたグループは、平均して余計に3分半の時間がかかったのである。この「予告された報酬」は、自分がおもしろいから「したい」という内発的動機付けを喪失するものであることが実証された。

　彼はまた、画鋲を箱の外に出して同じような実験を行った。すると今度は期待どおり報酬を提示したグループの方が早く解決することができた。単純な問題解決には外発的動機付けは有効であったが、創造的な問題解決には、奏功しないことがわかった。

■内発的動機を原動力とする

　人間は元来、内なる欲求によって行動を取る。ワクワク感の研究結果でも明らかで、課題に挑戦する喜びや達成感を感じるのが人間である。しかしながら、外部からムリにコントロールしようとすると、その内なる動機が失われてしまいかねない。1990年代頃から成果主義が日本企業に多く取り入れられた。

　成果主義導入のメリットの1つに、モチベーション向上がうたわれ、一部の社員はその恩恵を受けたことも事実である。しかしながら、総じてビジネスでの結果はうまくいかなかったと評価できるだろう。中長期的な取組みが無視され、むしろチーム力は低下し、若手社員への教育、育成が疎かになり、人間関係はギスギスしたものになっていってしまった。

　「3人のレンガ職人」の話である。出所はイソップ寓話ともいわれているが、正しくはわからないそうだ。

　旅人が、難しい顔をしてレンガを積んでいる男に出会った。何をしているのか尋ねると、

「見ればわかるだろう、レンガ積みに決まっている。暑い日も寒い日も、風の強い日も、日がな一日中レンガ積みだ。なんでこんなことをやらなければならないのか、まったくついてない」

　旅人は、一生懸命レンガを積んでいる別の男に出会った。何をしているのか尋ねると、

「ここで大きな壁をつくっているんだよ。これが俺の仕事でね」

「大変ですね」

「なんてことはないね。この仕事のおかげで家族全員が食べていけるんだ。ここでは、家族を養っていく仕事を見つけるのが大変なんだ。大変なんて思っていたら、バチがあたっちゃうよ」

　旅人は、今度は活き活きと楽しそうにレンガを積んでいる別の男に出会った。何をしているのか尋ねてみると、

「俺たちは、歴史に残る偉大な大聖堂を造っているんだ！」

「大変ですね」

「とんでもない。ここで多くの人が祝福を受け、祈りを捧げるんだ。なんて素晴らしいことだろうか！」

　同じレンガを積むことをしていても、捉え方次第でまったく別物になってしまう。1人目は、作業レベルで仕事を捉え、2人目は、目的レベルで仕事を捉えている。最後の3人目は、意義レベルで仕事を捉えているのである。誰がモチベーション高く仕事を行っているかいわずもがなである。

　人が最後までやり遂げるには、「楽しいから」「好きだから」という内発的動機付けが必要である。何かをやるにあたって、「しなければならない」などの使命感に駆られることは、耳障りは良いものの、外発的動機付けの要素が強く、ちょっとした外部環境の変化で、（やらない言い訳を見つけて）あきらめてしまう傾向にある。また、「危機感」は、創造性が求められる変革の取組みの中で、どれほど功を奏するのだろうか。危機意識の醸成について否定はしない。しかしながら、人が動くための「文脈」が大切だと思う。「文脈」とは、最終的に何がやりたいのか、なぜそれをやるのかなど、いわゆる内発的動機付けによって、腹落ちしたものである。「危機感」は、真の変革のトリガーにはなりえない。思い出してほしい。緊張や不安なもとでは、人は本来の能力を発揮することはできない。これはすでに脳科学の分野で証明されていることなのである。

■従業員エンゲージメントはやり遂げる組織の指標

　「従業員エンゲージメント」は、組織と社員の信頼関係を示す指標である。社員の生産性と強い相関関係が実証されている。世論調査や人材コンサルティングを手掛ける米ギャラップ社が世界各国の企業を対象に実施した従業員のエンゲージメント（仕事への熱意度）調査（（出所：STATE OF THE GLOBAL WORKPLACE 2023　https://www.gallup.com/394373/indicator-employee-engagement.aspx））によると、日本は「熱意あふれる社員」の割合が5％しかいないことがわかった。世界平均は23％、米国の32％と比べて大幅に低く、調査した125ヵ国中

124位と最下位クラスであった。

　従業員エンゲージメントを高めるには、リーダーとの信頼関係が大切である。リーダーもしくは組織から期待されていると感じられているかどうかである。対話の中で、日々の業務の中で、リーダーはどれだけメンバーに目配りができているだろうか。メンバーに対して強みを発揮できる機会を提供できているだろうか。また、リーダーは常に社員の強み弱みを理解し、ともに学び、チームの中での成長を考える姿勢が必要である。さらに、メンバーに仕事の裁量を与えれば与えるほど、エンゲージメントは高まる傾向にある。

　しかしながら、組織の特性を考えると、従業員エンゲージメントを押し下げる要因ばかりである。たとえば、組織は通常専門化されている。仕事が専門化されればされるほど、個人の一部の能力しか発揮できなくなる。次第に貢献度の物足りなさを感じ始める。また、上司からの命令が絶対となれば、指示待ちをするしかない。従属的にならざるを得ない状況となる。組織内での自己実現が困難とされ、徐々に不満がたまり、「やらされ感」が蔓延する。ついには社員の自律性が失われる。さらに、

Column

ビジネスアーキテクトというワクワクする仕事

　先日役員室に呼ばれた。「オレが描いたDX構想がなかなか実現できない。なんとかならないか?」というものだった。「社員は決まったことをするのは得意で、その点はとても信頼している。しかし、将来を考えるといったものは苦手なのだ」というのが口癖だ。1年かけて練られたDX構想は、かなり具体化されているように見えた。社員は決まったことの実行が得意なはずなのだが、なぜ動けていないのだろうか?　そんな疑問をいただいていると、「本来リードすべき主管部長も、あまり全体感がつかめていないようだ」「なんで理解できないのか理解できない」と役員は怒りを抑えきれない様子である。

　それはムリもない話かもしれない。構想での青写真はキレイな絵が描かれているが、何のためにやるのか?　やると何がハッピーになるのか?　そのコミュニケーションが決定的に不足していた。しかも構想の情報開示は管理職レベルにとどまっ

マネジャーは成果への極度のプレッシャーのため、人をより管理的にさせ、内発的動機を奪う結果となってしまう。

■行動／やり遂げる組織をつくるためにリーダーがやるべき5つのこと

　前出のエドワード・デシとリチャード・ライアンの「自己決定理論」では、やり遂げるモチベーションには、3つの心理的欲求を満たすことが重要であると説いている。自律性、有能感、そして関係性の心理的欲求である。自律性の欲求とは、「自分の行動は自分自身が自発的に行っている」という欲求である。ワクワク感醸成の中でも論じてきたが、自分で決めることができることは最大のモチベーションになる。有能感の欲求とは、「自分に能力があり、社会の役に立っている」という欲求である。関係性の欲求とは、「他者と尊重し合える関係を持ち、互いを刺激し合い、支え合いたい」という欲求である。

　行動／やり遂げる組織には、これらの心理的欲求が満たされていること

ていた。実行を得意とする実務者レベルまで必要性が落し込まれていない。やりたいな、チャレンジしたいなという気持ちをいただく機会も与えられていないのだ。

　そこで、構想と実務者をつなぐ「ビジネスアーキテクト」の役割を担うスペシャルチームを立ちあげることにした。短期間で構想を要素分解し、それぞれの達成したい姿を描き、業務やデータの持ち方の変化点を明文化した。そして具体的な実行計画までつくりあげた。あとは実務部隊へバトンを渡すだけである。その後、スペシャルチームはPMOとして、実行管理の支援のフェーズに突入した。スペシャルチームを組成するにあたって候補者にインタビューしたり、ときにはともに酒を飲んだりした。社内で威勢の良い人は誰かと聞き回ったこともあった。

　こうした中、会話は愚痴からスタートするが、いつのまにか前向きな発言が増え、最終的にはワクワクするような楽しい仕事がしたいと言ってくれる。やるならおもしろいことをしたい。だったら一緒にワクワクした仕事をしよう。私たちで変えていこうと仲間を増やしている。仲間がいるとなんかやり遂げられる気持ちになれるものである。

とが要件となる。行動／やり遂げる組織をつくるためにリーダーがやるべき5つのことを考えていきたい。

① 義務感を排除すること
② 仕事の見方を変えること
③ 成功体験を積ませること
④ フローへの入り口を見つけること
⑤ 自主性に任せること

① 義務感を排除すること

　リーダーがまずやるべきことは、組織の義務感である「すべき」を排除することである。社員に「したい」という気持ちを持たせる。そのためには「WHY」が重要である。サイモン・シネックは、『WHYから始めよ！』（日本経済新聞出版　2012年）で、多くの成功したリーダーたちは、「人を操作するのではなく鼓舞させる」コミュニケーションを取り、信念、情熱といった心の奥底から湧き上がる動機（すなわちWHY）が人に共感を促し、多くの仲間を取り込んでいると指摘した。やり遂げる組織をつくるにも「WHY」から始めるべきである。

　そのためには、前述のグーグルにおける高い生産性のチームの成功因子の一部である「仕事の意味」「社会への影響」を理解することが重要である。社員の組織の義務感を排除するには、名和高司氏が説いた「志本経営」の考え方は合点が行きやすい。名和氏は、著書『パーパス経営』の中で、こう話している。

「これまでのミッションは「使命」、神から与えられた指示といえます。それに対して「パーパス」は、自分の内から湧き出てくるものです。ビジョンは「構想」を意味しますが、どうしてもきれいごとになりがちです。企業が掲げるには、もっと色のついたリアリティのある思い、つまり「ドリーム」でなくてはいけません。そして「価値観」を意味するバリュー。よく「バリューステートメント」をオフィスの壁に貼ってある会社がありますが、そのくらいしないと社員に浸透しない時点で訴求力が弱い。これに対して「ビリーフ」は信念、つまり社員一人ひとりの中に刻み込まれる強い思いなのです。」

●図表 4-10　行動／やり遂げる組織をつくるためにリーダーがやるべき 5 つのこと

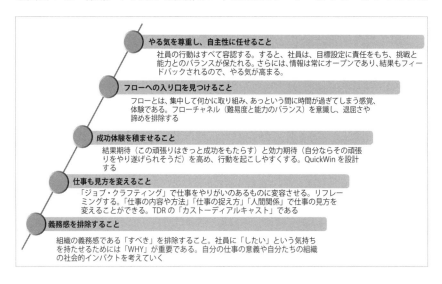

　これらの志本経営の PDB（パーパス、ドリーム、ビリーフ）は、組織だけではなく、個人のそれも考えてもらう。そしてチーム全員で共有し合う。チームの仕事に意味を見出し、チームの仕事が社会に対して影響を与えていることを理解した社員は、組織の「すべき」という義務感が排除され、自律性の高い「したい」の意識へ変わるだろう。

② 仕事の見方を変えること

　危機意識ややらされ感などの外発的動機付けから、いかに「したい」という内発的動機付けによって人を動かすのか。「ジョブ・クラフティング」とは、米イェール大学経営大学院のエイミー・レズネスキー准教授とミシガン大学のジェーン・E・ダットン教授が提唱した、やりがいのある仕事に変容させる考え方である。前述の「3 人のレンガ職人」を思い出してほしい。レンガ積みというジョブをどう捉えるかによって、「仕方なく」「しなければ」から「したい」という気持ちになれる。

　東京ディズニーリゾートで働く「カストーディアルキャスト」は良い例である。パーク内外の清掃だけでなく、来場者の思い出づくりの手伝いとして、地面にキャラクターの絵を描いたり、写真撮影をしたり道案

内をしたり、マニュアルにはない創意工夫で来場者と交流し、自らから
仕事を楽しんでいる。

　仕事の見方を変えることで、自分自身の仕事の意義や、仕事をやる社
会的インパクトをリフレーミングしている。フレーミングとは、誰もが
無意識に物事や状況を勝手に何かに決めつける思い込みのようなもので
ある。リフレーミングとは、その思い込みを見直すことになる。東京ディ
ズニーリゾートのカストーディアルキャストは、「シフトの時間だけ掃
除をする」から「来場者の1人ひとりの良き思い出つくりを手伝う」へと、
仕事をリフレーミングしている。お金を稼ぐ手段は他にいくらでもある
が、パークでの思い出づくりの手伝いはここでしか実現できない。

③ 成功体験を積ませること

　人が、何か新しいことにチャレンジするために、思考や行動を変える
ことは簡単なことではない。チャレンジには、ワクワクするような内発
的動機付けが必要である。カナダの心理学者アルバート・バンデューラ
は、結果期待（行動の結果への期待）と効力期待（結果を出す行動への
自信）の両方を高めることが、人が行動を起こしやすくなると説明して
いる。前出の帝京大学ラグビー部の下級生たちは、成功する結果のイメー
ジは持ちやすかったが、自己効力感である効力期待は低い傾向にあった。
それは、下級生には、まだ成功体験と呼べるものは少ないため、いきな
りストレッチの効いた目標を設定すると、怖気づいたり、やる気を失っ
たりしてしまう。体重を増やす目標設定であれば、1ヵ月おきの「スモー
ルゴール」を設定し、心理的ハードルを下げてあげたのである。

　これは、変革プロジェクトにおける「スモール・ウィン」「クイック・ウィ
ン」と同じ意味合いである。小さな成功を早く成し遂げることで、実施
者の承認欲求を満たすだけではなく、取り巻くステークホルダーたちの
見方が、「この忙しいときに何をやっているんだ」から「ちゃんと成果
が出ているな」と勝ち馬を見る目に変わっていく。リーダーとして、私
たちのチームの、私たちのチームメンバーの自己効力感を高めるために、
「スモール・ウィン」「クイック・ウィン」を体験できる計画を立案して
いくことが大切である。こうした成功体験の積み重ねが、本人の有能感

の欲求へ影響を及ぼす。

　自己効力感を高める4つのパターンを紹介する。

●達成経験

　もっとも自己効力感を高めることができるのが、「成功体験」である。成功体験があれば、「過去に成し遂げているから何とかなる」「一度うまくいっているから大丈夫」など、自分やチームが自信を持ち、困難なことが発生しても、モチベーションを下げることなく乗り越えようと行動を継続していくこができる。「できない理由を探さない」チームとなる。

●代理経験

　自分と似た境遇の人が、うまくいった事実を自分に置き換える。「あの人もできたのだから、自分もきっとできる」が代理経験である。ゴルフ界では、2019年渋野日向子選手が、AIG全英女子オープンに勝利し、42年ぶりに日本人として海外メジャー優勝を勝ち取った。そこから、松山英樹選手（2021年マスターズ）や笹生優花選手（2021年全米女子オープン）たちがメジャー優勝を果たしている。とくに、若い人たちにその傾向が強く表れ、現在の女子プロゴルフの若年層の台頭などはまさにこの代理経験によるところが大きい。

●言語的説得

　第三者から「あなたならできる」という言葉をもらうのが言語的説得である。自己効力感を高めるには、自分の弱みではなく強みを見つけ、伸ばしてくれる、肯定してくれる環境が大切だ。

●生理的情緒的高揚

　生理的情緒的高揚とは、ワクワクやドキドキといった気分の高まりのことを指す。ただし、この気分の高揚感は長続きすることはないため、効果は限定的となる。

④ フローへの入り口を見つけること

　読者も一度や二度はフロー体験をしているのではないだろうか。フローとは、集中して何かに取り組み、あっという間に時間が過ぎてしまう感覚、体験のことである。フローに入った人は、持っている能力を存分に発揮することができる。チームであれば、チームメイトと息の合った意思疎通ができ、思いどおりのチームプレーが実現できる。

　「フロー理論」の提唱者である米国クレアモント大学心理学のミハイ・チクセントミハイ教授は、人間の精神状態を分類・整理している。チャレンジレベル（挑戦の難易度）とスキルレベル（自分の能力）の両方が高いレベルにあるときがフローな状態だと定義している。フローな状態では、成長を実感でき、満足度が高い。一方、もし自分の能力が足りない状態で、いきなり難易度の高い仕事が与えられると「不安」な精神状態となる。また、自分の能力に対して難易度が低いと「リラックス」した状態となり、物足りずモチベーションが低下する。

フローに入る条件として、挑戦するものの難易度と能力のバランスが取れていることが重要である。たとえば、ある程度の上級者は、適度な緊張感を楽しむことで力に変えることができるが、そこまで実力がない初心者は、緊張して不安・心配を感じることになる。フローに入る環境を整えてあげることがリーダーとしてやるべきことである。集中できる環境を作ってあげる、部下が自ら取組みをコントロールしている感覚を持たせてあげる、またコーチの立場で「答えを教えるのではなく、本人から答えを引き出す」ことをしてほしい。

⑤ 自主性に任せること

　フロー経営で有名なネッツトヨタ南国は、社員の人間性を尊重した「叱らない、やらせない、教えない」ユニークな経営方針を打ち出す高知市の自動車ディーラーである。創業者である横田英毅氏は、他社の追随を許さない組織カルチャーをつくりあげ、全国のトヨタ販売会社300社中、12年連続顧客満足度ナンバーワンを獲得している。

　『マネジメント革命　「燃える集団」を実現する「長老型」のススメ』の中で、天外伺朗氏は、ネッツトヨタ南国型マネジメント、つまりフロー

経営と合理主義的マネジメントとの相違点を整理している。行き過ぎた成果主義などに代表される合理主義による「管理」によって、日本企業は大きなダメージを受けた。2003年のソニーショックも、行き過ぎた合理主義が原因とされている。天外氏によると、合理主義型マネジメントであるピラミッド型の組織、上意下達の命令系統、細かなルール、責任や役割の細分化された環境下では自由な発言など期待できず、心理的安全性も低い組織となり、到底イノベーションなど生まれないと指摘している。

　一方、フロー経営では、社員のやる気を尊重し、自主性に任せている。自分たちの仕事が社会課題に与える影響を理解している社員を信頼し、彼らの行動はすべて容認する。彼らは自主性に任せられているので、目標設定に責任をもち、挑戦と能力とのバランスが保たれている。さらには、情報は誰にでも常にオープンであり、結果がすぐにフィードバックされるので「やる気」が高まる環境である。

●図表4-11　フロー経営

合理主義経営		フロー経営
管理と統制 アメとムチ	マネジメント	許容と学習 フィードバック
責任範囲の細分化	業務プロセス	目的指向
ピラミッド 上意下達	組織・体制	フラット 対話
指示待ち やっつけ仕事	人・文化	自主性 仕事のリフレーミング
クローズ	情報・システム	オープン

■行動／やり遂げる組織におけるリーダーの役割

　行動／やり遂げる組織のリーダーは、社員に仕事のリフレーミングを促し、成功体験を積みあげ、仕事に満足感を与えながら、モチベーションを向上させる役割を持つ。自律性を奪わないためには、「リーダーが会話を支配しない」ことも必要である。企業研修などで即興劇を活用するインプロビゼーションの事例が増えてきているが、即興劇での原則は、他者が話している内容に細心の注意を払うこと、完全に話を聞き、相手が話終わるまでしゃべらないことである。

　ここで悩ましいのが、リーダーのチームメンバーへの「任せ方」、介入の仕方である。リーダーのみんながメンバーに任せたいと思っている。しかしながら、結果責任を負う立場上、心配で任せきれないのが実情だろう。『教えないから人が育つ　横田英毅のリーダー学』の中で横田氏は、次のように語っている。

　「うまくいかない結果を許容しないで、むしろ失敗を期待する。失敗することを信頼するわけです。」

　また、「任せ方」について、ネイティブ・アメリカンに言い伝わる「子育て四訓」が参考になる。

① 乳児はしっかり肌を離すな
② 幼児は肌を離せ　手を離すな
③ 少年は手を離せ　目を離すな
④ 青年は目を離せ　心を離すな

　これは、本来子供の成長ステージに合わせた子育ての奥義ではあるが、ビジネス社会の大人でも通用する「任せ方」ではないだろうか。「幼児」のようにメンタルが弱っている場合もある。リーダーのふるまい方ひとつで、信頼関係が変わってくる。

　最後に、やり遂げるための４つの因子を紹介する。ペンシルバニア大学の心理学教授のアンジェラ・リー・ダックワースが提唱する「グリット（GRIT）」である。変革に限らず、人々が成功して偉業を達成するには、「才能」よりも「やり抜く力」が重要である。いくら才能があってもやり遂げなければなにも残らない。自分がやりたいと定めた「自発」的な

目標に対して粘り強く取り組む「闘志」と、困難や挫折に負けずに努力を続ける「粘り強さ」とやり遂げる「執念」がそろっていれば、誰もが目標を成し遂げられる。

① Guts（ガッツ）：困難に立ち向かう「闘志」
② Resilience（レジリエンス）：失敗してもあきらめずに続ける「粘り強さ」
③ Initiative（イニシアチブ）：自らが目標を定め取り組む「自発」
④ Tenacity（テナシティ）：最後までやり遂げる「執念」

（出所：『やり抜く力 GRIT（グリット）――人生のあらゆる成功を決める「究極の能力」を身につける』アンジェラ―・リーダックワース　ダイヤモンド社　2016 年）

　ワクワクする「したい」気持ちが、行動を起こし、組織的なサポートもあり、GRIT をもって「やり遂げる」。今求められている能力である。

4 学習する組織をつくる

■ピーター・センゲの学習する組織

　ピーター・M・センゲは、学習する組織とは「変化の激しい環境下で復元力を持ち、その変化に適応し、学習し、自ら進化し続ける組織」と定義している。変化が激しい時代において、これまでのように経営トップが、企業のこれからを考えて命令、指示に従わせるだけでは組織運営は難しいと主張している。

　学習する組織、つまり組織内のあらゆる立場の人たちが、意思決定や学習する能力を引き出す方法を見つけることができる組織では、チームの中核的な3つの学習能力をバランスよく育成していくことが重要であるとセンゲは語っている。

① 志を育成する力

　志の育成とは、個人や組織において自律性を養うことである。5つのディシプリンの「自己マスタリー」と「共有ビジョン」が当てはまる。前述のグーグルのチームの成功因子である「仕事の意味」と「社会へのインパクト」を各メンバーが主観的に思えていることが重要である。

② 内省的な会話を展開する力

　内省的な会話の展開では、ダイアログに代表されるように、正解を求めず、相互理解を深めることが重要である。ディシプリンの「メンタル・モデル」や「チーム学習」に該当する。内省的な会話をしっかりと行い、ものごとの見方の思い込みを排除して、「どうしてそう考えるのか」を深く理解し合うのである。

③ 複雑性を理解する力

　複雑性の理解とは、目の前で起きた現象の起因は何かを根本から考え

ること（問題の真因を発見し、解決すること）が重要とされる。ディシプリンの「システム思考」に該当する。この「認識の変容（私たちの行動が私たちの現実を生み、それを私たちはいかに変えられるか）」は、学習する組織の核心である。

　学習する組織は、ダイナミック・ケイパビリティが高いといえる。ダイナミック・ケイパビリティの高い組織、前出のセンスアンドレスポンス・オーガニゼーションでは、顧客のニーズの変化を感じた現場が協調して、主体的に仕事のやり方などを変えていく。主体的とは、仕事の意味や社会へのインパクトを理解した現場の社員からさまざまなアイデアが沸き上がり（心理的安全な組織である状態）、熱い情熱と高いコミットメントをもって実践していく（やり遂げる組織である状態）ことを意味する。マネジメント層から言われているから、評価項目となっているからではなく、「したい」という内発的動機付けに動かされたメンバーが集まり、行動し、成果を出していく組織である。

■ダイアログ（対話）の重要性

　学習する組織の5つのディシプリンの1つである「チーム学習」では、ダイアログ（対話）が前提となっている。ダイアログとは、話し手、聞き手がお互いに尊重される中で自身の考えを伝え合い、相互理解を深めるプロセスである。ダイアログは、よくディスカッションと比較されるが、みんなが主張、説得し合い、1つの正解もしくは妥協点を見つけるプロセスであるディスカッションとは明らかに異なるものである。
　ダイアログは、ネイティブ・アメリカンの例がよく出される。
　「彼らは、夜、焚き火を囲んで輪になって座り、さまざまなことを話し合います。その場にリーダーはおらず、皆の意見が同じような重さで他の人々に受け止められます。長老に対しては、皆が敬意を抱いてはいても、長老の意見のみがとくに重視されるわけではありません。1人が話しているときは、その話が終わるまで、誰かがそこに割って入るようなこともありません。皆が平等の立場に立ち、話し合いを進めていくう

●図表 4-12　ダイアログとディスカッション

	ダイアログ	ディスカッション
スタイル	いろいろな角度から物事の意味を考える発散型のコミュニケーション	互いの妥当性を主張し合い、よりよいひとつの最適解（結論）を導き出す収束型のコミュニケーション
目的	相手や自分の内面から出てくる言葉に耳を傾けることで、互いの理解を深め合う	多くのツールやフレームワークを駆使することで、主張の論理性を検証し合う
プロセス	粘り強く十分な時間をかけ、その背景や意味を探求する	できる限り短時間で、主張の妥当性を検証し、意思決定する

ちに、始まったときと同じように、自然に話し合いが終わるのです。」（出所：『ダイアローグ』デヴィッド・ボーム著　英治出版　2016 年）

　ダイアログの理論の発展に尽力したデヴィッド・ボームは、「ダイアログでは、複雑で難しい問題をさまざまな観点から集団で探求する」と説明している。つまり、個人の主張をベースとしたディスカッションでは解決できない課題を、集団的思考の自由な探求によって洞察するのである。ボームは、ダイアログには、参加者全員が自らの前提を共有すること、お互いが仲間であること、そしてダイアログ精神を維持できるファシリテータが必要だと主張する。

　センゲは決してディスカッションを軽視しているわけではない。チーム学習において、ダイアログとディスカッションのバランスが大事と指摘する。ディスカッションは全体状況の分析を行われ、決定が下される。一方、ダイアログは、複雑な問題を新しい見方で探求するツールである。

■学習する組織をつくるためにリーダーがやるべき 5 つのこと

　学習する組織をつくる前提は心理的安全な組織であり、かつ行動／やり遂げる組織である。2 章でも述べたが、ダニエル・キムが提唱した成功循環モデルのグッドサイクルが回る仕掛けが必要である。グッドサイクルの起点は「関係の質」である。相互理解を深めるなど組織の「関係の質」を高めることで、「思考の質」が高まる。新しいアイデアが生まれ、前向きな気持ちになると、「行動の質」が高まる。1 人ひとりの自律性

●図表 4-13　学習する組織をつくるためにリーダーがやるべき 5 つのこと

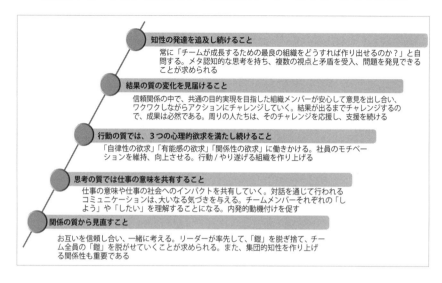

知性の発達を追及し続けること
常に「チームが成長するための最良の組織をどうすれば作り出せるのか？」と自問する。メタ認知的な思考を持ち、複数の視点と矛盾を受入、問題を発見できることが求められる

結果の質の変化を見届けること
信頼関係の中で、共通の目的実現を目指した組織メンバーが安心して意見を出し合い、ワクワクしながらアクションにチャレンジしていく。結果が出るまでチャレンジするので、成果は必然である。周りの人たちは、そのチャレンジを応援し、支援を続ける

行動の質では、3 つの心理的欲求を満たし続けること
「自律性の欲求」「有能感の欲求」「関係性の欲求」に働きかける。社員のモチベーションを維持、向上させる。行動 / やり遂げる組織を作り上げる

思考の質では仕事の意味を共有すること
仕事の意味や仕事の社会へのインパクトを共有していく。対話を通じて行われるコミュニケーションは、大いなる気づきを与える。チームメンバーそれぞれの「しよう」や「したい」を理解することになる。内発的動機付けを促す

関係の質から見直すこと
お互いを信頼し合い、一緒に考える。リーダーが先率して、「鎧」を脱ぎ捨て、チーム全員の「鎧」を脱がせていくことが求められる。また、集団的知性を作り上げる関係性も重要である

が高まると、当然「結果の質」も良くなる。結果が良ければ、さらに関係が良くなるというサイクルをつくる。

　一方で、バッドサイクルは、結果を求めることから始めてしまう。結果が出なければギスギスした関係となる。不信感が強まると、考えも後ろ向きになり、他責となる。やらされ感が強まり、モチベーションが上がらず、当然思うような成果は出せない。成果が上がらないので、ますます関係が悪化してくるのである。

　学習する組織をつくるために、リーダーは次の 5 つのことに取組む必要がある。

① 関係の質から見直すこと
② 思考の質では仕事の意味を共有すること
③ 行動に質ではやり遂げるための 3 つの心理的欲求を満たし続けること
④ 結果の質の変化を見届けること
⑤ 知性の発達を追及し続けること

① 関係の質から見直すこと

　成功循環モデルにおける「関係の質」は、お互いを信頼し合い、一緒に考えることである。この「関係の質」が成り立っている組織こそ、これまで議論してきた心理的安全性が高い組織である。リーダーが率先して「鎧」を脱ぎ捨て、チーム全員の「鎧」を脱がせてあげることが求められる。

　また、集団的知性をつくり上げる関係性も重要である。これは、前述のグーグルにおけるプロジェクト・アリストテレスにおいて、「チームメンバーが誰か」よりも「チームがどのように協力したか」がチームの生産性に影響を及ぼすことが報告されている。

　カーネギーメロン大学の心理学者アニタ・ウィリアムズ・ウーリーは、この集団的知性がチームの成績を向上させることを証明した。好成績をあげたグループの共通点は、「個々のメンバーの社会的感受性が高い」ことと「各人がバランスよく会話に参加している」ことである。

　社会的感受性とは、自分や他者の感情を知覚する能力を指す。ちなみにこの社会的感受性は女性のほうが高い傾向にあるという。私たちがコンサルテーションを行う際には、クライアントとチームを組んで課題解決に取り組む。経験上、チームに女性がいたほうがうまくいった記憶があるが、その理由がわかった気がする。一方で、この集団的知性は、個人の知能とは無関係であることが報告されている（出所：『Evidence for a Collective Intelligence Factor in the Performance of Human Groups』Anita Woolley 著　Science Online　2018 年）。

② 思考の質では仕事の意味を共有すること

　「思考の質」で仕事の意味や仕事の社会へのインパクトを共有していく。対話を通じて行われるこのコミュニケーションは、大いなる気づきを与えてくれる。チームメンバーそれぞれの「したい」を理解することになる。お互いをリスペクトすることで、自己決定を促し、サポートを買って出てくれる。行動／やり遂げる組織において、このメンバーの内発的動機付けが重要である点をこれまで論じてきた。

　また、正しく「思考の質」の変容に導くには、組織の存在意義を共有

することも重要である。PDB（パーパス、ドリーム、ビリーフ）をチームの共通認識とすることで、自律性は高まっていく。メンバーの「したい」と組織の存在意義、社会へのインパクトが紐づいたときに、チャレンジへのモチベーションが高まり、行動を起こす、最後までやり切る力となっていく。決して、危機感からでは成果まで結びつかない。

③ 行動の質ではやり遂げるための3つの心理的欲求を満たし続けること

「行動の質」では、行動／やり遂げる組織の中で論じた3つの心理的欲求を充足させ続けることである。3つの心理的欲求である「自律性の欲求」「有能感の欲求」「関係性の欲求」に働きかけるのだ。社員のモチベーションを維持、向上させていく。

ダニエル・ピンクは、『モチベーション3.0 持続する「やる気！」をいかに引き出すか』の中で、人のモチベーションをパソコンの基本ソフト（OS）を例に整理している。

〈モチベーション1.0〉…生存を目的としているOS。人間が生き残るための生理的な動機である。空腹を満たす、子孫を残すなどがこれに当たる

〈モチベーション2.0〉…アメとムチ＝信賞必罰に基づく外発的動機づけによるOS。出世したい、給料を上げたいなどがこれに当たる

〈モチベーション3.0〉…自分の内面から湧き出る「やる気！＝ドライブ！」に基づくOS。内発的動機づけによる学習する組織をつくるための新しい「やる気！」の基本形であると指摘している

ダニエル・ピンクは、20世紀まではこの「モチベーション2.0」も効果的だったと説く。しかしながら、現代の知識社会では、ワクワクしたい、自己実現したい、社会の役に立ちたいといった内発的動機が不可欠となる。職場の創造性を高めるには、「モチベーション3.0」へのアップグレードが必要だという。

しかしながら、日本でもアメリカでも、マネジメントの主流は依然として「モチベーション2.0」であるとピンクは悲観している。いまだ「アメとムチ」を使い続けている管理職は少なくない。「アメとムチ」は意欲や創造力を低下させ、短期的思考や反倫理的行為を助長するもので

あり、結果が出にくいものであると科学的実験でも明らかになっている。人間にはもともと、自分でやりたい、能力を発揮したい、人とつながりたいという欲求がある。それが満たされたとき、強力に動機付けられ、幸福感を感じられることを理解する必要がある。

④ 結果の質の変化を見届けること

「関係の質」が変わり、思考や「行動の質」が変化してくると、結果にも変化がやってくる。これがキムの成功循環モデルである。信頼関係の中で、共通の目的実現を目指した組織メンバーが安心して意見を出し合い、ワクワクしながらチャレンジしていくようになる。成果は必然だ。もっと言えば、成果が出るまでチャレンジし続けるので、成果は必ず出る。周りの人たちは、そのチャレンジを応援し、成果がでるよう支援を行う。この成功循環サイクルが回り始めたとき、組織の学習が始まる。

⑤ 知性の発達を追及し続けること

学習する組織をつくるためにリーダーは、常に「チームが成長するための最良の組織をどうすればつくり出せるのか？」と自問することが求められる。組織心理学者であるロバート・キーガンは、リーダーに求められる役割が変化してきていると問題提起している。リーダーは、「自らの価値観に基づき、課題解決に向けた自律的な行動がとれる」タイプから、「自らの限界を理解し、複数の視点を受入れ、課題を発見、解決する学習できる」タイプが求められている。キーガンは、「成人発達理論」を発表し、「人間の知性は、年齢を重ねるにつれて向上していく」と説いている。リーダー自身、自らの知性の成長を追求し続けなければならない。

■リーダーシップの内省とフィードバック

　優れたリーダーは、自己認識（セルフ・アウェアネス）が出来ている。日本における組織開発の第一人者である中原淳氏は、優れたリーダーは他者から見た「自己」と、自己から見た「自己」の認識のズレを補正する力を持っていると指摘する。リーダーは、自分のリーダーシップを内省し、また他のメンバーからのフィードバックを得て、自分自身のリーダーシップの特長を探求し、言語化していく必要がある。

　1966年に三隅二不二氏によって提唱されたPM理論をベースに、Pの目標達成機能（Performance）とMの集団維持機能（Maintenance）において、自分のどのような言動が、どのような影響を及ぼすのか、リーダーの皆さんには、マッピング、言語化をしていただきたい。筆者はリー

●図表 4-14　セルフ・アウェアネスのフィードバックシート

自分のどのような言動が （具体的に）	チームにどのような 影響を与えたか （具体的に）	機　能	
		P	M
		1　2　3　4	1　2　3　4
		1　2　3　4	1　2　3　4
		1　2　3　4	1　2　3　4
		1　2　3　4	1　2　3　4
		1　2　3　4	1　2　3　4

【機能マップ】

目標達成機能（P）

P1：ゴールを明確にし、メンバーへわかりやすく共有している
P2：ゴールを適切に分解し、綿密な実行計画を立案・実行している
P3：適切な進捗管理を行い、迅速な課題解決を行っている
P4：実行のためのメンバーへ指示・支援もしくは意見を求めている

集団維持機能（M）

M1：緊張をほぐすなど、安心安全な環境づくりをしている
M2：メンバー一人ひとりへの前向きな声掛けで、参加を促している
M3：メンバー間の対立に積極的に関与し、解消している
M4：メンバーを理解し、高いモチベーションをもって取り組ませている

ダーシップ研修の中でゲーム体験を通じて、リーダーシップの言語化を行っている。

　内省、フィードバックでは、実際のビジネスシーンでも、もくしは筆者が研修時に行っているようなゲームなどの非ビジネスシーンでもよいが、後者の方がよりリーダーシップの特長が出るだろう。なるべく具体的に自分自身の言動を振り返ることが大事である。ふだん見逃してしまう言葉やしぐさ、目配りなどを注意深く振り返る。そしてその行為がチー

Column

学習する組織への道程

　できない言い訳をするチームから学習するチームへどのように変容するかをテーマにコーチングをしていたときの話である。「改善」活動は、現状肯定の視点で現行プロセスを見直す取組みである。「前例に則ったもっとうまくやるには」の発想は、誰一人として反対意見は出ず、変えることへのハードルは低い。一方、「改革」活動になると難易度が増す。このチームは、できない言い訳ばかりを探して、現状否定の視点で新たなことを始めることに相当な抵抗があった。ましてや破壊的な創造を行う「変革」活動などは、もう少し先の話のように聞こえた。

　言い訳を探さないチームになるにはどうすれば良いか？　このテーマで部門長とのコーチングが始まった。

　「どうして言い訳ばかり探すのか？」「変えるのは不安」「変えることのメリットが理解できない、理解しようとしていない」「なにしろ面倒。今もうまくやっている」など、いくつかのセッションを繰り返し、「場」と「型」をうまく活用しながら進めていくことを当座のアクションとした。「場」づくりとは、自然発生的に生まれる小さな改革活動の相談、意思決定の場だ。部下との何気ない会話の中で出される課題認識を拾い、急遽その立ち話に関係者を集めて、その場で意思決定してしまうという試みである。ここでリーダーは、ファシリテータ役に徹する。「どうしてこの問題に気付いたの？」「できないのはなぜだろう？」「変えると大きなインパクトあるのか？　それはどの程度か？」と問いかけを繰り返すことで自分たち自身が「できる（かも）」ことを気付かせるプロセスである。

　また、初期段階では「型」にはめることも大切である。日々のオペレーションの中で問題意識の視点をいかに持ってもらうかの仕掛け、仕組みが必要である。そこ

ムにどんな影響を及ぼしたのかなどを振り返ってもらいたい。たとえば、「すべての人に対する前のめりに聞いてくれている姿勢が」「なんでも話せる安心感を与えてくれて、すべての人の自由な発言を促してくれた」などである。

　次に、それぞれの言動がP軸、M軸においてどのような影響を及ぼしたかを評価していく。2×2のマトリクスに、自分自身のリーダーシップの特長をマッピングする。他のメンバーから積極的にフィードバック

で、月次で問題発見のオフィシャルなミーティングをセットすることにした。この段階では、まだみんな馴れていないので、適切なフレームワークを提供し、考えやすくすることも必要である。最初は期待するほど課題が出ることはないかもしれないが、繰り返すことで現行業務を見直すキッカケになるのは間違いないだろう。

　「改善、改革ができる組織になって、初めて変革にチャレンジできる組織になるのか」という話題が、コーチングの中で出された。部下の中には、若手であまり業務に精通していない（変なしがらみがない）者や転職間もない（チームの常識が非常識に見える）者からは、前例にとらわれないおもしろい発想を持っていたという。変革の取組みには、前例にとらわれない発想が必要である。ただし、その人、その発想が孤立無援にならないように、チームで影響力のある人のサポートを手に入れることが必須となる。その裏方作業もリーダーの仕事ではないだろうか。

●図表4-15　改善、改革、変革の取組み

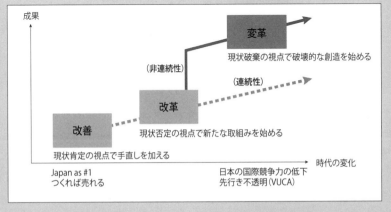

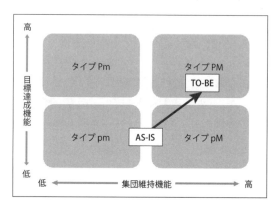

●図表 4-16　セルフ・アウェアネスマップ

を得ることで、自分では気づいていないが、実は組織に影響を与えていることに気づかされるケースが少なくない。さらに、現状の自分（AS-IS）とありたい自分像（TO-BE）を設定し、ありたい自分になるために必要なスキルとはなにか？　必要な成長マインドセットとはなにか？　を明確にする。アクションプランは具体的になればなるほど実行しやすいものだ。もちろん実行成果のKPIを設定し、自分自身の成長のモニタリングを行ってもらいたい。

　心理学者ターシャ・ユーリックの研究では、「95％の人は自己認識ができていると思っているが、実際には10〜15％の人しか正しい自己認識をしていない」という統計を明らかにしている（出所：『Increase your self-awareness with one simple fix』Tasha Eurich　TEDxMileHigh 2017年）。

　セルフ・アウェアネスは、内面的な自己認識と外面的な自己認識の2つに分解できる。前者は自分が自分をどのように見ているか。具体的には、仕事や人間関係の満足度、幸福などで、不安やストレスも含まれる。一方後者は、他者が自分のことをどのように見ているかだ。外面的な自己認識に優れているリーダーは、共感力と他者の視点に立つ能力に長けているとユーリックは指摘する。リーダーの自己認識とリーダーに対する部下の認識が近いほど両者の関係は良好であるとされる。

■変革を実現するリーダーシップ

ここまで読み進んでくると、居ても立ってもいられない。「こんなことしたい」というワクワクした高揚感をもって変革へチャレンジするときである。また、あなた自身が変革を実現するリーダーシップを発揮するときである。ノール・M・ティシーが 1986 年に『変革型リーダーシップ理論』の中で、「変革型リーダーシップとは、『生き残りのために企業を変化させることができるリーダーシップ』のこと」と定義している。

変革型リーダーには 4 つの特徴がある。カリスマ、鼓舞、知的な刺激、個別的な配慮である。カリスマとは、私たちチームの存在意義、提供価値の意味を提供すること。鼓舞とは、部下の感情を喚起することによって影響を及ぼすこと。知的な刺激とは、部下の問題の認識力、問題解決力、思考力、想像力を喚起させ、部下の信念や価値を変えること。そして個別的な配慮とは、個人的な問題を扱い、コーチング、ティーチングすることである（出所：『変革型リーダーシップの問題点』東俊之著　京都マネジメント・レビュー）。

平たく言うと、変革型リーダーとは、今がワクワクするような変わる機会であることを情熱をもって周りの人に伝え、周りの人の感情を揺さぶり、変わりたいという信念と価値観を与えることで、周りの人の行動を変えることができる人である。企業変革を実践するのは、読者の皆さんである。役職は関係ない。変革を実現するためのリーダーシップを発揮してもらいたい。

スタンフォード大学心理学のキャロル・S・ドウエック教授は、『マインドセット「やればできる！」の研究』（草思社　2016 年)」の中で、マインドセットとは、その人が持っている経験や価値観に基づく考え方や思考様式を指し、「成長マインドセット」と「固定マインドセット」の 2 つが存在すると説いている。「成長マインドセット」は、きっとできると思う思考様式であり、「固定マインドセット」は失敗や挫折を考え、どうせできないと思う思考様式である。変革型のリーダーは、この「成長マインドセット」を常に持っていてほしい。

VUCA の時代に求められるリーダーシップ、すなわち組織カルチャー

を変えることができるリーダーシップを見てみよう。「オーセンティック・リーダーシップ」は、「自己を見つめ、自己を活かし、倫理を重視しつつ、誰にとっても透明性のある行動をとり、フォロワーが自ら動いてしまうような状況を生み出すリーダーの行動」である。前出の中原氏は、この「オーセンティック・リーダーシップ」が注目されている理由は、非オーセンティック・リーダーが蔓延しているからだと説明する。

「自己を見つめることなく、リーダーシップの本を聞きかじって学んだリーダー的な行動を都合よく取り入れ、効率重視・利益重視で倫理は二の次。ナルシズムに陥り、自己中心的なダークマネジメントを行うリーダーに、嫌々ついていくフォロワー。」

2001年の米国エンロン社の不祥事をキッカケに、「経営リーダーが、真正の方法で経営に取り組み、組織をリードいていれば、世界の人々に多大の幸福をもたらし、世界を変えることに貢献できる」として、米国メドトロニック社元CEOのビル・ジョージが「オーセンティック・リーダーシップ」を提唱した。高い倫理観を持ち合わせ、自分の弱さを認める、伝えることができる。自分がどうなりたいのか、メンバーとどういうチームをつくりたいのかなどの価値観や信念をもち、伝えることができる。自分らしさを大切にする。そんなリーダーが、心理的安全な組織をつくり上げる、維持することが可能である。

2004年にクレイグ・ピアースが「シェアド・リーダーシップ」を提唱する。シェアド・リーダーシップの前提は、自然発生的なリーダーである。メンバーの誰かが必要な時に必要なリーダーシップを発揮する。そのときは他のメンバーは、フォロワーシップに徹する。前出の中原氏は「シェアド・リーダーシップ」を「共通の目標に向かって、自分らしさや自分の専門性を活かしながら、お互いによい影響力を与えあって前に進む状況」と説明する。

「シェアド・リーダーシップの根幹もやはり『自己』にあります。自己についてきちんと理解できていなければ、自分らしさ、自分の専門性が生かせないだけでなく、他のメンバーについても、その強みや専門性を活かせなくなってしまいます。」

メンバー1人ひとりが持ち味を持っている。ある局面に適した自他を

十分に理解したリーダーが、個性を束ねるオーケストラの指揮者のような役割となる。やり遂げる組織、つまりやる気をもって、燃えて仕事に取り組んでいる組織では、もはや組織図は意味も持たない。アメーバのように環境変化に対して、それぞれが個性を発揮し、適応するのである。

「オーセンティック・リーダーシップ」はリーダー個人の資質であるが、「シェアド・リーダーシップ」は、リーダーだけではなくチームすべてのメンバーがもつべき資質である。さらにチームメンバー一人ひとりが潜在的にもつリーダーとしての力を引き出し、組織の学習する力を向上させるのが「インクルーシブ・リーダーシップ」である。

オーストラリアのニューサウスウェールズ大学のジュリエット・バークは、インクルーシブなリーダーを擁するチームは、通常チームと比較して「高いパフォーマンスを実現している」は 17%高く、「質の高い意思決定を下している」は 20%高く、「協働的である」という回答の傾向は 29%高かったと研究結果を報告している。

インクルーシブなリーダーは、自分の弱みを表に出す特長を持つ。「自分の知らない情報について、率直に尋ねてくれる。謙虚で気取らない態度で仕事をする。そのため部下は気が楽になり、自分の意見を口に出して表明できるが、それを尊重してくれるリーダーである。」また、部下を一人の人間として認識する特長を持つ。「100 人超のチームを率いているにもかかわらず、一人ひとりを名前で呼び、個々人の仕事の流れと内容を把握している。」（出所：『The diversity and inclusion revolution：Eight powerful truths』Juliet Bourke　Deloitte Review　2018 年）

アクションラーニングは、現実の問題を取り上げ、その解決策を立案・実施しながら、リフレクションを通じて個人や組織の学習する力を養成するものだ。これは従来型のケーススタディでは得られない問題解決力を身に付ける効果的な学習方法であるということが証明されている。インクルーシブなリーダーは、このアクションラーニングの学習コーチとしての役割を担う。

■人間の知性の発達に終わりはない

　ロバート・キーガンの成人発達理論を改めて考えてみたい。キーガン
は、知性には３つの段階があり、人間はいつでも成長できると説いた。
これは、これまでの人間の知性の発達は、20歳代でほぼ止まると言わ
れていた常識に一石を投じた発表だった。大人の知性には、
① 環境順応型知性
② 自己主導型知性
③ 自己変容型知性
の３段階ある。

① 環境順応型知性

　周囲からどのように見られ、どういう役割を期待されているかによっ
て自己が形成される。この段階では、リーダーの顔色を気にする「忠実
な部下」のレベルである。

② 自己主導型知性

　周囲の環境を客観的に見ることにより、自分自身の判断基準を確立し、
それに基づいて周りの期待について判断し、選択を行うことができる。
まさに「自立するリーダー」のレベルである。ただし、自分と関連性が
高い情報、求めている情報以外は受け入れない。

③ 自己変容型知性

　自分自身のイデオロギーと価値基準を客観的に見て、その限界を検討
できる。あらゆるシステムや秩序が断片的、ないしは不完全なものだと
理解している。「学習するリーダー」のレベルである。情報の受容度が
高いため、さまざまな情報が入りやすくなる。

　キーガンは、リーダーと部下に求められる役割が変化してきていると
指摘する。以前の部下に求められていたものは、良きチームプレイヤー
であった。つまり、環境順応型の知性で十分であった。しかしながら、

知識社会の現代においては、部下とはいえ自己主導型の知性レベルの人材が必要とされるようになった。一方現代のリーダーは、自己変容型の知性を持つべきだと主張する。組織成果を上げるための組織運営に注力するだけではなく、組織とその規範、使命、カルチャーを組み換えられることが求められている。私たちの行動に制限をかけているのは、自分自身の想像力である。私たちの知性の発達に限界はないことはすでに科学が証明してくれている。私たちは安心して、変革のはじめの一歩を踏みだせるはずである。

5 チェンジアジリティ成熟度調査

■チェンジアジリティ成熟度調査の概要

　私たちは、チェンジアジリティ成熟度調査を、2021年12月〜2022年1月にかけて、PMAJ会員企業、並びにPP & MF（Project Planning and Management Forum）フォーラムの会員企業（計31社）を対象に、インターネットによるアンケート形式で実施した。

■チェンジアジリティ成熟度調査の評価項目

　チェンジアジリティ成熟度では、心理的安全な組織にかかる質問を5設問（うちハード面が2項目、ソフト面が3項目）、行動／やり遂げる組織にかかる質問を10設問（うちハード面が6項目、ソフト面が4項目）、また学習する組織にかかる質問を6設問（うちハード面が4項目、ソフト面が2項目）設計している。それぞれの項目に対して、5段階の状態定義を行い、今の組織環境にもっとも適切な状態レベルを選択してもらっている。

●図表 4-17　組織要素の設問

組織要素	設　問
心理的安全な組織	組織は、新しいことにチャレンジすることは推奨され、取組みや成果を評価する仕組みが存在しますか？
行動／やり遂げる組織	企業/事業部で変革／イノベーティブな活動が実施されており、成果を出すための支援の仕組みも整備されていますか？
学習する組織	個人が、自らの「能力」と「意識」を高め、組織の課題にチームで協働できる環境が整っていますか？

●図表 4-18　組織構造の設問

組織構造の項目	設　問
業績志向	長期と短期の両方の取組みが推奨され、長短バランスよく取り組まれていますか？
評価制度	変革への積極的な参加や貢献を評価する仕組みが存在しますか？
スピーディな意思決定	組織として変革への意思決定の仕組みは整備され、全体的にスピーディな意思決定がされていますか？
権限委譲	組織として権限委譲の必要性とメリットは認識され、組織ごとに組織の権限委譲の範囲内で、必要に応じて十分な権限委譲が行われていますか？
資源配分	組織として予算・資源配分の仕組みが整備され、変革活動に適切に配分されていますか？
自由度の許容	組織として新しいことに取り組む仕組みが整備され推奨されていますか？
組織の柔軟性	組織として成果を重視し、成果を出すため柔軟に対応していますか？
適切なリスクテイク	組織としてリスクを評価する仕組みが整備され、適切にリスクが取られていますか？
チェンジマネジメント方法論・知識	組織として、チェンジマネジメントの方法論が整備され、活用もされて成果が出ていますか？
情報共有	組織として、情報共有の仕組みは整備され、誰もが同じ情報にアクセスでき、情報格差はほとんどないですか？
組織の改善サイクル	組織として、改善目標を設定し、成果を測定する仕組みは整備され、目標達成のために十分な取組みが実施されていますか？
変革を推進する人材育成（タレントマネジメント）	組織として、人材育成の仕組みは整備され、仕組みが機能し、人材が育ってきていますか？

●図表 4-19　組織カルチャーの設問

組織文化の項目	設　問
インフォーマルなインタラクション	インフォーマルな交流を促進する環境は整備され、その中で社員間のインフォーマルな交流が自発的に行われていますか？
チャレンジ	チャレンジする必要性は社員の共通認識になっており、チャレンジが行われていますか？
信頼関係	信頼関係の重要性は共通認識となっており、組織全体が信頼関係をベースに動いていますか？
チームワーク	チームで動くことの重要性が社員の共通認識となっており、チームの成果に向けて自発的に動いていますか？
危機感	多くの社員が危機感を持っており、自発的に行動を取っていますか？
自律性・リーダーシップ	変革のリーダーシップの重要性は共通認識になっており、多くのリーダーが変革のリーダーシップを発揮していますか？
内外志向	誰もが外部環境を認識し、自社の都合よりも外部環境に即した行動をとろうとしていますか？
オープン性	社内外の積極的な交流の重要性が認識され、積極的に交流していますか？
成長意欲	組織として成長の必要性は認識され、成長意欲が高い人が増え、行動ができていますか？

■調査結果と考察

　本調査を通じて以下について調査結果を示し、それぞれについて私たちの考察を述べる。

① 組織要素における業界比較
② 組織構造の個別項目による業界比較
③ 組織カルチャーの個別項目による業界比較

① 組織要素における業界比較

　組織要素である心理的安全な組織、行動／やり遂げる組織、学習する組織の関係性を見ると、業界を問わず同じ傾向にある。心理的安全な組織は、他の2つの要素に比べて評価が高い傾向にある。一方学習する組織の評価は、他の2つの要素と比べて低い。特筆すべきは、心理的安全な組織が高い業界は、総じて組織要素に高い傾向が見られる。これは、心理的安全な組織づくりは、チェンジアジリティの高い組織になるための前提といえるだろう。

　前述のグーグルのプロジェクト・アリストテレスで指摘されたチームの5つの成功因子のうちもっとも重要な項目は、心理的安全性であるこ

●図表 4-20　組織要素の業界比較

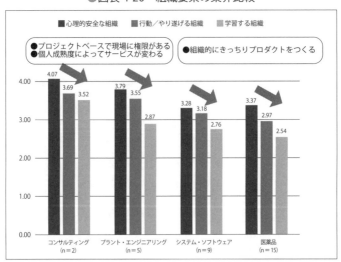

とを実証する結果となった。

　一方、3つの組織要素の相関係数を見てみると（N数を考慮し、医薬品業務にて分析している）、心理的安全な組織と行動する／やり遂げる組織、および学習する組織の相関は弱い（相関係数はそれぞれ0.43、0.55）。これは、心理的安全な組織になることが、行動／やり遂げる組織や学習する組織能力を高めることにつながらないことを意味する。行動／やり遂げる組織や学習する組織のアジリティを高めるには、心理的安全な組織をつくる取組みとは異なる施策を講じる必要があることがわかる。

　また、行動／やり遂げる組織と学習する組織には、強い相関（相関係数0.87）があることがわかった。行動／やり遂げる組織では、「したい」といったワクワク感、高揚感があり、学習する組織では、そうした「したい」ワクワク感をあらゆる組織メンバーが引き出せるようになっている。つまり、行動／やり遂げることで成果を創出し、そのことが次への行動のエネルギーとなる。自律したメンバーが、有能感を持ちながらチームで成果を出すことにまい進する。チームで成果を出すことが「あたりまえ」となり、チームで学習が始まる組織に成長できる。

　組織要素の業界別に分析してみる。プラント・エンジニアリング業界とコンサルティング業界では、他の業界と比較してチェンジアジリティは高い。これらの業界では、プロジェクトベースで業務が成立し、プロジェクトに強い権限が存在する。プラント・エンジニアリング業界は、グローバルベースでのプロジェクトが主体であり、グローバル環境変化

●図表 4-21　組織要素の相関係数（医薬品業界）

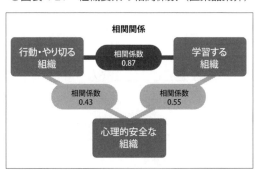

の影響を強く受け、とくにエネルギー関連の経営環境が大きく変化している。また、コンサルティング業界は、常に時代の変化に高い感度を持ち、新たなことにチャレンジすることが求められる。このような経営環境のプレッシャーにさらされていることが、組織構造、組織カルチャーのチェンジアジリティを高めている結果の表れである。

　システム・ソフトウェア開発業界は、組織の責任として品質を担保し、プロダクトを世に出している。事業特性から統制、管理のマネジメントが適合しやすいため、これまで議論してきた業界と比較すると、チェンジアジリティが低くなっていると推察する。また、医薬品業界は顧客要求に対してやり遂げるスタイルではなく、不確実要素が高く、開発ステージの移行確率が低い業界であり、他業界以上に厳しいレギュレーションの中で業務は遂行され、試験結果によってプロジェクトが終焉を迎えることも多々ある。そのため、他の業界に比べて行動／やり遂げる能力が低く出ていると思われる。

② 組織構造による業界比較

　組織構造の個別要素について、業界別の比較を見てみる。業界間のギャップが大きい項目は、「スピーディな意思決定」と「チェンジマネジメント方法論・知識」である。また、組織構造において、評価が低い項目は「チェンジマネジメント方法論・知識」と「評価制度」である。

●スピーディな意思決定

　コンサルティング業界ではスピーディな意思決定項目が4.05、医薬品業界におけるそれが2.95であり、業界間のギャップが1.10と開いている。医薬品業界では、業界の特性によりスピードよりも品質重視の傾向が他業界に比べて強く、レギュレーションの遵守は必達である。また、1つひとつの意思決定も、重く慎重に判断を求められることが多い。臨床における品質問題は、社会や顧客への信頼を揺るがす事態になりかねない。チェック機能を働かせることに重きを置いていることが原因と考えられる。一方、コンサルティング業界では、現場に判断の権限があり、その場で判断して顧客にソリューションを提供して

いく特性がある。また、組織も比較的フラットであることも多く、意思決定も早い。

●チェンジマネジメント方法論・知識

　全業界平均として 2.55 と低い。コンサルティング会社は顧客の変革活動が生業であり、チェンジマネジメントにはなじみがあるため、唯一 3.0 を超えている。これまでは、それぞれのコンサルティング会社が独自に開発したチェンジマネジメントの方法論が存在した。社内のエンゲージメントの振返りや共有、トレーニングを実施することで、チェンジマネジメントのプラクティショナーが増えていった。一方で残念ながら、あまり開示されずに一般企業にノウハウが蓄積されにくい環境であった。今後変革活動を取組みには、一般企業においてもこのチェンジマネジメントの方法論や知識を習得することは喫緊の課題となってくるだろう。

●評価制度

　全業界で3.06と評価ポイントは低い。コンサルティング業界では、チャレンジを怠り、自らの成長機会を逸している個人は組織の中で淘汰される。チャレンジすることを推奨・評価され、そのフィードバックがされる仕組みが整備されている。他の業界は、チャレンジすることが比較的少ないため、人事評価制度が旧態依然のままなのではないだろうか。チャレンジする人が増えれば、彼らを評価する仕組みが必要となってくる。

　筆者はクライアントの変革活動を携わる中で、「評価制度を変えなければ、行動が変わらない」という主張をよく耳にする。正しいように聞こえるが、実態は行動を変える方が先である。想像してほしい。新しいチャレンジに対してプラスの評価を下す。一部の人たちが、行動を起こし、評価制度の恩恵を受ける。しかし、行動を起こした彼らは、評価制度に関係なく、行動したであろう。彼らの「したい」感情は組織の制度を超越したものである。

③ 組織カルチャーによる業界比較

　最後に組織カルチャーに関する個別項目の業界比較をしていく。組織構造同様に、業界間のギャップが大きい項目と全業界の平均値が低い項目について考察する。

●図表 4-22　組織構造の個別要素の業界比較

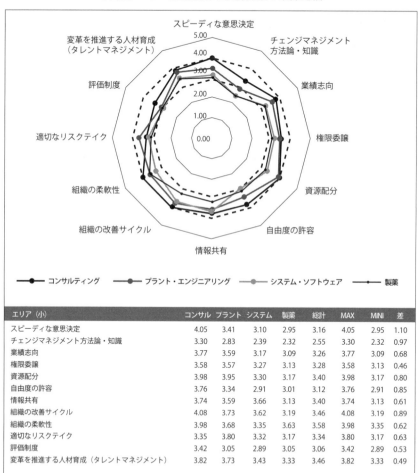

エリア（小）	コンサル	プラント	システム	製薬	総計	MAX	MINI	差
スピーディな意思決定	4.05	3.41	3.10	2.95	3.16	4.05	2.95	1.10
チェンジマネジメント方法論・知識	3.30	2.83	2.39	2.32	2.55	3.30	2.32	0.97
業績志向	3.77	3.59	3.17	3.09	3.26	3.77	3.09	0.68
権限委譲	3.58	3.57	3.27	3.13	3.28	3.58	3.13	0.46
資源配分	3.98	3.95	3.30	3.17	3.40	3.98	3.17	0.80
自由度の許容	3.76	3.34	2.91	3.01	3.12	3.76	2.91	0.85
情報共有	3.74	3.59	3.66	3.13	3.40	3.74	3.13	0.61
組織の改善サイクル	4.08	3.73	3.62	3.19	3.46	4.08	3.19	0.89
組織の柔軟性	3.98	3.80	3.35	3.63	3.58	3.98	3.35	0.62
適切なリスクテイク	3.35	3.80	3.32	3.17	3.34	3.80	3.17	0.63
評価制度	3.42	3.05	2.89	3.05	3.06	3.42	2.89	0.53
変革を推進する人材育成（タレントマネジメント）	3.82	3.73	3.43	3.33	3.46	3.82	3.33	0.49

●インフォーマルなインタラクション

　業界間のギャップが、0.55 と大きく、また全業界平均で 3.03 と他の評価項目と比較すると下から 2 番目に低い。コンサルティング業界やプラント・エンジニアリング業界は、お客様先や海外を含めたプロジェクト現場で活動するプロジェクトが多い。組織の外に出て活動する形態のプロジェクトでは、お互いが助け合って自然とチームとして力を合わせようとする環境が整いやすいため、比較的自由なコミュニケーションを推奨するカルチャーが醸成されている。一方で、医薬品業界やシステム・ソフトウェア開発業界は、組織内で活動する形態のプロジェクトが多い。また、組織モデルも機能軸の強い組織であり、各業務の効率性を追求できる組織構造となっているが、部門間のコミュニケーションの壁は比較的高い。また、上司・部下の上下関係、上司から部下への業務指示や情報展開などがコミュニケーションの中心であり、より効率的に業務をこなすための関係性が重要視される。

●オープン性

　全業界平均が 2.76 と、全個別項目の中でもっとも低くなっている。どの業界も社外とオープンなコミュニケーション、情報のやり取りを積極的に行っているとは言い難い。昨今、オープンイノベーションの取組みをはじめ、外部とのコミュニケーションは重要視され、組織の仕組みとして整備されてきているが、実際に一部の人の活動に留まっていると推測される。

●自律性・リーダーシップ

　業界間のギャップが 0.63 ともっとも大きい。プラント業界がもっとも高いが、それは取り組むプロジェクトが海外の不確実性の高いものを多く扱うため、現場のプロジェクトリーダーに権限が委譲され、意思決定がスピーディに行われることが多いからである。プロジェクトリーダーがリーダーシップをもって自律的に動いて判断しなければならない環境でプロジェクトを行っているのが大きな理由である。一方、システム・ソフトウェア開発業界は 2.81 と低い結果であった。これは、新し

いものを生み出すというよりも、顧客からの要求に基づいて開発・納品していく、どちらかというと受身的な業務スタイルであることに起因していると考えられる。また、昨今、DX など顧客からの引き合い案件が多くなっており、事業として安定していることから、自社への変化に対してのリーダーシップの意識は、他の業界に比べて低くなりやすい傾向があると推測される。

●図表 4-23　組織カルチャーの個別要素の業界比較

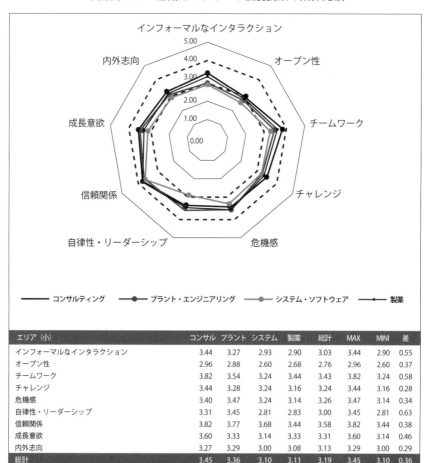

エリア（小）	コンサル	プラント	システム	製薬	総計	MAX	MINI	差
インフォーマルなインタラクション	3.44	3.27	2.93	2.90	3.03	3.44	2.90	0.55
オープン性	2.96	2.88	2.60	2.68	2.76	2.96	2.60	0.37
チームワーク	3.82	3.54	3.24	3.44	3.43	3.82	3.24	0.58
チャレンジ	3.44	3.28	3.24	3.16	3.24	3.44	3.16	0.28
危機感	3.40	3.47	3.24	3.14	3.26	3.47	3.14	0.34
自律性・リーダーシップ	3.31	3.45	2.81	2.83	3.00	3.45	2.81	0.63
信頼関係	3.82	3.77	3.68	3.44	3.58	3.82	3.44	0.38
成長意欲	3.60	3.33	3.14	3.33	3.31	3.60	3.14	0.46
内外志向	3.27	3.29	3.00	3.08	3.13	3.29	3.00	0.29
総計	3.45	3.36	3.10	3.11	3.19	3.45	3.10	0.36

付録：チェンジアジリティ成熟度モデル

■心理的安全な組織

［問い］組織は、新しいことにチャレンジすることは推奨され、取り組みや成果を評価する仕組みが存在しますか？

心理的安全な組織		
組織は、新しいことにチャレンジすることは推奨され、取組みみや成果を評価する仕組みが存在しますか？	1	新しいことにチャレンジすることがない。
	2	新しいことにチャレンジすることは推奨されているが、チャレンジに対する評価の仕組みは存在しない。失敗すると厳しい評価がなされる。
	3	新しいことにチャレンジすることは推奨され、取組みや成果を評価する仕組が存在する。しかしながら、依然として失敗すると厳しい評価がなされる。
	4	新しいことにチャレンジすることは推奨され、取組みや成果を評価する仕組が存在する。成功のみならず、積極的な失敗や次に繋がる失敗などはきちんと評価される。
	5	新しいことへのチャレンジが当たり前となり、成果を問わず公正に評価されるため、安心して積極的にチャレンジできる。また、チャレンジを促進する仕組みが継続的に構築されている。

　心理的安全な組織とは、新しいチャレンジがあたりまえになり、成果を問わずチャレンジそのものが評価される組織である。私たちはこの心理的安全性を測定するために、ハード面で2項目、ソフト面で3項目を評価指標として設定した。ハード面では、

① 業績志向

② 評価制度

　またソフト面では、

③ インフォーマルなインタラクション

④ チャレンジ

⑤ 信頼関係

について評価する。

① 業績志向

[問い] 長期と短期の両方の取組みが推奨され、長短バランスよく取り組まれていますか？

業績志向		
長期と短期の両方の取組みが推奨され、長短バランスよく取り組まれていますか？	1	短期的な取組みのみが推奨されている。
	2	短期的な取組みのみが推奨されているが、一部で長期的な取組みも行われる。
	3	長期と短期の両方の取組みが推奨されているが、状況が変化すると短期の取組みが重視される傾向がある。
	4	長期と短期の両方の取組みが推奨され、長短バランスよく取り組まれている。
	5	長期と短期の両方の取組みが長短バランスよく取り組まれており、状況の変化に対応して取組みが見直されて、全体として一貫性を持っている。

　業績志向がある程度成果の見込める短期的な取組みに偏重している組織は、新しいことへのチャレンジが阻害されている傾向にある。長期的かつ不確実性の高い取組みがおのずと選択肢から外され、成果が見えやすいテーマだけが残る。このような組織では、リスクをとることが許されず、あらゆるシーンで発言や行動を控え、自由度がないといえる。

② 評価制度

[問い]変革への積極的な参加や貢献を評価する仕組みが存在しますか？

評価制度		
変革への積極的な参加や貢献を評価する仕組みが存在しますか？	1	変革への積極的な参加や貢献を評価する仕組みは存在しない。
	2	変革への積極的な参加や貢献を評価する仕組みは存在しないが、一部で暗黙に評価しているところも存在する。
	3	変革への積極的な参加や貢献を評価する仕組みは存在するが、十分機能しておらず、変革への行動の動機づけまでには至っていない。
	4	変革への積極的な参加や貢献を評価する仕組みが存在し、変革への行動も促進され、機能している。
	5	変革への積極的な参加や貢献を評価する仕組みは整備され、十分機能しており、変化に対応して仕組みが継続的に改善されている。

人の意識や行動を変える要素の中で、評価制度も重要なファクターとなる。ただし、ここでの評価は結果ではなく、プロセスを見ることが大事である。変革への積極的な参加を促す行動への評価などがそれにあたる。当然結果も大切なことだが、チャレンジする行動に賞賛する、チャレンジしている仲間を支援する行動を認めることのほうが重要である。

③ インフォーマルなインタラクション
［問い］インフォーマルな交流を促進する環境は整備され、その中で社員間のインフォーマルな交流が自発的に行われていますか？

インフォーマルなインタラクション		
インフォーマルな交流を促進する環境は整備され、その中で社員間のインフォーマルな交流が自発的に行われていますか？	1	年齢／性別／役職／部署などの壁を感じる。
	2	一部の人は壁を感じることなく交流を行っているが、全体的に壁を感じる。
	3	インフォーマルな交流を促進する環境は整備されているが、社員間のインフォーマルな交流は限定的である。
	4	インフォーマルな交流を促進する環境は整備され、その中で社員間のインフォーマルな交流が自発的に行われている。
	5	整備されたインフォーマルな交流促進環境の中で社員間の交流が積極的に行われており、交流を促進する仕組みや仕掛けが継続的に改善されている。

　フォーマルなコミュニケーションは、会議などで行われる情報伝達や意見交換を指す。一方、インフォーマルなコミュニケーションとは、非公式、または偶発的に生まれるコミュニケーションを指し、雑談などがそれにあたる。インフォーマルなコミュニケーションを行うことで、「ソーシャル・キャピタル」を獲得することが可能となり、人々の協調行動が活発化する。人となりを知ることでさらなる信頼関係を構築し、交流の中で刺激を受けることなど良好な関係性は組織のパフォーマンス向上につながっていく。

④ チャレンジ

[問い] チャレンジする必要性は社員の共通認識になっており、チャレンジが行われていますか？

チャレンジ		
チャレンジする必要性は社員の共通認識になっており、チャレンジが行われていますか？	1	チャレンジする必要性を感じられず、チャレンジすることに消極的になっている。
	2	チャレンジする必要性の共通認識に至っていないが、一部の人は自らチャレンジしている。
	3	チャレンジする必要性を全社員に浸透させる仕組みが存在しているが、行動は一部の人のみである。
	4	チャレンジする必要性を全社員に浸透させる仕組みが存在し、社員の共通認識となっている。限られた環境下ではあるが、チャレンジが行われている。
	5	チャレンジする必要性は社員の共通認識になっており、どのような環境になってもチャレンジが積極的に行われている。

　人のチャレンジには、ワクワク感が必要である。もっと重要なファクターは、チャレンジしようとする人、している人を支援してくれる仲間の存在があるかではないだろうか。だからこそ、ある特定の人（だいたいこういう人は、組織の中では変人といわれてしまう）に依存することなく、組織として仕組みをつくり、チャレンジすることが社員の共通認識にしていきたい。

⑤ 信頼関係

[問い] 信頼関係の重要性は共通認識となっており、組織全体が信頼関係をベースに動いていますか？

信頼関係		
信頼関係の重要性は共通認識となっており、組織全体が信頼関係をベースに動いていますか？	1	信頼関係がなく、ギスギスしている。
	2	信頼関係の有無は個人に依存している。
	3	信頼関係の重要性は全社員の共通認識となっているが、信頼関係は個人に依存している。
	4	信頼関係の重要性は全社員の共通認識となっており、組織全体が信頼関係をベースに動いている。
	5	信頼関係の重要性は共通認識となっており、組織全体が信頼関係をベースに動けており、信頼関係を深める活動が組織として積極的に行われている。

心理的安全性の組織を測定するにおいて、社員同士の関係性は重要である。「信頼」とは、未来に対して、信じて頼ることだという（出所：広辞苑）。過去の実績に基づき、未来に期待し、それに応えてくれるだろうという気持ちと気持ちのつながりが信頼関係となる。そうした気持ちと気持ちがつながっている組織では、一切の不安がなく、なんでも言えて指摘し合える環境になる。

■行動／やり遂げる組織

［問い］企業／事業部で変革／イノベーティブな活動が実施されており、成果を出すための支援の仕組みも整備されていますか？

行動／やり遂げる組織		
企業／事業部で変革／イノベーティブな活動が実施されており、成果を出すための支援の仕組みも整備されていますか？	1	企業／事業部で変革／イノベーティブな活動がない。構想すらされていない。
	2	企業／事業部で変革／イノベーティブな活動が構想されるも、活動は部分的にとどまっている。
	3	企業／事業部で変革／イノベーティブな活動が実施されており、成果を出すための支援の仕組みも整備されている。
	4	企業／事業部で変革／イノベーティブな活動が実施されており、組織横断的な活動にも及んでいる。
	5	企業／事業部で変革／イノベーティブな活動が実施されており、組織横断的なシナジー効果が出始めている。活動は継続的な活動として定着している。

　組織に心理的安全性が確保されたら、次は行動に起こすこと、さらには最後までやり遂げることが求められる。私たちはまた、心理的安全性を測定したときと同様に、行動／やり遂げる組織を測定するために、ハード面とソフト面の両方で評価指標を設定した。ハード面は、

⑥ スピーディな意思決定

⑦ 権限委譲

⑧ 資源配分

⑨ 自由度の許容

⑩ 組織の柔軟性

⑪ 適切なリスクテイク

について評価する。

　また、ソフト面では、

⑫ チームワーク

⑬ 危機感

⑭ 自律性・リーダーシップ

⑮ 内外志向

について評価していく。

⑥ スピーディな意思決定

[問い] 組織として変革への意思決定の仕組みは整備され、全体的なスピーディな意思決定はされていますか？

スピーディな意思決定		
組織として変革への意思決定の仕組みは整備され、全体的にスピーディな意思決定がされていますか？	1	組織として変革への意思決定の仕組みはなく、意思決定者も不明確で、責任を取る人がいない。
	2	組織として変革への意思決定の仕組みはないが、一部で責任を取って意思決定する人は存在する。意思決定のスピードは個人に依存する。
	3	組織として変革への意思決定の仕組みは整備されているが、スピーディな意思決定には至っていない。
	4	組織として変革への意思決定の仕組みは整備され、全体的にスピーディな意思決定がされているが、意思決定者によって意思決定のスピードにばらつきがある。
	5	組織として意思決定の仕組みは整備されており、意思決定者に依存せずスピーディな意思決定が常に行われている。また、環境変化に応じて仕組みが改善されて、意思決定のスピードと質を向上させている。

　決定が遅くなることで、収益の逸失や多大な出費（貴重な時間や優秀な人材の喪失）をもたらすとマッキンゼーのレポートで報告されている（出所：『The case for behavioral strategy』McKinsey Quarterly 2010 年3 月）。また、2011 年ラリー・ペイジが再びグーグルの CEO に就任したときに、優先事項の 1 つに挙げたのは、「合意による意思決定をやめ、意思決定にアジリティと効率性を取り戻すこと」であった。グーグルでは、合意を目指す時間、労力を排除できたおかげで、アイデアの実行に集中することができた。その結果わずか 90 日間で Google ＋の機能を100 以上リリースできた（出所：『チームで意思決定プロセスを改善する 5 つのステップと 4 つの手法』Slack 社 2019 年）。

⑦ 権限委譲

［問い］組織として権限委譲の必要性とメリットは認識され、組織ごとに組織の権限委譲の範囲内で、必要に応じて十分な権限委譲が行われていますか？

権限委譲		
組織として権限委譲の必要性とメリットは認識され、各組織ごとに組織の権限委譲の範囲内で、必要に応じて十分な権限委譲が行われていますか？	1	権限委譲の必要性とメリットが認識されていない。
	2	一部の人が権限委譲の必要性とメリットを認識している。個人が判断で権限委譲が行われている。
	3	組織として権限委譲の必要性とメリットは認識されているが、個人の判断で権限委譲が行われている。
	4	組織として権限委譲の必要性とメリットは認識されている。各組織ごとに各組織の権限委譲の範囲内で、必要に応じて十分な権限委譲が行われているが、組織を横断した権限委譲には限界がある。
	5	組織として、権限委譲の必要性とメリットは認識され、各組織で積極的かつ十分な権限委譲が行われている。また、状況に応じて組織を横断した権限委譲も柔軟に行われている。

　権限委譲とは、本来上司に属する業務上の権限の一部を部下に委譲することである。権限を与えられた部下は、本人の裁量で業務を遂行することになる。権限委譲を行うメリットは、これまでより自己裁量する範囲が広がり、モチベーション向上につながる、またスピーディな意思決定をすることが可能となる。また、意思決定にあたりより俯瞰的にものごとを見ることが求められるため、マネジメントの教育にもなる。

⑧ 資源配分

［問い］組織として予算・資源配分の仕組みが整備され、変革活動に適切に配分されていますか？

資源配分		
組織として予算・資源配分の仕組みが整備され、変革活動に適切に配分さていますか？	1	変革への予算・資源配分はなされていない。
	2	予算・資源配分の仕組みが整備されておらず、一部の個人の判断でアングラで配分している。
	3	組織として予算・資源配分の仕組みが整備されているが、適切な活動に適切な予算が配分されていない。
	4	組織として予算・資源配分の仕組みが整備され、変革活動に適切に配分されている。環境変化を考慮した配分の柔軟性には課題がある。
	5	組織として予算・資源配分の仕組みが整備され、変革活動に適切に配分されている。また、環境変化への対応を考慮し、常に配分は見直されている。

変革への取組みに十分な予算が割り当てられなければ、変革活動は進まない。ワクワク感が高まり、「したい」と思っても「先立つもの」がなければ、急速にワクワク感が萎れてしまう。組織にその仕組みがないことがわかるとワクワク感さえも生まれない。

⑨ 自由度の許容

[問い] 組織として新しいことに取り組む仕組みが整備され推奨されていますか？

自由度の許容		
組織として新しいことに取り組む仕組みが整備され、推奨されていますか？	1	現行業務が最優先であり、自由な活動に取り組めていない。取り組める雰囲気ではない。
	2	現行業務が優先されている。一部の個人の判断で自由な活動に取り組んでいる。
	3	組織として新しいことに取り組む仕組みが整備されている。しかし実態は現行業務に追われ、自由な活動に十分取り組めていない。
	4	組織として新しいことに取り組む仕組みが整備され、推奨されている。それぞれが自分の判断で自由な活動に取り組んでいるが、取組み姿勢に温度差がある。
	5	組織として新しいことに取り組む仕組みが整備され、推奨されている。それぞれが積極的に自由な活動に取り組んでおり、お互いに取組みを認め合い、相互に支援している。

　組織、チームメンバーが、新しいことに取り組むこと、もしくはフロー経営の「自主性に任せる」ことができているのだろうか。前出のネッツトヨタ南国の横田氏は「チームメンバーに、責任を持たせ、自由裁量権を渡し、結果をすぐにフィードバックすると、『やりがい』は高まる」と言っている。「チームの決定に対して経営者がダメ出しをしてはいけない。一度でもダメ出しすると、途端に『やりがい』をなくしてしまう。」

⑩ 組織の柔軟性

[問い] 組織として成果を重視し、成果をだすため柔軟に対応していますか？

組織の柔軟性		
組織として成果を重視し、成果を出すため柔軟に対応していますか？	1	組織としてルールを重視しており、状況に応じた例外・変化を許容しない。
	2	組織としてルールを重視しているが、一部の個人の判断で、例外・変化への許容がされている。
	3	組織として成果を重視しているが、一部社員の中には依然ルールに縛られ、行動に制限をかけている。
	4	組織として成果を重視し、成果を出すため柔軟に対応しているが、ルールとの不整合が生じたときには対応のばらつきが見られる。
	5	組織として成果を重視し、成果を出すため柔軟に対応しており、ルールとの不整合に対しても一貫した行動が見られる。また、成果を出すために継続的にルールを改善・再構築している。

　変革などの新しいことへのチャレンジにおいて、これまでのルール、制度の範囲内では実現に向けて壁にぶつかる可能性が高い。組織としてどちらを重要視するのか、これまでのルール遵守を大切にするのか、成果を求め、柔軟にルールを変えていくのか。どちらがこれからの時代に求められているかは明白である。

⑪ 適切なリスクテイク

[問い] 組織としてリスクを評価する仕組みが整備され、適切にリスクが取られていますか？

適切なリスクテイク		
組織としてリスクを評価する仕組みが整備され、適切にリスクが取られていますか？	1	組織としてリスクを取らない。
	2	組織としてリスクを評価する仕組みはない。場当たり的にリスクを取っている。
	3	組織としてリスクを評価する仕組みが整備されている。しかし、全体として保守的な判断が強く、リスクが適切に取られるまでには至っていない。
	4	組織としてリスクを評価する仕組みが整備され、適切にリスクが取られているが、結果にはばらつきがあり、評価の質が改善されない。
	5	組識としてリスクを評価する仕組みが整備され、機能している。また、リスク評価の仕組みは結果のフィードバックをもとに常に改善されてレベルアップしている。

2019年1月25日の日本経済新聞に、日本企業のリスクテイクは国際比較を通じて低水準であるという記事が掲載された。現金保有率、R&D（研究開発）投資などの投資活動、株主還元などを分析した結果である。2008年度では、日本は研究開発費のGDP比が先進国の中でも高く評価されていた。しかしながら、米国は2017年度の研究開発費は、10年前より77%増えた。一方、日本はわずか17%の増加にとどまる。

⑫ チームワーク

[問い] チームで動くことの重要性が社員の共通認識となっていて、チームの成果に向けて自発的に動いていますか？

チームワーク		
チームで動くことの重要性が社員の共通認識となっていて、チームの成果に向けて自発的に動いていますか？	1	個人重視で動いている。
	2	一部でチームで動くことの重要性が認識されている。チーム活動は、個人の意識や能力に依存している。
	3	チームで動くことの重要性が社員の共通認識となっている。チーム内では役割が決まっており、特定のリーダーの指示のもとに、各自が役割を全うするよう動いている。
	4	チームで動くことの重要性が社員の共通認識となっている。チームの成果に向けて自発的に動いているが、リーダーが変わり、困難な状況になったときに混乱しがちである。
	5	チームで動くことの重要性が社員の共通認識となっている。チームの成果に向けて自発的に動いており、リーダーが変わり、困難な状況でも一致団結した動きができている。

　従業員エンゲージメントとは、組織と社員の信頼関係を示す指標である。社員の生産性と強い相関関係は実証されている。その従業員エンゲージメントを高めるためには「チームで仕事をする」ことである。チームの一員である実感を持つことであると報告されている。そのためにリーダーは、メンバー1人ひとりに「自分は期待されている」と感じさせる必要がある。どこで働くかではなく、誰と働き、どう協力するかが大事である。

⑬ 危機感

［問い］多くの社員が危機感を持っており、自発的に行動をとっていますか？

危機感		
多くの社員が危機感を持っており、自発的に行動を取っていますか？	1	危機感を感じていない。
	2	一部の人は危機感を感じているが、行動には至っていない。
	3	多くの社員が危機感を持っているが、行動には至っていない。
	4	多くの社員が危機感を持っており、自発的に行動を取っているが、組織として危機感の共有や行動の支援への対応は十分とは言えない。
	5	多くの社員が危機感を持ち、自発的に行動を取っている。また、組織としてあらゆる局面で危機感を共有し合い、行動を支援している。

　「経営改革大全」の中で名和高司氏は、有名なコッターの企業変革の8段階プロセスの危機感を以下のように説明している。「危機感とは、ワクワクするような変化の機会」である。私たちも危機感を「しなければならない」という使命感、不安な気持ちから「したい」というワクワクした気持ちと定義する。このような意識が、変革という成果が約束されていないものへチャレンジするやる気を生み出す。

⑭ 自律性・リーダーシップ

［問い］変革のリーダーシップの重要性は共通認識となっており、多くのリーダーは変革のリーダーシップを発揮していますか？

自律性・リーダーシップ		
変革のリーダーシップの重要性は共通認識になっており、多くのリーダーが変革のリーダーシップを発揮していますか？	1	変革のリーダーシップを取る人がいない。
	2	変革のリーダーシップの重要性は共通認識となっていないが、一部の人は変革のリーダーシップを発揮している。
	3	変革のリーダーシップの重要性を全社員に浸透させる、また育成する仕組みが存在しているが、変革のリーダーシップを発揮している人は限定的である。
	4	変革のリーダーシップの重要性を全社員に浸透させる、また育成する仕組みが存在し、多くのリーダーが変革のリーダーシップを発揮している。しかしながら、成果にはバラツキがみられる。
	5	変革のリーダーシップの重要性は共通認識になっており、多くのリーダーが高いレベルでリーダーシップを発揮している。また、継続的にリーダーシップのレベル向上の取組みも行われている。

変革には変革型リーダーシップが必要である。変革型リーダーとは、自分が感じている今がワクワクするような変わる機会であることを情熱をもって周りの人に伝え、周りの人の感情を揺さぶり、変わりたいという信念と価値観を与えることで、周りの人の行動を変えることができる人である。組織はこうした変革リーダー育成に資源を投入すべきである。

⑮ 内外志向

[問い] 誰もが外部環境を認識し、自社の都合よりも外部環境に即した行動をとろうとしていますか？

内外志向		
誰もが外部環境を認識し、自社の都合よりも外部環境に即した行動をとろうとしていますか？	1	外部環境を認識せず、自社の都合が重視されている。
	2	一部の人のみが外部環境を認識しているが、自社の都合が優先されている。
	3	組織として外部環境を認識、議論する仕組みが整備されている。
	4	組織として外部環境を認識、議論する仕組みが整備され、自社の都合よりも外部環境に即した行動をとろうとしているが、外部環境への対応レベルにはバラツキがあり一貫性がない。
	5	誰もが外部環境を認識し、外部環境を理解した一貫性を持った質の高い対応が取られている。また、外部環境変化を継続的に捉え分析し、自社環境を外部環境に適合させている。

　チェンジアジリティとは、「社内外の経営環境の変化を捉え、変革・イノベーションを起こしうる活動を創造、受容し、推進する組織能力」と定義している。社内外の経営環境の変化を捉えることを求められ、さらに重要なのは、その変化に対応した行動をとる意思決定がなされることである。

■学習する組織

［問い］個人が、自らの「能力」と「意識」を高め、組織の課題にチームで協働できる環境が整っていますか？

学習する組織		
個人が、自らの「能力」と「意識」を高め、組織の課題にチームで協働できる環境が整っていますか？	1	変化を感じられない。対応もできていない。
	2	変化を感じているが、対応が個人に依存している。
	3	組織として、変化を感じ取り、問題に対応できている。
	4	個人が、自らの「能力」と「意識」を高めている。組織の課題にチームで協働できる環境が整っている。
	5	自己実現の高い個人と個人が集結し、常に学び高め合い、新しい組織のあり方を考え、創造している。

　私たちはまた、学習する組織をハード面とソフト面の両面から測定している。ハード面では、

⑯ チェンジマネジメントの方法論・知識

⑰ 情報共有

⑱ 組織の改善サイクル

⑲ 変革を推進する人材育成

で評価している。また、ソフト面では、

⑳ オープン性

㉑ 成長意欲

で評価している。

⑯ チェンジマネジメントの方法論・知識

[問い] 組織として、チェンジマネジメントの方法論が整備され、活用もされて成果が出ていますか？

チェンジマネジメント方法論・知識		
組織として、チェンジマネジメントの方法論が整備され、活用もされて成果が出ていますか？	1	組織にチェンジマネジメントの方法論がなく、知識もない。
	2	組織として、チェンジマネジメントの方法論はないが、一部の人が我流で取り組んでいる。
	3	組織として、チェンジマネジメントの方法論が整備されている。しかし、実践される機会が少なく、検証できていない。
	4	組織として、チェンジマネジメントの方法論が整備され、活用もされて成果も出ているが、実践レベルにはばらつきがあり一貫性がない。
	5	組織として、チェンジマネジメントの方法論が整備され、一貫性をもって活用され、高いレベルで成果も出ている。また、方法論は継続的に改善され、教育も行われレベルアップされている。

　チェンジマネジメントの方法論を習得する、確立することは、変革を成功させる第一歩である。組織カルチャーの重要性を論じてきたが、優れた「土壌」で大輪の「花」を咲かせるには、種まき後の世話の仕方にかかってくる。その世話の手順が方法論である。方法論が整備されることで、変革の「花」は大きく咲くことであろう。

⑰ 情報共有

[問い] 組織として、情報共有の仕組みが整備され、誰もが同じ情報にアクセスでき、情報格差はほとんどないですか？

情報共有		
組織として、情報共有の仕組みは整備され、誰もが同じ情報にアクセスでき、情報格差はほとんどないですか？	1	必要な情報が開示されていない場合がある。
	2	組織として、情報共有の仕組みは整備されていない。しかし、一部の個人の判断で情報共有が行われている。
	3	組織として、情報共有の仕組みは整備されている。しかし、仕組みが十分機能しておらず、情報の開示のレベルにばらつきがある。
	4	組織として、情報共有の仕組みは整備されている。誰もが同じ情報にアクセスでき、情報格差はほとんどないが、積極的な情報発信と共有ができるまでには至っていない。
	5	組織として、情報共有の仕組みは整備・機能している。誰もが必要な情報を積極的に発信、共有し、組織内において蓄積・活用されている。

オープンな情報共有は、社員が自ら考え、判断や行動につながる。ま
た、情報共有が進めば、上司と部下、社員同士のコミュニケーションが
進む。信頼関係が構築され、良いアイデアなど創出される機会が増える。
成功循環モデルのグッドサイクル「関係の質」を起点にするには、まず
はオープンな情報共有が必須である。

⑱ 組織の改善サイクル

［問い］組織として、改善目標を設定し、成果を測定する仕組みが整備
され、目標達成のために十分な取組みが実施されていますか？

組織の改善サイクル		
組織として、改善目標を設定し、成果を測定する仕組みは整備され、目標達成のために十分な取組みが実施されていますか？	1	組織として、改善目標が立てられず、活動が行われない。
	2	組織として、改善目標を設定し、成果を測定する仕組みは整備されていない。一部の個人が、独自で活動している。
	3	組織として、改善目標を設定し、成果を測定する仕組みは整備されている。しかし、取組みは目標に対して不十分であり、成果もきちんと測定できていない。
	4	組織として、改善目標を設定し、成果を測定する仕組みは整備されている。目標達成のために十分な取組みが実施され、成果も測定されているが、フィードバックループが回っておらず、次の改善に繋がらない。
	5	組織として、改善目標を設定し、成果を測定する仕組みは整備されている。目標達成に十分な取組みが実施され、成果も測定され、次の改善アクションのためのフィードバックループも機能している。

改善サイクルを回すことが大切である。目標を設定し、その実現に向
けたアクションを取っているが、予定どおりの成果が出ていないにもか
かわらず、これらのアクションの修正、追加の対応が取られないケース
をよく目にする。また、組織の仕組みとして振返りを実施し、課題設定
やアクションの妥当性を分析することを怠っているケースも少なくな
い。

⑲ 変革を推進する人材育成（タレントマネジメント）

[問い] 組織として、人材育成の仕組みは整備され、仕組みが機能し、人材が育っていますか？

変革を推進する人材育成（タレントマネジメント）		
組織として、人材育成の仕組みは整備され、仕組みが機能し、人材が育ってきていますか？	1	組織として、人材育成の仕組みはない。
	2	組織として、人材育成の仕組みはない。一部個人が自主的に育成活動を行っている。
	3	組織として、人材育成の仕組みは整備されている。しかし、仕組みが機能しておらず、人材が育っていない。
	4	組織として、人材育成の仕組みは整備されている。仕組みが機能し、人材が育ってきているが、部署や年代にばらつきがある。
	5	組織として、人材育成の仕組みは整備・機能している。仕組みが機能し、幅広い部署、年代で安定して人材が育っている。また、環境変化に応じて仕組みが改善されている。

　チェンジマネジメントは、個人として、組織として、変革という新たなチャレンジに取り組み、学習する組織カルチャーをつくる一連の活動である。組織として、目指す組織カルチャーをつくり上げる人材、変革に取組み成果を出す人材を育成する必要がある。

⑳ オープン性

[問い] 社内外の積極的な交流の重要性が認識され、積極的に交流していますか？

オープン性		
社内外の積極的な交流の重要性が認識され、積極的に交流していますか？	1	社内外の積極的な交流の重要性が認識されていない。自分の周りのみの交流に留まっている。
	2	一部の人が社内外の積極的な交流の重要性を認識し、交流している。
	3	社内外の積極的な交流の重要性を全社員に浸透させる仕組みが存在しているが、行動は一部の人に限られる。
	4	社内外の積極的な交流の重要性を全社員に浸透させる仕組みが存在している。社員の共通認識となり、積極的に交流している。
	5	社内外の積極的な交流の重要性が認識され、常に積極的に交流している。また、交流を促進する仕組みや仕掛けが継続的に行われ、活動を促進している。

組織パフォーマンスの向上には、個と個のつながりである「ソーシャル・キャピタル」を重要視する必要がある。パフォーマンスを上げる組織カルチャーに変えるには、「信頼」「規範」、そして「ネットワーク」の重要性を理解する。この水平的なネットワークは、組織の枠にとらわれず、積極的に社外と交流を持つべきである。

㉑ 成長意欲

[問い] 組織として成長の必要性は認識され、成長意欲は高い人が増え、行動が出来ていますか？

成長意欲		
組織として成長の必要性は認識され、成長意欲が高い人が増え、行動ができていますか？	1	成長意欲は総じて低い。
	2	成長の必要性を全社員に浸透させる仕組みは存在していない。一部の人がその必要性を認識し、行動している。
	3	成長の必要性を全社員に浸透させる仕組みが存在している。
	4	成長の必要性を全社員に浸透させる仕組みが存在し、全社員の共通認識となっている。成長意欲が高い人が増え、行動ができている。
	5	組織として成長の必要性は認識され、多くの社員が成長のため自発的かつ積極的に行動している。また、組織として成長を促進するために必要な支援を積極的に行っている。

　学習する組織とは、個人と組織で自律性が確立されている。個人の成長はもちろんのこと、組織としての成長の必要性が社員の共通認識となっている。自己の成長のために行動を起こす、他者の成長を促すための支援を行うことが求められる。

第**5**章

チェンジマネジメント実践事例

5章では、国内の変革の取組みにおけるチェンジマネジメントの事例を紹介していきたい。事例を通して、チェンジマネジメントの成功要因だけではなく、失敗の要因を探り、示唆を提示していきたい。

最初の事例では、「旭酒造」を取りあげる。桜井社長のリーダーとしてのコミットメントと社長を支える社員のエンゲージメントについて考察していきたい。2つめの事例では、「パナソニック コネクト」を紹介する。ここでは樋口社長の組織カルチャーの変容へのチャレンジについて、考察していきたい。3つめの「星野リゾート」の事例では、旧来の組織から学習する組織への展開にはなにがドライバーとなったのか考えてみたい。そして、「みずほ銀行」では、変革プロジェクトの阻害要因を、「IBM のレノボ売却」では、変革プロジェクト（とくに企業統合プロジェクト）での成功要因をテーマに深堀をしていきたい。

旭酒造

1 リーダーのコミットメントと 社員のエンゲージメント

■常識を覆し、独自のやり方を確立せよ

　純米大吟醸というカテゴリーで日本一売れているのが「獺祭（だっさい）」である。その酒造メーカー「旭酒造」（山口県岩国市）は、約40年前には倒産の危機に瀕していたが、桜井博志社長（現会長）の推進力により、2022年現在、売上高過去最高を記録するほどに成長している。

　1984年、焼酎ブームにより日本酒市場の売上が急減している中、社長であった父が他界して、桜井氏は34歳で経営を引き継ぐこととなった。社長就任当時、旭酒造は10年間ずっと下降線をたどっていたため、「今の会社は死ぬか生きるか。恐れるものは何もない。やれることをまずはやってみよう！」と自分を奮い立たせ、日本酒造りや日本酒業界の変革に果敢に挑んできた。

　旭酒造は、「負け組の酒蔵が造った酒」というイメージを持たれていた状況に直面していたが、これを逆手にとり「高級酒の酒造メーカー」という会社イメージへの変革と、「直接販売」という常識に囚われない変革を断行したのである。

　その結果が、売上高過去最高という形で現れた。この事例では、旭酒造が行ってきた変革について紹介する。

■後ろ指さされても、東京市場に進出する

　1984年当時、旭酒造は、山口県岩国市にある4つの酒造メーカーの1つであった。地方にある酒造メーカーの地酒は、本来は「地元の人に飲んでもらうための酒」だと認識されており、旭酒造の消費圏は、半径5キロ内に住む300人程度であった。そこで、売上げを伸ばす戦略として、地元から出てもっと大きなマーケットで勝負することが考えられる

が、そこでは、大手酒造メーカーとのブランド力の差や、価格競争により、地方の小さな酒造メーカーには勝算がなかった。

　山口県岩国市の人口は約13万人であり、岩国酒造メーカーでの売上序列が4番目の旭酒造は、商圏が小さい状況を鑑みると、「市場から退場させられる」ことも十分考えられた。しかし、日本酒市場の全体が停滞し、どの酒造メーカーも苦しい状況であったおかげで、市場になんとか生き残っているという状況であった。

　このまま地元の商圏でやりくりしていても何も改善しない。日本酒の消費量が多い東京市場に進出にしようと桜井社長は決意した。しかし、消費量が多いというだけで、売れるかどうかはまったくわからない。それでも、何もしないよりはいいという強い意志が変革スイッチを押し行動に移すことになった。

　当時、地方酒造メーカーが別の商圏に参入することは、地元の関係者に反感を買うものであった。なぜなら、酒蔵は地元の名士が多く、地域組合の組合長や商工会議所の役員を任されるなど、地元で大事にされていたこともあり、東京へ進出するということは、ある意味、地元を裏切ることになるためである。これを理解した上で、東京への進出を意思決定することの覚悟は、計り知れない。

　旭酒造にとって、地元に残ったとしても売上の回復の目途もなく、会社の存続すら危ぶまれていたため、こうした思い切った決断の選択肢しか残されていなかっただけかもしれない。ただ、生きるか死ぬかという状況下では、常識や世間体など関係なく、会社をどうしたいかという強い意志が、行動の原動力となる。

　桜井社長は、「地元で売れなかったことが、結果的に今の旭酒造をつくっている」と語っている。

　地元の関係者からは「東京で山口の酒が売れるわけがない」などとずいぶん批判された。さらに尊敬していた人からも、「地元を無視して、本当に成功すると思っているのか」と諭された。「このときは本当につらく、かなりきつかった」と当時を振り返っている。

　桜井社長の東京進出当初はうまくいかなかった。既存の普通酒「旭富士」を東京に持ち込んだのだ。いざ東京に進出してみるものの、世の中それ

ほど甘くはなく、「旭富士」では顧客を惹きつけることはできず、卸や小売店との販売条件などにおいても、「岩国４番手のお酒」という負け組酒蔵のイメージで不利な商習慣を引き受けざるを得ない状況であった。

　しかし、桜井社長はこれくらいでは諦めず、東京市場で勝つための次の手段を考え、新たに２つの意志決定をした。１つめは、販売するお酒を純米大吟醸に変えること。200年以上の伝統を持つ「旭富士」ではなく、純米大吟醸「獺祭」で勝負することにした。これは、お客さまに美味しいと思ってもらえる日本酒で勝負したいという桜井社長の強い意志でもあった。社長自ら酒販店やレストランを回って、「獺祭」を置いてもらうよう飛び込み営業を行った。その結果、少しずつ置いてもらえるお店が増え、「獺祭」というブランドが口コミなどで広がり、売上が伸びていった。

　２つめは、直接販売すること。卸や小売店が持っていた負け組酒蔵のイメージでは、販売に影響が出る。であれば、中抜きして直接販売することを考えた。販売先の開拓については、社長自ら歩き回ったときの顧客をリスト化しており、それを活かすことで対応できたのである。また、販売は、流通網が重要になるため、販売ルートの確立が急務な課題となったのだが、幸いなことに「宅配便の出現」によって、自分たちで輸送手段を持つことなく、配達できるようになったことが大きかった。

■杜氏体制を止め、１年通して純米大吟醸を造る

　地方の酒造では、秋になると、杜氏が蔵人を連れてきて、寒い冬の間に酒を造る。春になると、杜氏たちは地元に帰って本業（農業など）で働く。酒蔵は杜氏たちが造った酒を１年間かけて売っていく。杜氏と酒蔵の経営陣（蔵元）の関係には古くからの慣習があり、杜氏が酒造りの権限を持ち、酒蔵の経営陣は酒造りに関して口を出すことなく販売に専念するというものだった。

　旭酒造は、この慣習から脱却するという変革を実行している。「純米大吟醸を造る」と決めたとき、当時の杜氏からは「酒米を50％以下まで磨かないと大吟醸とは名乗れない。業界の常識として、手間ひまかけて削ったところで、大して品質は変わらない」と否定的な意見が返って

きた。これを聞いた桜井社長は、「本当にその常識は正しいのか。日本酒の製法に関して、YK35（山田錦と熊本酵母の精米歩合35％）という研究結果があることを知っているか」と問い直した。この杜氏はこの製法について何も知らなかった。

　桜井社長は、「杜氏の言いなりにはならず、味の良し悪しは自分で判断し、自分で味を決める。そして、純米大吟醸の酒造りの権限は、杜氏ではなく蔵元が持つことにする」と決断した。

　この決断の背景には、レストラン事業の失敗もある。仕込みを冬季に限定していた当時、夏場の作業者の手は空いていた。その埋め合わせのために、地ビールレストランをオープンしたのだが、採算が合わずわずか3ヵ月でレストラン経営から撤退した。これをきっかけに経営への不信感が高まり、当時の杜氏が酒蔵から去った。桜井社長は、この状況もまた逆手にとり、「新しい杜氏の雇用はせず、全て自分たちで造ることにしよう」と決断した。この意思決定が、杜氏制度からの脱却となるのである。製造現場に遠慮することなく、自分たちが造りたい酒だけを造るという製造体制に変えた。

　純米大吟醸に関してあらゆることを調べていた中で、『静岡県の吟醸酒造りのレポート（文責：静岡県工業試験場 河村傳兵衛氏）』に目がとまった。旭酒造は大吟醸づくりに関して初心者だったため、素直にこのレポートどおりに大吟醸を造ってみたところ、これが美味しかったのである。この体験から「いい日本酒を造るには、カン頼りではダメだ。これからは、品質がよい状態の大吟醸のデータを集め、同じものが造れる環境を構築することが必要だ」と桜井社長は確信したのである。

　「データと環境があれば、杜氏に頼らず、蔵元だけでも美味しいお酒が造れる」と、これまでの常識から大きく逸脱する方向に進むため、その環境づくりに着手した。これが、データ取りを始めるきっかけとなったのである。

　実際に、データと環境があれば、社員だけで自分たちが望む酒を造ることができた。また、顧客の口コミなどの情報をもとに社員自ら「獺祭」の良し悪しを分析し、酒造りの改善にも反映できた。

　その結果、売上げが大きく伸びることとなったのである。なお、レポー

トどおりに造った試作の大吟醸は、東京進出時に販売した新ブランド「獺祭」のベースとなっており、純米大吟醸「獺祭」誕生のきっかけとなったのである。

さらに、「データと環境づくり」にとどまらず、日本酒を造る手順の改革にも着手している。

社員だけで純米大吟醸が造れる環境を構築したことにより、酒造りを冬期に限定する必要がなくなった。蔵内の発酵室を1年中摂氏5度に保つ空調設備を導入し、1年中酒造りができるようになり、生産能力も向上した。しかも、「精米 → 洗米 → 蒸米 → 麹造り → 仕込み（発酵）→ 上槽（搾り）」といったプロセスの情報もすべてデータ化し、属人的な「経験とカン」に頼ることなく、徹底した「数値管理」で品質維持ができるようになり、もっとも良い状態の大吟醸をお客さまに提供するということを常に再現できるようになったのである。

「杜氏制度の廃止」「社員による1年通しての酒造り環境の構築」という意思決定により、旭酒造は、「酒蔵には杜氏が必要」「酒造りは冬の風物詩」という常識を覆したのであった。

■誰にも頼らず、独自ルートで山田錦を入手する

日本酒造りに使われる代表的な酒米の品種として「山田錦」があり、旭酒造の「獺祭」はこの「山田錦」を使っている。「山田錦」で造られる日本酒は品質が高く、雑味が少なく、バランスのよく取れた味わいになりやすいことから「酒米の王様」と呼ばれていたため、この「山田錦」がなかなか手に入らない状況があった。このような状況にも、桜井社長は変革に取り組み、状況を一変させていくのであった。

純米大吟醸を造るために、山田錦を求めて山口県内の農業関係者に声をかけるも、非常に冷たく接しられ、よい米を手に入れることができなかった。そこで「米が手に入らないなら自分たちでつくろう」と行動に移してみたが、今度は「山田錦」の「種籾」が手に入らないという大きな問題が発生した。種籾は、遺伝子学的に純粋でなければならないが、常に純粋な種籾を準備するには、県の経済連や農協の重鎮クラスがいる

組織とのつながりが必要であった。桜井社長は、3年にわたり山口県経済連に「山田錦」の米の種籾をお願いしたが、一度も首を縦に振ってもらえず、自社栽培を断念した。しかし、この経験をきっかけに、「自分たちでつくれないのであれば、経済連や農協には頼らず、山田錦を売ってくれる農家と直接つながろう」と桜井社長は決断するのである。

　自分たちの足で全国の農家を探して訪問し続け、少しずつ農家と契約を結んで、経済連や農協を頼らずとも「山田錦」を手に入れられるようになった。こうしたチャレンジができたのは、旭酒造に残された道がなかったからかもしれない。しかし、自分たちで何とかしようという強い想いがあるからこそ、農家にその想いが伝わり、行動が結果に結びついたのである。

　こうして「山田錦」が手に入るようにはなったが、「山田錦」は栽培が難しいことから、農家から品質の良い「山田錦」を安定供給してもらうことが次の課題となった。「山田錦」は高価な米のため、農家はつくればつくるほど利益を得られるが、品質が良くなければ酒蔵が買ってくれないという損失リスクもあった。そこで、そうした農家の不安を払拭するために、つくった酒米はすべて旭酒造が買い取るという「村米契約」を発案し、農家と契約することとした。これは、ある村でできる酒米すべて（100％）を品質の良し悪しに関わらず旭酒造が買うという契約である。村は、この契約を結ぶことにより、安心して酒米の栽培ができるようになる。また、旭酒造は、農家に任せっきりではなく、高品質の山田錦を安定してつくるためにはどうしたらよいか、一緒になって考え、農家と酒蔵が一緒に米づくりをするという協働作業も始めたのである。これにより、旭酒造が望む品質の山田錦が、旭酒造独自のルートで購入できるようになった。

　さらに旭酒造は、「山田錦」の生産量を増やすことを目標に掲げ、社会貢献にチャレンジしている。具体的には、2014年に富士通と共同で「Akisai」という食・農クラウドを活用した酒造好適米の栽培技術の見える化を開始している。蓄積された栽培情報をもとに、農業関係者の協力も得て「山田錦」の安定栽培技術の確立を目指すとともに、新たに「山田錦」の生産を始める生産者に栽培ノウハウを提供し、「山田錦」の生

産量増加に向けた取組みを強化しているのだ。

　「企業は社会と共にある。米の売上げが落ちてきている今、高価な米の「山田錦」をたくさんつくってもらい、たくさん消費することが社会的正義である」と桜井社長は言う。

■この事例から学ぶ教訓

　当時の桜井社長が、会社や社員、取引先など支えてくれている人たちを守るため、古い慣習にとらわれずさまざまなアイデアを出し、果敢にチャレンジすることで、新たな価値を生み出すことができた。ここでは、桜井社長ではなく、その社長の熱い想いや行動に賭けた社員の気持ちを考えてみたい。

　変革とは「やることを変える」ことである。地元から飛び出すこと、クローズドな杜氏体制からオープンなデータに裏付けされた酒造り体制への転換、直販への取組みなど「変えたもの」は枚挙にいとまがない。ここには、社長と社員の信頼関係、濃密なコミュニケーションなしでは実現しえなかっただろうと容易に想像がつく。

　とりわけ、杜氏体制からの脱却は、社員にとってエポックメイキングなことであったのではないだろうか。データの収集、解析、改善策の立案など、これまで立ち入ることができなかったメーカーとしての心臓部分を、自分たちの頭と手で担うことができるのだ。これは前述のエドワード・デシらの「自己決定理論」において、自律性の欲求を満たし、さらには有能感の欲求や関係性の欲求をすべて充足させているのだ。こういった成功体験が、次なるチャレンジを恐れず、果敢に挑戦する組織カルチャーに生まれ変わった瞬間ではなかったかと推察する。おそらく当初社長のアイデアや勇敢さをフォローしているに過ぎなかった社員たちが、リーダーシップをとり、競うようにアイデアを出し、アクションを起こしているからこそ今の旭酒造があるような気がしてならない。

　さらには、富士通との取組みなど働く意義や社会へのインパクトを感じとれる施策を次々と打ち出し、旭酒造で働く喜び、誇りを強く社員に抱かせているのだろう。

2 パナソニック コネクト 組織カルチャーの 変容へのチャレンジ

■トップのパッションで組織カルチャーと個人意識を変えよ

「組織風土を変えようとしても、なかなか変えられない。多くの企業が、変わりたくても変われないのは、カルチャーとマインドが変わり切れていないからだ」

これは、パナソニック株式会社コネクティッドソリューションズ社（現パナソニック コネクト株式会社）（東京都中央区）の樋口泰行社長の言葉だ。樋口社長は、新卒でパナソニック株式会社に入社後、外資コンサルティングファームや日本ヒューレット・パッカードの社長、日本マイクロソフトなど、複数の会社を経験し、2017年パナソニック株式会社コネクティッドソリューションズ社の社長として、25年ぶりのパナソニックへの出戻りだった。

「25年ぶりに出戻りしたパナソニックは、25年前と大きく変わっていなかった」と、樋口社長は社長就任当時を振り返っている。しかし今では、「別の会社のようになった」「パナソニックは変わることができた」などの現場の声があり、変革の成果が実感できるような状況となっている。

ここでは、変革のリーダーとして、約5年の歳月をかけ、いかに組織カルチャーと個人意識を変えたのか、樋口社長の変革リーダーシップを取りあげたい。

■何より先に、熱意を持った変革メッセージをトップが直接届けよ

何か新しいことにチャレンジする、新しいことを受け入れるなど、頭では理解しているものの、行動できなかったという人は多いのではないか。人が行動に移すには、大義名分（仕事への意義やワクワク感、また社会へのインパクト）と安心感（失敗してもとがめられない、何かあっ

第5章

チェンジマネジメント実践事例

231

たら助けてくれる、また自分の能力ならできるという安心感）が必要だ。変革リーダー1人だけがやる気になっていても、社員1人ひとりの意識と行動が伴わなければ、継続的な活動につなげることは難しい。会社や組織を変えるには、組織カルチャーと個人意識を変えなければうまくはいかないのである。変革を導くためには「理解（わかる）」と「行動（できる）」を理解して進める必要がある。

　樋口社長は、組織カルチャーや社員1人ひとりの意識が今の状態では、パナソニックは何も変わらない、変革は実現できないことを過去の経験で痛感していた。そこで、パナソニックの変革は、組織カルチャーと個人の意識を変えることから着手した。

　2017年4月、樋口社長は、社長に就任してすぐに社員を集めて、パナソニック株式会社コネクティッドソリューションズ社の今後の方向性（ビジョン）と変革のステップ（ロードマップ）を社員に向けて熱く語った。このスピーチの様子は、全世界の拠点にも配信されていたため、全社員に強いメッセージとして届いていた。

　「届いていた」と言えるのは、「この人は、変わるまで諦めずにやるな」「パッションが伝わった」など「これで会社は変わる」「変われそう」と感じた社員の感想や声が、樋口社長の耳に届いていたからだ。変革メッセージの発信（スピーチ）は、受け手がそう感じるほどの熱量が必要だ。変革リーダーの熱意が社員に伝わらなければ、「変わりたいと言っているが、本気で変えようとしているのだろうか」「当事者意識はあるのか」「昔、誰かが同じような活動をして、結局は何も変わらなかったので、今回も何も変わらないだろう」と思われても仕方がない。

　また、こうした変革リーダーの想いを代弁するフォロワーの存在は重要だ。想いの輪を広げていくチェンジエージェントの役割を担っていくのだ。

　樋口社長は、次の手として本社を大阪の門真から東京に移転させた。「パナソニック＝門真」という古くから定着しているイメージを変える強い意思と実行力で、社員に変わることへの本気度が伝わったのは言うまでもない。メッセージだけではなく、ドラスティックに変わることを体験させる。トップの不退転の強い意志が、他人事から自分事へ変わる瞬間である。

変革が失敗する代表的な例は、変革推進室などの組織を立ちあげ、誰かに任せてしまうケースである。変革リーダーが結果責任を持ち、最後までリードしていかなければ本気度の低下が危惧され「やっぱり変われないのかな」と思われてしまった時点でゲームセットである。

■トップと直接コミュニケーションがとれる環境をつくる

　変革の火を絶やさないために、樋口社長は社員とのコミュニケーションの機会を意図的に増やした。新オフィスでは社長室や個室を廃止し、フリーアドレスにして遮るものがないオープンな職場環境をつくった。オープンオフィスになったこともあり、社長自らオフィス内をふらふらと普通に歩くようになり、積極的に直接社員に話しかけた。

　日々「あの件、どうなった？」など、声をかけて会話することができるようになった。「今、資料にまとめているところです」という返事があった際には、「今、口頭でいいから話して」と、このようなやり取りを続けた。こうしたコミュニケーションを繰り返していくうちに、「資料じゃなくて、口頭でいいのだ」「口頭で決められることもあるのだ」との理解が広がり、社員の意識変化を促すことにつなげていった。また、コミュニケーションの手段も多くなっていった。四半期ごとのトップからのメッセージ、いきなり社長から社員個人に発信されるメール、社内のウエブサイトなどである。

　また、なかなか話す機会がもてていない若手社員とは、「わくわくワーク」というコミュニケーションを取る場をつくった。これは、異なる部門で5，6人集め、自己紹介やお互いの仕事内容を共有することで知らないことを知り、他者から学ぶことができた。おかげで社員間のコミュニケーションの活性化につながり、チームの一員としてのエンゲージメントを高めることに成功した。

　よりコミュニケーションをとりやすくするために、服装のカジュアル化も導入した。スーツで仕事をしていると、画一的で発言や発想も広がらないケースがあるが、カジュアル化にすることで個性を発揮できるような雰囲気にもなる。もちろん、樋口社長はじめ上層部もカジュアルな

服装で出社する。そうすることで、若い社員が事業部長クラスへ気軽に話しかけられるようになる。「ポジションがある人に話かけやすくなった」との社員の声も出ている。たかが服装と思われるかもしれないが、服装で距離感が縮まり、コミュニケーションが取りやすくなるのであれば、こんな効率的な施策はない。

しかし、中にはリーダークラスでスーツを着続けている者もいた。カジュアル必須としたわけではなかったので、違反しているわけでもなく、個性として受け止めることもできた。しかし、彼のコミュニケーションの状況をみると、周りから少し話しかけにくそうであった。

そこで、彼にスーツを着る理由を確認したところ、「スーツを着たくて着ている」とのことで、悪いことをしているわけでもなく、カジュアル化はとくに必要ないという考えを持っていた。

変革のリーダーとして、その彼に対し「スーツ同士の会話よりも、カジュアル同士の会話の方がコミュニケーションが豊かになる」とデータを交えて説明したところ、その彼は翌日からカジュアルな服装で出社するようになった。その結果、周りへの影響度も大きく変わり、彼自身「カジュアルにしたことでコミュニケーションが豊かになった」と話している。

変革リーダーと社員の距離感が近くなることにより、メッセージが届きやすくなる。成果を分かち合うことも忘れない。「社員の皆さんのおかげで着実に変革の結果が出ていることに感謝しています。ありがとう」と素直にメッセージを発信したことが、社員の心にしっかり届き、「この人のためにも、この会社のためにもがんばろう」という気持ちになり、共鳴する。

社員が共感することこそが、変革における最大のエネルギーの源泉となるのである。

■意思決定に忖度は不要、正しいことを正しく意思決定する

　樋口社長はまた、組織カルチャーや個人の意識改革で重要なポイントである会社の成長に繋がる正しい意志決定をすることを貫いた。

　樋口社長は、リーダーにふさわしくないと判断した人材をすぐに異動させたのだ。社長就任早々だったこともあり、この異動は社内に衝撃を走らせることになった。しかしながら、「変わりたい、変えたい」という変革の意志を持った若い社員からは支持を得ていた。今、会社はどういう状況で、会社を成長させるために何をすることが正しいのかをしっかり見極め、忖度なく意思決定することが、変革リーダーの役割であり、重要な気質である。会社資源のムダ遣いを見つけ、そのムダを削減することが会社成長のために必要な施策であるというのが樋口社長の考え方である。

　社員の給料は、お客さまへの提供価値の対価から支払われている。たとえば、週報の作成を取りあげる。週報は、資料作成に時間もかかり、週1回の報告によるタイムラグも発生する。長年にわたって活動していると、その仕事の必要性について何の疑問も抱かなくなるが、週報作成はかけた時間と比較して、効果が限定的である。すでにコミュニケーションがとりやすい環境に変わったため、適宜、口頭で報連相することができるはずであり、そうであれば、まとめ報告や週報はいらなくなる。その作業時間を、他の価値を生み出すことを考える時間に使ったほうが効果的であり、お客さまへの価値に直結する仕事に時間を使ってほしいという考え方から、週報を廃止した。

　変革リーダーは、組織カルチャーを「快適ゾーン」（皆が居心地のよい環境）から、「学習ゾーン」（正しいことを判断し、目標実現に向けて厳しいことが言い合い、意思決定できる、賛同する環境）をつくりあげる必要があるのだ。私利私欲ではなく、会社や社員のために、という強い意志をもっての決断には、少なくとも必ず賛同してくれる人はいると言っておきたい。想いをもって行動していれば、「この人は、自分のために頑張ってくれている」「この人のためなら協力したい」というフォロワーは必ずいるし、現れる。

■この事例から学ぶ教訓

　組織カルチャーを変えるには、社員の中で共通の認識となっている「あたりまえ」を変え、その集合体である新たな「規範」をつくりあげることだ。週報やスーツの例を思い出してほしい。これらの話を表面的にマネて、「うちの会社でも週報はやめよう」「ビジネスカジュアルを導入しよう」としても、それでは組織カルチャーは何も変わらない。大切なのは、週報をやめることではなく、週報の代わりに日々のコミュニケーション、報連相のほうが効果的であると皆が認めることだ。コミュニケーションの中で、＋αの情報を確認したり、気づけたりする「あ、これいいね」の成功体験を積み重ねることが重要なのだ。

　インテグラル理論における「集団の外面」の変化（週報の廃止）によって、「個の外面」（コミュニケーションによる代替）を促す。それが「個の内面」（もっとこういう内容は話した方が価値あるな）に作用する。週報という「やらされていた」ものから、顧客の情報共有という「ワクワクしたクリエイティブ」な仕事に生まれ変わるのだ。また、頻繁に行われるようになったトップとの会話の中で「集団の内面」（その場で即決するスピード感を大切にしている）が形成されていくのである。

　先日、樋口社長が、あるテレビ番組で「パナソニックのような歴史があり、大きな企業になると「あたりまえ」が当たり前にできなくなる。私は、このあたりまえをやるだけ」と言っていた。組織カルチャーをマネジメントすることこそ変革の成功確率をあげることにつながる。そしてそれは変革リーダーしかできない仕事である。変革リーダー自身は誰よりも先に変わるのだ。それがリーダーの覚悟である。

3 星野リゾート —————
学習する組織への転換

■誰もが旅館運営の意思決定者となれ

　観光業界の変革企業として有名な「星野リゾート」（長野県北佐久郡
軽井沢町）。100 年続く同族企業の 4 代目である星野佳路社長は、1987
年施行のリゾート法を契機に、1992 年に星野リゾートの企業ビジョン
を「リゾート運営の達人」に変え、お客さまの満足度を重視しながらも、
十分な利益を確保できる運営の仕組みづくりに取り組んできている。こ
こでは「教科書どおりの経営」といわれている星野リゾートの変革事例
を紹介する。

■情報共有することで、社員自ら判断して行動できる

　星野社長は、星野旅館の経営を継承してすぐ、旅館が提供している和
食料理を変えることに着手した。
　旅館が提供している料理が「美味しくない」と思ったからだ。ただ、
経営者である自分が、板長に料理が「美味しくない」と言うことにた
めらいがあった。そのようなことを口にしたら、板長が辞めてしまい、
さらに板長を慕う調理現場のスタッフ全員が辞め、翌日から料理を準
備できるスタッフがいなくなり、旅館として成り立たなくなってしま
うからだ。
　しかし、経営者としてはこのまま問題を放置できないと考え直し、
勇気を振り絞って板長に「もっと美味しい料理を出したいと思ってい
る」と投げかけたところ、「お客さまは美味しいと言っている」と板長
に反論されたのだ。星野社長は、板長の意見に反論するための情報を
持ち合わせておらず、「美味しくない」という個人の感覚（主観的）で
はなく、客観的な情報がないと説得力がないと気づかされたのであっ

た。ここでのポイントは、経営者と板長との関係性で見るのではなく、相手に理解してもらうためにはどうしたらよいかということを思考することである。

　変革は、早い段階で推進するチームが問題意識を持って、自ら変えたいと思ってもらわなければならない。だからこそ、料理を変えるためには、板長を早く巻き込み、自覚してもらう必要があったのだ。

　そこで、星野社長は、星野旅館の顧客満足度調査を実施することにした。社内関係者の主観が入らないように外部の会社に調査を依頼し、「料理」「フロントサービス」「部屋」「温泉浴場」など、旅館が提供しているサービスすべてを対象に、顧客満足度の実態を測り、全社員にその結果を公開した。そうした中、評価項目の１つ「料理」について、「おいしくない」の回答が多数あった。その調査結果を見た板長は、反論することなく結果を受け入れ、料理責任者としての意地から、またお客さまに喜んでほしい一途な気持ちから自ら料理の改善を始めたのであった。

　この変化を目の当たりにした星野社長は、「当時の社員は、会社への忠誠心がなく、会社の利益を高めることにも興味を持っていなかった。ただ、自分が提供するサービスでお客さまに満足してもらいたいという強い気持ちは持っていた。どの社員も持っているこの気持ちこそ星野リゾートの強みの１つであり、経営者として活用すべき能力だと気付かされた」と、当時のことを振り返っている。

　このことをきっかけに、経営者が社員を信頼し、社員の能力を活かし、自律性を高めるためにはどうすべきかを考えた。出した答えは「権限委譲」と「経営情報の公開」であった。「権限委譲」は、社員の自律性を高める手段として有効的であることは周知の事実である。ただ、裁量権を与えるだけでは、「社員は自律的に動かない、動けない」と星野社長は考え、「経営情報の公開」を決断したことが、ここでの重要なポイントである。

　サービス業は、目の前のお客さまへのスタッフの対応の良し悪しが、顧客満足度に直接影響を及ぼす。顧客満足度を高めるためには、お客さまへの対応時に、現場スタッフがどのようなサービスが最適であるかを瞬時に判断し、お客さまの要望に応えるサービスを提供しなければなら

ない。しかしながら、これまでの星野旅館の現場スタッフは、なぜその判断を下すのか、今までどのように判断してきたのか、その基準は、各スタッフのこれまでの経験値であり、個人の判断に委ねられていた。つまり、スタッフによりサービスの質が異なっていたのだ。

　星野社長は、スタッフ全員が旅館運営者の視点でその場で判断できるようになれば、サービスの質は安定し、顧客満足度も高まるはずだと考え、旅館の経営情報を全スタッフに公開した。そして「この情報をもとに、現場スタッフは自ら考え、自らの判断でお客さまのためになる行動を取るように」とのメッセージを送り続けた。

　この2つの施策により、社員自ら何が求められているのか？　今何が必要なのか？　を考えるようになり、上司への相談と上司の指示待ちが減った。そして、お客さまを待たせることも減った。結果として、お客さまの満足度も高まったのである。

　「経営情報の公開」という意思決定は、なかなかできることではない。売上げや利益などの社内情報をスタッフが社外に漏洩しないかという不安が必ずついてくるからだ。ただ、星野社長は、全スタッフを信じ抜いていた。また、これまで自分で考える習慣のないスタッフは、急に自分で考えろと言われても、すぐに行動できるようになるわけではない。しかし、データの意味を、データの活用方法を理解できれば、板長が料理を改善する意識に変わったように、いつかは自ら考え、自ら行動するようになるとスタッフを信じ抜いた。

　スタッフが自信をもってお客さまを対応することにより、お客さまの反応に変化が見られ、その反応からスタッフはより自信を持つことができ、モチベーションの向上にも繋がった。成功循環モデルでいうグッドサイクルが回り始めた。

　この「経営情報の公開」の取組みは進化を遂げている。社員・従業員へ「星野リゾート社の倒産確率」を毎月情報開示している。コロナ禍において、サービス業は大きな打撃を受けた。社員がもっとも気にかけている情報を積極的に公開することで、今なにをすべきかを社員が自ら考えるきっかけを与えることにもなり、三密回避などの安心・安全が最優先事項であることの自覚を持ってもらえた。

■経営ビジョンを浸透させることで、社員の意識は変わる

1995年、これまでの「星野温泉旅館」から「星野リゾート」へと社名を変更した。それは、「リゾート運営の達人になる」という目標を確固たる経営ビジョンにするためであった。「社員の意識を大きく変えるために、3代にわたった社名を変えることは極めて大きな決断だった」と星野社長は当時を振り返っている。

星野社長が経営を継承してから抱えていた課題の1つに「人材」があった。新卒者向け合同就職説明会の場で会社を紹介しても、長野県という立地面もあるが、興味を持ってくれる学生はほとんどいなかった。「会社の現状を話しても魅力を感じてくれないのであれば、会社の将来について話してみよう。未来の話をすればきっと興味を持ってくれるはずだ。そして、星野リゾートは目指す将来像に向かって日々邁進する魅力的な会社であることを説明しよう」と発想を転換した。

会社の将来を伝えるうえで何が必要か。人を惹きつける、魅力的でわかりやすいシンプルな一言は何か。

星野社長は、熟慮の末、「リゾート運営の達人になる」というシンプルではあるが、魅力的な言葉を選んだ。この言葉こそが、星野リゾートの目指す将来像である。この言葉は、就職説明会などで会社説明するにあたり、とても伝わりやすかったため、求職者だけでなく、全社員・全スタッフにも向けて、この経営ビジョンを徹底して伝え、語るようにした。また、星野社長は、目に見えないビジョンの達成度を測定するため、「売上高経常利益率」「顧客満足度」「エコロジカルポイント」の3つの具体的な数値目標を設定した。これにより、「リゾート運営の達人」というビジョンから具体的な行動指針に落し込まれ、社員は星野リゾートとして正しい行動をとっているか、社員が同じ判断基準をもっているかを自ら考え、行動できるようになったのである。

さらに星野社長は、経営ビジョンをより徹底・浸透させるための遊び心として「星野リゾート目覚まし時計」と「ビジョナリーカップ」を全社員に配布している。遊び心を取り入れたのは、一生懸命真面目に伝えるよりも、楽しみながら伝えることの方が共感を得られやすく、心に残

りやすいからだ。

　目覚まし時計は、アラーム音の代わりに「経常利益率」「顧客満足度」「エコロジカルポイント」の数値目標が音声メッセージとして流れ、アラームを完全に止めないと、「リゾート運営の達人を目指して今日も1日頑張りましょう！」という星野社長の音声メッセージが流れるという仕掛けになっている。また、ビジョナリーカップは、経営ビジョンを達成するまでの目標が内側に書かれており、飲み物を飲み始めると、目標が次々に現れ、飲みきると経営ビジョンが現れるという仕掛けになっている。

　星野社長は、ここまでして、経営ビジョンを全社員に浸透させる努力をしている。それはなぜか。経営ビジョンを浸透させることが、社員の「協創」意識を育み、競争力をつけるための「発想力」を養い、自分たちで考えることの定着化に繋がるのだ。それは、リゾナーレ総料理長のコメントが物語っている。

　「私は、経営ビジョンの浸透活動が始まった当時、調理の担当者だったので、経営ビジョンにまったく興味がなかった。しかし、目覚まし時計やビジョナリーカップに何度も触れて、繰返し経営ビジョンを聞いているうちに、私やスタッフの意識が変わり出し、今では、経営ビジョンを達成するためには、メニューをどうするのか、調理は改善できるか、など考えるようになった」と振り返る。

■フラットな組織づくりで、人材を活かす

　星野リゾートの変革への取組みもすべて順風満帆だったわけではない。古くから働いてくれている社員と衝突しながらも、変革を一歩一歩進め、少しずつ結果が出始めていた。しかし、それに合わせる形で社員が辞め始めた。「辞めたい」という社員を引き留め、辞めたい理由を確認した。「トップダウンの命令にによるやらされ感で働くことにストレスを感じたから」という理由であった。会社の将来像に魅力を感じつつも、指示どおりに働くことしかできない現実があり、そうした環境が社員を退職に追い込んでいた。

　星野社長は、社員と一生懸命コミュニケーションをとって、活気ある

楽しい職場づくりを目指していたつもりであったが、実際は多くの社員を追い詰めることになっていたのだ。

そこで、すぐにトップダウンを止めた。そして「社員自らの判断で行動してもらい、言いたいことを言いたいときに誰にでも言える環境をつくり、社員のやる気を高めよう」と、職場づくりに着手し、フラットな組織をつくった。社長と社員のコミュニケーションが良好になるだけでなく、社員同士でも意見を言い合えるように環境を整備した。

実際に、先輩社員には意見を言いにくいという声を聞いていたからだ。自由な発言を生むためには、まずマネジャーにある「部下は上司の指示に従うべきだ」という意識をなくしてもらう必要があった。また、マネジャーには、現場の声を吸いあげてもらう必要もあった。現場の声とは、愚痴やお客さまとの会話内容などさまざまあるが、そこにはよりよい環境づくりのサービス向上のためのヒントが眠っているからだ。部下は部下で、先輩や上司の顔色を見ながら行動するのでなく、躊躇なく自分で判断し行動することを意識してもらう必要があった。また、マネジャーに話を聞いてもらえると、気にかけてくれている、期待されているという意識が芽生え、エンゲージメントが高まり、各自の意識や行動の変化から現場は活性化していった。

ただ、これを一過性のものにしてはならず、組織カルチャーとして根づかせる活動も必要であった。「カルチャー」とは、会社の仕組みでもなくルールでもなく、目に見えない曖昧なものだから、トップやマネジャーの姿勢・あり方から自然と生まれ、根づいていくものであると考えている。子供が親をよく見て育つように、部下も上司や上層部をよく見て働いているのだ。だからこそ、カルチャーとして定着させるためには、トップやマネジャーの姿勢や行動、発言にかかっている。マネジャーである人自らがその姿勢を変えなければチームのカルチャーは変わらない。

北海道にあるアルファリゾート・トマムには「雲海テラス」がある。自然の神秘ともいえる雄大な雲海を見下ろしながらコーヒーなどを楽しめる場所であり、今では毎年全国から何千人もの人がやって来るほどの人気スポットとなっている。このサービスは「お客さまにも、この眺めを見てもらいたい」という、スキー客を運ぶゴンドラ・リフト部門スタッフの

何気ないひと言がきっかけで始まった。現場の声に耳を傾ける。こうした職場環境はよいサービスを生み出し、社員のやる気を向上させるのだ。

■この事例から学ぶ教訓

　星野リゾートがどういうプロセスを経て「学習する組織」への転換が図れたのだろうか。トップダウンの指示を止めたところから始まったのではないかと振り返る。これまでの指示待ちの組織カルチャーから脱却するため、社員自らが判断できるように必要な情報開示を行い、社員の判断内容、その結果を社長が信じ抜いた。フロー経営で有名なネッツトヨタ南国の横田社長も「自主性に任せる。信じ切る」と言っていたのを思い出す。また、判断のよりどころとなるビジョンを伝え続けたことも大切であった。正しい判断には、地図（データ）と羅針盤（ビジョン）が必要だ。

　また、この事例では「従業員エンゲージメント」の向上がもたらす効果が実証されている。人は、相手から信頼されている、と感じると、その人にお返し（貢献）をしなければならないという感情を抱く心理がある（返報性の原理）。相手を信頼することで、相手からの信頼を感じることができ、その結果、相手に何かを委ねることができるようになり、気兼ねなく本音で語り合えるようになる。常に「信頼」メッセージを投げかけ、信頼貯金を増やしていく必要があるのだ。

4 みずほ銀行 ──────────
変革プロジェクトでの呪縛

■システムは導入して終わりじゃない、
　システム運用を組織に定着させよ

　2021年2〜9月までの間に8回のシステム障害を発生させたみずほ銀行（東京都千代田区）。この障害はメディアでも大きく取りあげられ、書籍やYouTubeなどで原因が解説されている。ITシステムとしての問題分析については書籍などの解説を参照いただくとして、ここでは、みずほ銀行のシステム障害の事例をもとに、変革プロジェクトの阻害要因を紹介する。

■システム障害について

　まず、みずほ銀行の成り立ちと2021年のシステム障害の概要から話をはじめよう。

　みずほ銀行は、第一勧業銀行・富士銀行・日本興業銀行の3行の合併により2002年に発足したメガバンクである。親会社である「みずほホールディングス」による強固な事業基盤と「One MIZUHO」戦略（銀行・信託・証券が一体となった運営を進める戦略）で、みずほ銀行もグループ会社の1つとしてグループ各社が相互に効果を発揮し、一丸となって最高品質の金融サービスを提供することを目指している。

　みずほ銀行は、今回の大規模なシステム障害を起こす前の、2002年4月と2011年3月にもシステム障害を経験している。その対策として、旧3行の勘定系基幹システムを統合した新勘定系基幹システム「MINORI（みのり）」を2019年、約8年の歳月を経てようやく完成させた。

　システム稼働後も、さらなるシステム改良を進めていたが、2021年2月、インターネット経由の銀行サービス「e-mizuho」への切替え作業に

端を発し、同年9月までに8回のシステム障害を起こすことになる。この8回の障害（ATM停止、一部サービス停止、送金処理遅延、一部取引の不正実行など）は単なるシステム障害だけでなく、銀行サービスのオペレーションなどの問題も浮き彫りとなった。金融庁と財務省の指導が入り、業務改善命令が発動された。また、金融庁がみずほ銀行のシステム運用を厳しく監督し、共同で不具合改善活動を管理することとなった。

なお、金融庁が挙げた一連の障害を起こした直接的な原因に対し、みずほ銀行はシステム障害の原因分析結果について、「システム」「顧客対応・危機管理」「人と組織の持続的強化」の3つの区分で整理した再発防止策を報告しており、現在（2023年4月時点）も再発防止策を実施中で、定期的に進捗状況報告を一般公開している。

■既得権益の優先度により、基幹システムの刷新方針は変わる

みずほ銀行になる合併前の3行（第一勧業銀行・富士銀行・日本興業銀行）は、それぞれの基幹システムを保持しており、第一勧業銀行は富士通製、富士銀行はIBM製、日本興銀銀行は日立製であった。

合併後、One MIZUHOになるべくして発足した大規模プロジェクト「MINORIシステム開発」は、それぞれの基幹システムを活かす形での新システム開発を選択した（**図表5-1**）。この選択が、変革を成功に導くことを妨げる要因（阻害要因）の1つとなる。

3つの基幹システムを活かす選択が間違いとはいわないが、基幹システ

●図表5-1　みずほ銀行の基盤システム

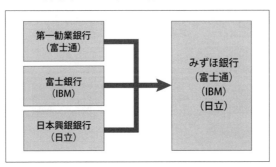

ムの連携はソフトウェア開発を煩雑にし、プログラムのロジック管理も複雑にする。これは IT システム開発者であれば想像がつく。しかし、みずほ銀行は既存の基幹システムを捨てる選択をしなかった。残念ながら、この意思決定はみずほ銀行の将来を考えた末の結論ではなく、根強い旧行の派閥意識による結果であったと思われる。その理由は、18 年 4 月に社長に就任した坂井辰史氏が「第一勧業銀行、富士銀行、興銀の旧 3 行による派閥意識は根強く、ある行員は銀行退職後の再就職先がいまだに旧行ごとに管理されている」と打ち明けていることからも推察できる。

たとえば、三菱 UFJ 銀行は、東京銀行と三菱銀行、UFJ 銀行が合併した銀行であるが、合併後には三菱銀行の基幹システムを残す形で運用を行っている。また、同様に、さくら銀行と住友銀行が合併してできた三井住友銀行は、住友銀行の基幹システムを残すことを選択している（**図表 5-2**）。

ただ、「1 つの基幹システムだけを残す」という選択は、相当の覚悟を持たないと意思決定できない。システム開発には、多くのステークホルダーが関わっているからだ。たとえば、2 つの基幹システムからどちらか一方を残す場合、切り捨てられた基幹システムに関わっている人（システム開発者（社内、社外）やシステム運用者など）の多くは職を失う。また、システム開発会社（開発ベンダーなど）は多大な売上を失うことになり、会社経営に影響を及ぼすことも考えられる。このように大きなお金が動くこととなり、その意思決定、つまり責任を取る人がいないのだ。

●図表 5-2　他銀行の基盤システム統合の変遷

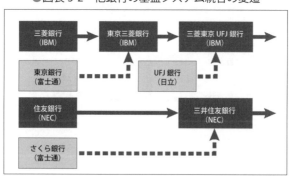

■システム障害は必ず起こる前提で運用定着化を図る

　みずほ銀行に障害発生時の対応マニュアルはあったと思われるが、お客さまの状況を想定したマニュアルにはなっていなかったと思われても仕方がない。最初の障害は、ATMにて2021年2月28日（日）9時50分に障害が発生し、復旧の告知があったのは、翌0時53分。約1.5日にわたる長期な障害であった。復旧までに時間がかかった要因の1つとして、復旧担当者が現場に駆け付けるまでに時間を要したことがあげられる。障害は日曜日に発生、事務所に担当者はおらず、障害通知を受けてから事務所に駆け付け、復旧対応を始めた。

　現場では、ATMを利用していたお客さまが、預金通帳やキャッシュカードがATMに取り込まれて戻ってこないという状況に陥った。お客さまは、みずほ銀行の社員に連絡することもできず、どう対処してよいかわからぬまま、ATMから離れることができなかった。日曜日だったため銀行には銀行員は不在であり、「キャッシュカードがATMから戻ってこない」とコールセンターへ怒りの連絡が多く入った。

　後日判明したことだが、障害発生時、どの部署もお客さまの状況を確認することができなかった。顧客への影響の程度や規模が確認できなかったため、影響の拡大を防ぐ適切な措置がとれなかった。また、システム部門や本部からの指示はなく、営業店の判断でATMを止めるなど、現場は混乱状態であった。さらに、アプリケーションのエラーログを「システム担当者が1つひとつ確認する」という非常に時間と手間のかかるアナログ作業が行われていたのだ。障害発生時の運用体制やシステム保守の不備は明らかであった。

　システム開発関係者であれば、いろいろな疑問が湧くだろう。システム稼働前に、システム障害が発生したとき、「いつ、誰が、何を、どう対処するのか」という障害対応マニュアルを作成し、その手順が365日対応できる体制を構築し、コミュニケーションルートも確立しておくことは、システム開発業界においては周知の事実である。なぜこうしたことが想定できなかったのか。また、外部委託されているシステム会社

はなぜ指摘しなかったのか。障害発生時、誰が対応するつもりだったのか、開発経験者からすると、本当に考えられないことである。

　システム障害対応マニュアルがあったとしても、それが行動に移せていないということは、トレーニングや教育がなされていなかったと思われてもしかたがない。日本の全国民に影響するような大規模システムであるから、たとえ日常業務が忙しかったとしても、避難訓練と同じくらいシステム障害訓練を実施すべきである。

　このような運用後の対応からみると、システム稼働後の運用の意識が低かったことは明白である。

　その要因として考えられるのは、システムが複雑すぎて、何がどこにどう影響するのかを把握できていなかったのではなかろうか。また、確実な運用よりも、とにかく早く開発を終わらせることが最優先事項になっていたのではなかろうかと勘繰ってしまう。

　後者の要因に関して、システム開発においては、経営者含む上層部がトップダウンで「システム開発を早く終わらせろ」「システム障害は絶対に起こすな」という圧力をかけないことが重要なポイントである。とくに、みずほ銀行のような大規模システム開発の場合は、システム障害ありき、で物事を進めなければならない。

　経営者が圧力を掛けたくなるのは、マスコミなどによる報道からの会社イメージや信用への影響を意識してのことだと思われる。とくに、昨今のデジタル時代においては、一般ユーザーの口コミにも影響を及ぼしかねない。

　また、DX が企業のイノベーションを生むためのビジネスキーワードとなっている昨今、「システム障害を起こしたら何をいわれるかわからないから、DX には関わりたくない」という社内風土になってしまわないよう、システム障害に恐れることなく、ぜひ価値創造の未来を常に考え、会社の成長を向かって実行に移してほしい。

■再発防止の内容は、会社ビジョンに記載されている

　2021 年 6 月 15 日、みずほ銀行は「株式会社みずほ銀行におけるシステム障害にかかる原因究明・再発防止について」として、再発防止策

について報告している。発生事象や原因分析の詳細については、報告書を参照していただくとして、ここでは、「再発防止への取組み」について言及してみたい。

　調査報告書において、一連の本システム障害に通じる原因として、

（1）危機事象に対応する組織力の弱さ

（2）ITシステム統制力の弱さ

（3）顧客目線の弱さ

（4）「（1）〜（3）」が容易に改善されない体質ないし企業風土

の4点が報告されており、原因（4）の再発防止策について、「行動様式の変革＊」が掲げられている。

　この対策は、他部署との連携不足、経営陣への報告遅延、発言や行動することを躊躇する風土などの問題点を指摘している。実は、これらの「行動様式の変革」の内容は、みずほ銀行が設立当初から掲げている「経営理念」や「みずほバリュー」に記載されている内容（2023年4月時点の「みずほファイナンシャルグループ」ホームページ記載内容）とほぼ一致する。つまり、「経営理念」や「みずほバリュー」は単なるお飾りに過ぎなかったともいえる。

　また、2022年7月15日の再発防止策の進捗状況報告書において、「企業風土の変革」の対策がほぼ「実施済み」として完了報告されている点は、とても気がかりである。継続して定着化を図っていく前提であるのだろうが、みずほ銀行の設立から20年経った現時点（2023年4月）、ビジョン・ミッションが会社のカルチャーとして根付いていないと思われるのに、「風土変革」が数ヵ月で完了するとはとても思えない。「やりました」という進捗状況報告を見る限り、従前と何も変わらない体質、本気度が

＊行動様式の変革
組織的行動力の強化に向け、コミュニケーションの活性化などの仕組み導入（カンパニー制や各社兼務体制の実効性も強化）
・コミュニケーションを「文書中心」から「まずディスカッション」へ
・事務ミスのマイナス評価を廃し、改善策立案をプラス評価
・営業店コミュニケーターと本部チューターの設置・ネットワーク化
（出所）報告書『株式会社みずほ銀行におけるシステム障害にかかる原因究明・再発防止について』（2021/6/15）より抜粋

まったく伝わらない。

　みずほ銀行は、トップが変わり、役員を大きく入れ替え、新しい風を吹かせる体制となった。新役員は、これまでの状況を踏まえ、旧行の組織風土や既得権益などに囚われることなく、みずほ銀行が社会にどのように貢献していくのか、しっかり見直していただき、社員一体となって、組織カルチャーが変わる日が訪れることを切に願う。

■この事例から学ぶ教訓

　変革プロジェクトの阻害要因とは何か？　それは、調査報告書内にも指摘されていた「改善されない企業体質、組織カルチャー」に尽きるだろう。ネガティブな情報共有は、人事査定に引っ掛かる。上司もできれば聞きたくない、聞いてしまったら対処が求められる。また、報告者も報告したくない。そんなことも処理できないのかと自分の能力のなさを露呈するようなものだ。部門間のコミュニケーションもほぼない。他人の家に土足で上がり込むことはしないと紳士協定があるかのようである。心理的安全性が担保されていなければ、変革に限らずあらゆる取組みがうまく進まないことを実証してくれている。

　短期間で大所帯のみずほ銀行の組織カルチャーを変容させることは難しいだろう。うまくいかせる可能性があるとすれば、外部協力者の力を借りながら進めるべきであったのでないだろうか。現実は前述のとおり、旧3行それぞれのシステム開発者に忖度する外部協力会社（コンサルティング会社やシステム開発会社）という体制であったと思われる。外部協力会社による統括チームを組成させ、旧行の代弁者ではなく、「言うべきことが言える」体制をつくるしかない。つまり、チェンジマネジメントを推進する第3者目線の外部協力者が必要であったのだ。今後のコンサルティング会社の支援業務は、こうしたチェンジマネジメントと実行管理（PMO）の領域になってくるのではないかと思っている。ともあれ、そんな意思決定ができる経営者が必要だったのかもしれない。

5 レノボ ── 変革プロジェクトの成功要因

■やるべきことを必要最低限に絞り込め

　日本企業のM＆Aは、ここ35年で飛躍的に増え（1987年：382件→2022年：4,304件）、2022年は過去最高の件数となっており、多くの日本企業の経営戦略上欠かせないものとなりつつある。

　ここでは、3ヵ月で新会社を立ちあげることになった「レノボによるIBM社のPC部門の買収」の事例をもとに、変革プロジェクトの成功要因を探っていきたい。

■全体最適を考えず、自分の役割をしっかりこなすことに集中させる

　レノボがIBMからPC部門を買収するニュースが公になってから統合後の実稼働までの期間は約3ヵ月。短期間で成功に導くために、この統合プロジェクトの全体管理は、PgMO（プロジグラムマネジメントオフィス）メンバーで行うことになった。

　3ヵ月で新会社のスタート準備をしなければならない大変さがあるものの、それ以上に新会社で働くこととなる社員が、これまでどおり「この会社で働いていこう」という意識を持ってもらうことが非常に重要なポイントとなる。今回の企業統合に向けて、38の統合プロジェクトがあり、この統合プロジェクトのゴールを、「新会社として、今までと変わらずお客さまに商品や各種サービスを提供でき、問題なく利用していただけている状態になっていること」と設定した。

　38の統合プロジェクトを管理するにあたり、リーダー会議を開催した場合、「38人以上の人が集まり、各自が意見を出して協議を重ね合意形成を得る」というあるべき手順で進めると時間が不足し、プロジェクトの進捗に影響が出ることが想像できていた。

そこで PgMO は、プログラムマネジメントの方針の 1 つとして、「全体最適は行わない」ということを打ち出し、各リーダーに徹底してもらうことにした。「全体最適を行わない」各プロジェクトは、自分たちのプロジェクトのゴールを目指して、ただただひたすら走ってもらい、そのままゴールが達成できるのであれば、他のプロジェクトのことは見向きもせず、利己主義で進めてよいということである。

　これを聞いて、「好き勝手に各リーダーがプロジェクトを進めたら、全体で不都合が発生するのではないか」「個別プロジェクトで問題が起きたときは、各リーダーの責任になるのか」との不安や疑問を抱く人もいた。ただ、複数のプロジェクトが存在し、多くの人が関わる状況で、かつ短期間で成功に導くためには、まずは、1 つひとつのプロジェクトが成功しなければ何も始まらない。そこで、各プロジェクトリーダーが他のプロジェクトのこと、余計なことを考えることに時間を割くことを省き、自分のプロジェクトの遂行に集中してほしいという意図があった。

　では、全体のコントロールはどうするのか。そこは、PgMO が担って責任を持つこととし、各プロジェクトリーダーの責任範囲外であるということを明確にした。

　この役割分担の明確化により、各プロジェクトリーダーにプロジェクト遂行だけに意識を向けさせたことが、変革プロジェクトの成功要因の 1 つである。「全体は PgMO が見る」といっても、プロジェクト間でのもめごとが発生する可能性はあるため、発生した場合、どのようなことでもよいので、不安や相談事項、気がかりなどがあれば、まずは PgMO に問い合わせするよう方針も打ち出した。問合わせ窓口を一本化することにより、各リーダーにとっても、プロジェクトに関するコミュニケーション先は PgMO だけ、とシンプルになる。また、PgMO としても、全体のどこでどのような問題が起こっているのか、どこの進捗が遅れているのか、などの情報が集まるようになるので、一石二鳥の方針となるのだ。

　このように、PgMO は、プログラムマネジメント Kickoff の時点で、それぞれの役割を明確にし、しっかり遂行できる体制を整えた。そして、各プロジェクトが動き出し、問題が起こったプロジェクトに対し、個別

に打合せを開催し、その場で方向性を決め、遂行してもらう。これを繰り返すことで、PgMO として各プロジェクトをコントロールでき、統合プログラムとして全体最適も行えるのである。

　また、全体最適の 1 つの手段として、個別打合わせで確認できたプロジェクト状況や決めた方針は、その他プロジェクトに影響することもあるため、全体会（リーダー会）を開催し、各プロジェクトからの情報共有はこの場で行うようにした。全体会では、情報共有にとどめる形で時間の制約を設け、各プロジェクトの問題については、個別打合わせで関係者だけで協議する形を取った。自分のプロジェクトに必要な情報だけを持ち帰ってもらい、余計なことを考えず、ゴールを目指してもらうためである。

　最後にもう 1 つ、プロジェクト遂行に集中してもらうために出した方針として、タスクの優先度決めがある。今回、短期間でやりきることが最大の狙いであるから、タスクの優先度は、必要最低限のやるべきことと定めた。判断に迷うタスク、やったほうがよいタスクは、タスクリストから除外するルールとした。当初は「除外したもので、残したほうがよいものもあるのでは」との声も挙がったものの、やるべき事を進めていく中で、「どうしてもやらなければならないことが出てきたときには、タスクとして改めて追加すればよい」という意識が徐々に浸透していった。ここでも、余計なことを排除する方針を徹底させたのである。「全体最適を考えない」方針は、「集中と選択」ということかもしれない。ただ、言葉でいうのは簡単であるが、実際に行動してみて体感しないと、この言葉の本質は理解できないのかもしれない。

■新会社の初日の業務を無事終えるために、ステークホルダーを絞り込む

　新会社での初日の働き方を社員がイメージできる状態にしておくことが、3 ヵ月という短い期間を乗り切るモチベーションを維持し続ける施策の 1 つだと PgMO は考えていた。とはいえ、3 ヵ月ですべての業務イメージを完璧に準備することは厳しかった。初日の業務を無事終えられるようにするために、ここでも必要最低限に業務を絞り込み、優先順

位をつけることにした。

　統合プロジェクトのゴールを「新会社として今までと変わらずお客さまに商品の提供ができ、各種サービスを利用していただけている状態」と設定していることもあり、ステークホルダーを基準に優先順付けをすることにした。

　ステークホルダーは「お客さま、ビジネスパートナー、サポーティングパートナー、製造者、社員、金融、公的組織、株主、本社」の９つのカテゴリーに整理ができた。さて、どのステークホルダーを優先にするか、どう絞り込むか。これまでと変わらない職場環境が初日に構築できていれば、ゴールを達成できるとイメージが湧いた。この環境構築を目指し、まずは、ステークホルダーを「公的組織」「お客さま」「社員」の３つに集中して、準備を進めることとした。「公的組織」は、会社を設立するための法律などに関わるステークホルダーのため、絶対に外せない。

　次に、「お客さま」と「社員」なくしては、会社は継続できないため、外すことはできない。その他のステークホルダーは重要ではあるが、ゴール達成のために押さえるべきステークホルダーかどうかを考えた末、初日までの３ヵ月は目をつむることにした。ただ、３ヵ月間、その他ステークホルダーに対して何もしないことは問題であるため、都度プロジェクト状況の報告や新会社設立に向けた活動の思いを伝えるなどのコミュニケーションはしっかりとるようにした。

　思い描いたとおりの初日はどのような１日にするのか、具体的に状況を思い浮かべ、シナリオを作成することにした。

・そもそも会社名が決まってない
・初日の朝、社員はどのようにオフィスに入館するのか。入退室カードは必要なのか
・新しい会社の社員証や名刺が必要だ
・仕事をするためのパソコンはどうするか。現在使っているパソコンを使い続けられるのか
・社員の家族や住居（社宅など）に影響がないか
・オフィスのインフラはどうなっているのか

・お客さまや外部との連絡とるための手段は準備できているか

など、このように現場をリアルにイメージし、初日のシナリオ作成と課題整理を行った。

　新しいことを取り入れると、社員とお客さまが混乱、困惑する可能性が高くなる。オフィスの場所は違えど、今までどおりの生活、業務遂行ができるように準備することを心掛けた。

　そして、新会社の初日を想像し、時間の流れも考慮したシナリオを完成させ、このシナリオを統合プロジェクト全メンバーに共有した。そして、初日がシナリオどおりになるよう各プロジェクトを進めてもらうようにし、プロジェクト内で判断に迷うことがあれば、判断基準としてシナリオを用いてもらうことにした。これにより、誰のために、何をどう準備するのかが明確にでき、最終ゴールを全プロジェクトメンバーで共通認識として浸透させることができた。

■この機会に新しいことをしようという考え方を捨てる

　企業統合時に留意しておきたいポイントとして、「1＋1＝3以上にする」というマインドセットである。規模の拡大や経営の効率化を企業統合の成果として出すために、「この統合を機会にこういうことを取り入れてはどうか」「業務の見直しを行うべきだ」という意見が出てくることは想定できる。このときに意識しなければならないことは、「その意見は統合プロジェクトのゴールを見失っていないか」という点である。

　活動の成果を出すために、お客さまをないがしろにして施策実行を目的化してしまうことが見受けられる。これは、変革活動をする際にも起こりうる問題である。

「誰のための何の活動なのか」

　施策を実行することが目的化した状態になると、内向き（社内）の意識が高まり、外向き（お客さま、ステークホルダーなどの社外）の意識が低くなってしまうことが問題となる。内向きの意識が高まることで、製品品質の悪化やサービスの低下などが起こり、会社の信頼が失われていくことが最悪のケースである。たとえば、原価低減という名目で、厳

しく費用削減をしていった結果、品質に影響が出るかどうかをないがしろにして、とにかくコストを下げられるところを探して費用削減してしまうなどである。

　企業統合の話に戻す。会社の信頼を失わないために、まずは、統合した新しい会社のスタート時に、今までどおりのサービス提供や業務遂行ができるようにすることが最優先である。スタート時点で新しいことはいらない。違う会社が一緒になり、今までどおりのサービスを提供することを実現するだけでも、かなり難しい課題だからだ。

　そこで、新会社スタート時は、1＋1＝1という考え方でよいのだ。まずは、仕事のやり方や社内情報システムは、新しいことを取り入れず、既存のものを活かすことを考えるべきである。たとえば2社統合の場合は、どちらかの会社にできるだけ合わせる形の方が成功確率（従来どおりのサービス提供ができる確率）は確実に高くなる。とくに、情報システムに関しては、先の事例「みずほ銀行」で紹介したとおり、「みずほ銀行」と「三菱UFJ銀行」の統合後の状況をみれば明らかである。

　企業統合時の留意点は、良かれと思って提案した改善施策が、悪い結果を生む可能性があるということである。シナジーを生むために「新しいことを取り入れよう」という発想は間違っていないが、理想を求めすぎると足元をすくわれる。とくに、システム開発に関しては、いったん方針を決めて進めてしまうと、方針転換（仕様変更）するためには多大なリソースがかかることとなる。そして、システム担当を困惑させ、社員を疲弊させることにも繋がる。システム開発を経験したことがある人であれば、この点はイメージできるのではないだろうか。

　では、「どちらのシステムを残すか」という問題が必ず発生する。システム開発には、多くのステークホルダーが関わっているため、容易に決断できることではない。新会社にとっても、それぞれのシステム担当者が納得した上で進めるのがもっともよい姿であるが、それぞれのシステム関係者で「どうしたら初日をシナリオどおりに終えられるか」を考え、話し合ってもらい、システム関係者で結論を出してもらうことが一番よい。これは当事者意識を生ませることにも繋がるが、そもそもシステムをもっとも理解している人たちで協議することが最善策と考えるた

めである。業務プロセスを変えたいなどの新しい発想を求めるのではなく、できるだけ既存の仕組みを変えることなく、どうしたら今までどおりの業務が進められるかを選択肢の１つとしてぜひ考えていただきたい。

　企業統合において陥りがちなのは、「それぞれのよいところを活かし新しい仕組みを構築する」「この機会に既存の仕組みを見直す」といった企業変革を合わせて実行しようとしてしまうことである。会社の統合というだけで不安を抱えている社員に対し、明確なビジョンも打ち出さず、新しい会社で新しいことをしようといっても、絵に描いた餅にしかならない。まずは、お客さま目線では「今までどおりのサービス提供が受けられる」、社員目線では「新しい会社でも今までどおりの生活ができる」というところをゴール設定するのが、企業統合の成功確率をあげることになると考える。

　とくに短期間で成果を出す必要があるプロジェクトであれば、なおさらである。新たな企業変革は、安定したサービス提供ができてから実行しないと、本末転倒になりかねない。企業を成長させるためには、お客さま・社員との信頼関係の維持は必須である。

■この事例から学ぶ教訓

　「やらないことを明確にすること」が、変革の成功確率を高める。今回のケースの最優先課題は、期限どおりに統合を終わらせること、つまり新会社のサービスが始まることであった。そのために、ミニマム・マネジメント（最低限のタスク、管理、コミュニケーションを行う）が求められた。というよりは、選択肢はそれしかなかった。グローバルなディールであり、日本法人だけ後れを取るわけにはいかなかったのだ。

　統合初日であるDAY1のイメージを徹底的に議論し、落し込んだ。業務プロセスは、変更しない。使用するシステムは既存のものとする。プロジェクトメンバーやステークホルダーに「１＋１＝１」を納得させることは、PgMOメンバーの最大のタスクとなったであろう。ただし、最低限変える、もしくは新しく用意するものはある。それが、「公的組織」

「お客さま」「社員」に関する部分である。

　実は、並行して別チームがDAY90として統合3ヵ月後をイメージし、新たな価値を創造するための業務プロセスなどを議論、設計していた。DAY1チームとDAY90チームとの検討の整合性は、PgMOが注意深く精査していた。

　企業統合プロジェクトの成功要因は、引き算のゴール設定である。統合に延長は許されない。必要なことに絞り込むことが重要である。この絞込みは、たとえば「幹」を明確にすることと同じである。あれもこれも、というアイデアは、大半が「枝葉」であることが多く、「幹」をしっかりつくることができれば、「枝葉」は後からでも追加できるのである。「誰の何のために、本当にやるべきことは何なのか」これがゴールである。

〈参考文献〉

『中小企業白書 2005 年度版』 中小企業庁

『PMBOK ガイド第 7 版』 プロジェクトマネジメント協会（PMI）（著） PMI 日本支部 監訳

『ISO21500 Guidance on Project Management』 International Organization for Standardization

『Chaos Report』 Standish Group

『巨象も踊る』 日本経済新聞出版 ルイス V. ガースナー Jr.（著）, 山岡 洋一（翻訳）, 高遠 裕子（翻訳）

『ものづくり白書 2020』 経済産業省

『20 代〜 40 代の女性 600 人を対象に「女性の健康意識とダイエットの実態」を調査』 森下仁丹株式会社 https：//www.jintan.co.jp/file/newspdf000405.pdf

『PMI' s Pulse of the Profession：Driving Success in Challenging Times』 PMI
https：//www.pmi.org/learning/thought-leadership/pulse/driving-success-in-challenging-times-2012

『PMI' s Pulse of the Profession：The High Cost of Low Performance』 PMI
https：//www.pmi.org/-/media/pmi/documents/public/pdf/learning/thought-leadership/pulse/pulse-of-the-profession-2014.pdf

『Best Practices in Change Management - 11th Edition』 Prosci

『PwC Mori Survey 1997』 PwC

『マッキンゼーデジタル革命の本質：日本のリーダーへの提言より』 McKinsey & Company
https：//www.mckinsey.com/jp/~/media/mckinsey/locations/asia/japan/our % 20work/digital/accelerating_digital_transformation_under_covid19-an_urgent_message_to_leaders_in_japan-jp.pdf

『消費者の態度における感情と認知』 杉谷 陽子
https：//www.jstage.jst.go.jp/article/acs/17/2/17_2_143/_pdf/-char/ja

『自己効力感』 日本地域看護学会誌 和泉 比佐子
http：//jachn.umin.jp/pdf/chiikikangoindex/No10_jikokoryoku.pdf

『改訂 3 版 P2M プログラム＆プロジェクトマネジメント標準ガイドブック』 日本能率協会マネジメントセンター

『企業変革に成功する組織は何が違うのか』 ポール・A・アルジェンティ, ジェニファー・バーマン, ライアン・カルスビーク, アンドリュー・ホワイトハウス（著） https：//dhbr.diamond.jp/articles/-/8071

『なぜ会社は変われないのか』 日本経済新聞出版 柴田昌治（著）

『組織文化とリーダーシップ』 白桃書房 エドガー・H・シャイン（著）

『ゼミナール経営学入門』 日本経済新聞出版 伊丹敬之／加護野忠男（著）

『The theory of planned behavior. Organizational Behavior and Human Decision Processes』 Ajzen. I.（著）

『生徒が自分の関心を行動に移すにはなにが必要か：計画的行動理論とワクワク感による実証研究』 正木郁太郎（著）https：//www.jstage.jst.go.jp/article/pacjpa/83/0/83_1A-077/_pdf/-char/ja

『仕事におけるワクワク感に関する研究』 井上亮太郎、保井俊之、前野隆司（著）https：//lab.sdm.keio.ac.jp/maeno/papers/2020_kansei_inoue.pdf

『コミュニケーション・マーケティング』 同文舘出版 山口正浩、竹永亮（著）

『2020 年版ものづくり白書』 経済産業省 https：//www.meti.go.jp/report/whitepaper/mono/2020/honbun_html/honbun/101021_2.html

『逆境を楽しむ力』 日経 BP 岩出雅之（著）

『岩出流「脱体育会系」で培う人間力。帝京ラグビーが根付く教え子の W 杯』 戸塚啓（著）
https：//number.bunshun.jp/articles/-/840405

『「効果的なチームとは何か」を知る』 Google re：Work　https：//rework.withgoogle.com/jp/guides/understanding-team-effectiveness#introduction

『世界最高のチーム』 朝日新聞出版　ピョートル・フェリクス・グジバチ（著）

『心理的安全性のつくりかた』 日本能率協会マネジメントセンター　石井遼介（著）

『心理的安全性と脳科学』 https：//mindfulness-project.jp/psycologicalsafety/safety2.html

『The Competitive Imperative of Learning』Amy C. Edmondson（著）https：//hbr.org/2008/07/the-competitive-imperative-of-learning

『恐れのない組織』 英治出版　エイミー・C・エドモンドソン（著）

『チームが機能するとはどういうことか』 英治出版　エイミー・C・エドモンドソン（著）

『だから僕たちは、組織を変えていける』 クロスメディア・パブリッシング　斉藤徹（著）

『THE CULTURE CODE 最強のチームをつくる方法』 かんき出版　ダニエル・コイル（著）

『なぜ、それでも会社は変われないのか』 日本経済新聞出版　柴田昌治（著）

『人を伸ばす力』 新曜社　エドワード・デシ、リチャード・フラスト（著）

『Intrinsic and extrinsic motivation from a self-determination theory perspective：Definitions, theory, practices, and future directions』Contemporary Educational Psychology Richard M. Ryana, Edward L. Deci（著）https：//selfdeterminationtheory.org/wp-content/uploads/2020/06/2020_RyanDeci_IntrinsicandExtrinsic.pdf

『世界で最もイノベーティブな組織の作り方』 光文社新書　山口周（著）

『STATE OF THE GLOBAL WORKPLACE 2023　Globally, Employees Are More Engaged　— and More Stressed』 Gallup　https：//www.gallup.com/workplace/506798/globally-employees-engaged-stressed.aspx

『Why から始めよ！』 日本経済新聞出版　サイモン・シネック（著）

『パーパス経営』 東洋経済新報社　名和高司（著）

『パーパス経営とは。なぜ世界はパーパス経営に注目するのか』 日立製作所　新たな企業経営者のかたち　https：//www.foresight.ext.hitachi.co.jp/_ct/17469872

『ジョブ・クラフティング法』 DIAMOND ハーバード・ビジネス・レビュー　ダイヤモンド社　エイミー・レズネスキー、ジャスティン・M・バーグ、ジェーン・E・ダットン（著）

『"つまらない仕事"を変える自律的な働き方』 プレジデント社　森永雄太（著）https：//president.jp/articles/-/23731

『Self-efficacy：Toward a unifying theory of behavioral change.』Psychological Review Bandura, A.（著）

『フロー体験　喜びの現象学』 世界思想社　ミハイ・チクセントミハイ（著）

『「教えないから人が育つ」横田英毅のリーダー学』 講談社　天外伺朗（著）

『マネジメント革命「燃える集団」を実現する「長老型」のススメ』 講談社　天外伺朗（著）

『やり抜く力 GRIT（グリット）―人生のあらゆる成功を決める「究極の能力」を身につける』 ダイヤモンド社　アンジェラ・リー・ダックワース（著）

『学習する組織』 英治出版　ピーター・M・センゲ（著）

『ダイアローグ』 英治出版　デヴィッド・ボーム（著）

『WHAT IS YOUR ORGANIZATION'S CORE THEORY OF SUCCESS ？』 Daniel Kim https：//thesystemsthinker.com/what-is-your-organizations-core-theory-of-success/

『Evidence for a Collective Intelligence Factor in the Performance of Human Groups』Science Online Anita Williams Woolley（著）https：//www.science.org/doi/10.1126/science.1193147

『What makes one team smarter than another ？』 https：//rework.withgoogle.com/blog/what-makes-one-team-smarter-than-another/

『モチベーション 3.0 持続する「やる気！」をいかに引き出すか』 講談社　ダニエル・ピンク（著）

『なぜ弱さを見せあえる組織が強いのか』 英治出版　ロバート・キーガン、リサ・ラスコウ・レイヒー（著）

『セルフアウェアネスとは「離見の見」して「他者の森を駆け抜けること」である！？』NAKAHARA-LAB　http：//www.nakahara-lab.net/blog/archive/11991

『職場の人間関係づくりトレーニング』　金子書房　星野欣生（著）

『一人ひとりの自己認識がチームを動かす』　DIAMOND ハーバード・ビジネス・レビュー　https：//dhbr.diamond.jp/articles/-/6153

『Increase your self-awareness with one simple fix』　TEDxMileHigh　Tasha Eurich　https：//www.youtube.com/watch ？ v ＝ tGdsOXZpyWE

『リーダーに不可欠な「自己認識力」を高める 3 つの視点』　DIAMOND ハーバード・ビジネス・レビュー　ターシャ・ユーリック（著）https：//dhbr.diamond.jp/articles/-/5215

『現状変革型リーダー』　ダイヤモンド社　ノエル・M. ティシー、メアリー・アン ディバナ（著）

『変革型リーダーシップの問題点』　京都マネジメント・レビュー　東俊之（著）https：//core.ac.uk/download/pdf/230768847.pdf

『マインドセット「やればできる！」の研究』　草思社　キャロル・S・ドゥエック（著）

『The diversity and inclusion revolution：Eight powerful truths』　Deloitte Review　Juliet Bourke（著）

『ソーシャル・キャピタル』　厚生労働省　https：//www.mhlw.go.jp/stf/shingi/2r98520000011w0l-att/2r98520000011w95.pdf

『The case for behavioral strategy』　McKinsey Quarterly　https：//www.mckinsey.com/capabilities/strategy-and-corporate-finance/our-insights/the-case-for-behavioral-strategy

『チームで意思決定プロセスを改善する 5 つのステップと 4 つの手法』　Slack　Michelle Cyca（著）https：//slack.com/intl/ja-jp/blog/collaboration/decisionmaking-process-team

『なぜ、日本企業はリスク回避的なのか？』　一橋大学　https：//www.hit-u.ac.jp/hq-mag/research_issues/430_20210701/

『経営改革大全　企業を壊す 100 の誤解』　日本経済新聞出版　名和高司（著）

『逆境経営—山奥の地酒「獺祭」を世界に届ける逆転発想法』　ダイヤモンド社　桜井博志（著）

『「獺祭」の挑戦 山奥から世界へ』　サンマーク出版　弘兼憲史（著）

『破綻寸前だった旭酒造が世界に冠たる酒蔵に。「獺祭」というブレイクスルーは、なぜ生まれたのか』　Forbes JAPAN　https：//forbesjapan.com/articles/detail/44112

『蔵元日記』旭酒造株式会社 https：//www.asahishuzo.ne.jp/diary/

『旭酒造と富士通 食・農クラウド「Akisai」を活用した酒造好適米の栽培技術の見える化を開始』富士通株式会社 PRESS RELEASE　https：//pr.fujitsu.com/jp/news/2014/08/4.html

『パナソニック覚醒 愛着心と危機感が生む変革のマネジメント』　日経 BP　樋口泰行（著）

『パナソニックのカルチャー改革』　YouTube：PIVOT 公式チャンネル　https：//www.youtube.com/watch ？ v ＝ PKRVJixGGBc

『パナソニック CNS 樋口社長が語る「大企業病」の処方箋』　日経ビジネス　https：//business.nikkei.com/atcl/forum/19/00004/101000003/

『星野リゾートの教科書 サービスと利益 両立の法則』　日経 BP　中沢康彦（著）

『星野リゾート社長に学ぶ 自律的なチームの作り方』　日本チェンジマネジメント協会　https：//change-management-japan.org/2021/02/09/empowerment/

『ポストモーテム みずほ銀行システム障害 事後検証報告』日経 BP 日経コンピュータ（著）

『みずほ銀行システム統合、苦闘の 19 年史 史上最大の IT プロジェクト「3 度目の正直」』日経 BP 日経コンピュータ、他（著）

『みずほ銀行システム障害の悪影響を鎮めよ、愚かな経営者につける薬はあるか』　日経ビジネス　https：//business.nikkei.com/atcl/gen/19/00322/031700038/

『企業統合（IBM Innovation Series）』　日経 BP　金巻龍一ほか（著）

著者紹介

●芝尾 芳昭
（イノベーションマネジメント株式会社　代表取締役社長、日本プロジェクトマネジメント協会
副理事長）
大手外資系コンサルティング会社においては戦略部門パートナーとして数多くの業務変革を
リードし、PMO による変革ソリューションの方法論をリーダーとして創り上げ推進した。
2010 年にイノベーションマネジメント株式会社を設立し、自動車、ライフサイエンス業界を中
心に数多くの業務変革プログラム、イノベーションプログラム、DX プログラムを手掛ける。
『プロジェクトマネジメント革新』生産性出版　1996
『プログラムマネジメントの時代』（共著）、ハーバードビジネスレビュー 2003 年 2 月号
『プロジェクト会計入門』（共著）、生産性出版 2009
『P2M 標準ガイドブック』（共著）、日本能率協会マネジメントセンター　2007 年、2014 年
その他多数

●小野 弘貴
（イノベーションマネジメント株式会社　取締役、日本プロジェクトマネジメント協会　会員）
大手外資系コンサルティング会社においては戦略部門マネジャーとして数多くの業務変革を
リードし、PMO による変革ソリューションの方法論のメンバーとして活躍する。2010 年より
イノベーションマネジメント株式会社に参画し、ライフサイエンス業界を中心に数多くの業務
変革プログラムを手掛ける。チェンジマネジメントの専門家でもあり、企業向けに多くの講演・
講習を行う。
『図解 プロジェクトマネジメント』（共著）、東洋経済新報社　2003

●香川 隆
（イノベーションマネジメント株式会社　シニア・マネージングコンサルタント、日本プロジェ
クトマネジメント協会　会員）
大手外資系コンサルティング会社において、様々な業界での業務改善や PMO による変革ソ
リューションに従事。2010 年よりイノベーションマネジメントに立上げメンバーとして参画し、
自動車、ライフサイエンス業界を中心に業務変革プログラムやチェンジマネジメントの推進を
手掛ける。
『プロジェクト会計入門』（共著）、生産性出版 2009
『P2M 標準ガイドブック』（共著）、日本能率協会マネジメントセンター　2014 年

●高村 智
（イノベーションマネジメント株式会社　マネージングコンサルタント、日本プロジェクトマ
ネジメント協会　会員）
2008 年に外資系コンサルティング会社に入社。業務変革プログラムを推進し、とくにコストマ
ネジメントの導入・定着におけるチェンジマネジメント業務に従事。2010 年にイノベーション
マネジメント株式会社の設立にメンバーとして参画。自動車 / 自動車部品、ライフサイエンス、
建設業界を中心に、業務変革プログラムや DX プログラム、新製品開発プロジェクトの PMO
として、プロジェクト推進並びにチェンジマネジメントの推進を手掛ける

●清水 雅也
（イノベーションマネジメント株式会社　マネージングコンサルタント、日本プロジェクトマ
ネジメント協会　会員）
新卒でシステム開発会社に入社後、自動車部品メーカーとコンサルティングファームの 3 社を
経て、2019 年よりイノベーションマネジメント株式会社に参画。これまでの様々なプロジェク
トのマネジメントや PMO の経験を活かし、新規開発や業務変革のプロジェクトマネジメント
やプログラムマネジメント支援に従事している。

実践 チェンジマネジメント
変革プログラムを成功に導き、変化に俊敏な組織をつくる

2023年10月30日　初版第1刷発行

編　者 ——— 芝尾芳昭、小野弘貴、香川隆、高村智、清水雅也
　　　　　©2023 Yoshiaki Shibao,Hiroki Ono,
　　　　　　　Takashi Kagawa,Satoshi Takamura,Masaya Shimizu
発行者 ——— 張　士洛
発行所 ——— 日本能率協会マネジメントセンター

〒103-6009　東京都中央区日本橋2−7−1　東京日本橋タワー
TEL：03-6362-4339（編集）／03-6362-4558（販売）
FAX：03-3272-8127（販売・編集）
https://www.jmam.co.jp/

装　丁 ——— 岩泉卓屋（泉屋）
本文DTP ——— 渡辺トシロウ本舗
イラスト ——— シュウ
印　刷 ——— シナノ書籍印刷株式会社
製本所 ——— ナショナル製本協同組合

ISBN 978-4-8005-9146-3 C2034
落丁・乱丁はおとりかえします。
PRINTED IN JAPAN

改訂3版 P2M
プログラム＆プロジェクトマネジメント
標準ガイドブック

日本プロジェクトマネジメント協会 編著

P2Mは、プロジェクトマネジメントの日本版規格として、ゼネコン、IT産業などのほか、宇宙機関JAXAでも採用されている知識体系です。

本改訂では、より「プログラム」の解説に力点を置いたほか、新しいプログラムマネジメント体系の主張を取り入れ、さらにP2Mをよりやさしく理解できるよう、全体構成を工夫しました。P2M試験の合格をめざす方だけでなく、幅広くプロジェクトに携わる方の必携書です。

A5判　784ページ

【主な目次】

日本能率協会マネジメントセンター